내가 살아가야 할 이유

요즘 난 죽고 싶다

To.

....

....

....

From.

요즘 난 죽고 싶다

이상민

내가
살아가야 할
이유

죽고 싶은 마음이 드는
이 세상의 모든 사람들에게

선생님께서는 지금 죽고 싶은 마음이 들기 때문에 이 책을 들었을 것입니다. 세상 살기가 답답하고 힘들기 때문에 들었을 것입니다. 이 책의 원래 제목은 『죽고 싶을 때 읽는 책』이었다가 『죽고 싶은 마음이 들 때 읽는 책』으로 바뀌었습니다. 그만큼 지금 죽고 싶고, 절망적이며, 삶에 희망을 느끼지 못하는 분들을 위해서 쓴 책이 이 책입니다.

선생님께서 죽고 싶은 마음이 들 때 문장 하나로 살아야겠다는 식으로 되돌리기는 쉽지 않을 것입니다. 제게는 솔직히 그런 능력이 없습니다. 저는 힘든 세상을 살아가고 있는 소시민이며, 선생님과 같이 힘든 마음을 많이 겪고 있는 사람일 뿐이기 때문입니다.

이 책은 어쩌면 저를 위한 책인지도 모르겠습니다. 저 역시 많이 힘들고 때때로 죽고 싶다는 생각이 많이 들었기 때문입니다. 그래서 이 책은 저를 위한 책이면서, 동시에 이 세상에 죽고 싶은 마음이 드는 모든 분들을 위한 책인지도 모르겠습니다. 이 책은 한마디로 죽고 싶은 마음이 들 때 왜 죽지 말아야 하는가에 대한 이야기를 밝히는 책입니다. 그래서 인생의 존재의미를 찾게 하고, 삶의 희망을 밝히며, 긍정의 기운을 북돋우는 책입니다. 또, 이 세상을 투지만만하게, 자신만만하게 살아가게 하는 책입니다. 또, 성공과 행복이 모두 왜 가능한가를 밝히는 책입니다. 단 한명의 낙오자도 없이 말입니다. 저는 그 생각들을 이 책에 녹아넣었습니다.

선생님! 지금 힘드십니까? 힘을 내십시오! 이 세상에 절망으로 쓰러질 일은 그 무엇도 없습니다. 그것이 무엇이라도 우리는 극복할 수 있기 때문입니다. 극복이라는 말이 어려우신가요? 그러면 단지 열심히 살아가시면 됩니다. 뜨겁게 살아가시면 됩니다. 그러면 인생의 모든 정답은 눈앞에 나타날 것이기 때문입니다. 이 세상은 결국 노력 앞에 정직하기 때문입니다.

삶의 희망은 이미 내 안에 있습니다. 삶의 존재의미는 그대로 존재하고 있기 때문에 우리는 그저 발견만 하면 됩니다. 우리는 어떤 상황에서라도 행복하게 살아갈 수 있습니다. 그리고 우리는 우리가 가는 길을 우리들의 페이스대로 유지하며 가기만 하면 결국은 승리를 할 수 있을 것입니다. 우리는 우리 안의 가능성에 몰입해서 우리들의 페이스대로 오랜 기간 동안 꾸준히 정진하면 결국 희망을 만들 수 있을 것이기 때문입니다.

그러나 이 책을 읽겠다고 마음을 가지셨다면 마음을 단단히 가지십시오! 왜냐하면 다시금 여러분의 투지를 불타오르게 할 것이기 때문입니다. 그 과정이 쉬이 될 것이라고 생각하지 마십시오! 그것은 여러분의 몸과 마음 모두를 뒤흔들어야 심장이 달아오를 수 있습니다. 그래서 이 책은 죽고 싶은 분들이 읽지 마시고, 꼭 살아야겠다고 생각하는 분들이 읽기를 바랍니다. 그리고 한번 뿐인 인생을 멋지고 행복하게, 최고로 살아가겠다고 다짐한 분들만 읽기를 바랍니다. 그래서 제가 말한 내용들을 귀담아 들어주시길 바랍니다. 그래서 꼭 실천해주시기를 부탁드립니다. 생각이 변한 뒤라도 독하게 실천하지 않으면 인생이 달라질 수 없기 때문입니다.

　모쪼록 이 책을 읽으시는 모든 분들의 인생이 다시 뜨거워지길, 다시 희망이 생기길, 삶의 존재의미를 발견할 수 있기를 바랍니다. 다시 뜨겁게 전진하기 위해 책을 이제 펼치십시오!

CONTENTS

요즘 난 죽고 싶다
내가 살아가야 할 이유

PART 01

내 삶에 희망이
없다고 느껴질 때

요즘에는 죽고 싶은 사람들이 많다. 그 사람은 당신일 수도 있고, 나일 수도 있다. 우리는 왜 죽고 싶은 걸까? 그것은 삶이 잘 풀리지 않기 때문이다. 그리고 미래가 불안하기 때문이다. 무엇보다도 삶의 희망이 없다고 느껴지기 때문이다. 아무리 열심히 노력해도 내 삶이 달라질 수 없다는 생각이 들 때, 사람은 살아갈 이유를 잃는다. 그래서 삶에 대한 희망이 없다는 것은 삶의 위험신호다.

지금 주위를 둘러보자. 편한 사람이 잘 없다. 나는 이 책을 집필하기 위해 우리들의 이웃들과 많은 이야기를 나누는 시간을 가졌다. 동네 빵집 사장님, 편의점 사장님, 슈퍼마켓 사장님, 일반음식점 사장님, 중소기업 근로자 분들, 대기업 근로자 분들, 택시기사 분들, 대학을 갓 졸업한 신입사원, 대학생 등과 이야기를 나누었다. 그 결과 모두들 하나 같이 힘듦이 묻어나는 이야기를 들을 수 있었다. 많은 사람들이 얼굴이 밝지 못했고, 삶에 대한 걱정으로 뭉쳐진 모습을 볼 수 있었다. 그 분들은 "요즘 경기가 어떤 것 같으세요?"라는 나의 질문에 진지하게 응해주셨다. 그리고 서로 괴로움을 토로하면서 가슴이 뚫리는 듯한 기분을 느낄 수 있었다.

세상에 대한 원망도 하고, 삶에 대한 고민도 털어놓고, 10억 원이라는 재산은 남의 나라 이야기라는 이야기도 하고, 하루 14시간 이상 일하는 현실에 대한 이야기도 하고, 토요일 심지어 일요일까지 일하는 현실도 듣고, 인간관계에서 온갖 문제가 있는 경우도 듣고, 정 안 되면 시골로 가겠다는 이야기까지 들을 수 있었다. 나 역시 이야기를 나누면서 위로가 되었고, 힘을 얻을 수 있었으며, 이야기를 나누며 속이 후련해지기도 했다. 그러면서 "서민을 위한 책"을 집필해야겠다는 결심을 굳히게 되었다. "죽고 싶은 마음이 들 때 읽는 책"의 집필을 통해 지쳐 있는 분들에게 힘을 주어야겠다는 생각을 하게 되었다. 그리고 이 책은 무엇보다도 나 스스로가 힘든 경험들을 하고 있기 때문에, 사실상 내가 서민들이 겪고 있는 심리적인 어려움을 그대로 겪고 있기 때문에, 똑같은 입장에서 이야기를 할 수 있을 것이란 생각이 들었다.

노력해도 삶이 달라질 가능성이 없다는 생각이 들면 힘이 빠지게 된다. 도대체 무엇 때문에 열심히 일을 하느냐는 것이다. 열심히 해도 미래가 달라지지 않는다면 그냥 편하게 대충 일하면 되지 않느냐는 것이다. 자기계발서에서 말하는 "노력하라. 그러면 성공할 것이다"라는 말을 하는데, 그것도 거짓말이 아니냐는 것이다. 그저 요령껏 편하게 살고, 적당히 아부하고, 적당히 웃고, 적당히 일하면서 편하게 사는 것이 최고의 삶이 아닌가하는 것이다. 그래서 꿈을 오히려 꾸지 말고, 그저 편하게만 살면 되는 것 아니냐는 것이다. 이것은 열심히 해도 성공할 수 없는 현실이라면, 이 생각은 오히려 합리적인 생각이 되는 것이다.

요즘 우리 사회는 성공이라든지, 꿈이라든지 그런 말들이 많아졌다. 어느 때보다 많아졌고, 관심이 높아졌다. 그러나 우리들의 현실은 성공이나 꿈과는 거리가 멀다. 한 달에 200만 원 정도 월급을 주는 직장에도 들어가기 만만한 것이 아니다. 자영업으로 한 달에 200만 원을 벌기도 만만하지 않다. 대학생 자녀가 있다면 자녀 학비와 생활비로 월말 정산도 못할 지경이다. 슈퍼마켓의 경우 전부 카드결제를 하고, 5,000원 미만의 현금도 현금영수증을 요구하니 돌아버릴 지경이다. 솔직히 무조건 "성공하라. 꿈을 꾸라"고 강조하는 것은 일종의 장사이거나, 사기일 수도 있다는 생각이 든다. 왜냐하면 실제로 성공은 쉽게 할 수가 없기 때문이다. 꿈은 쉽게 꿀 수 없기 때문이다. 꿈은커녕 밥도 먹을 수 없기 때문이다. 한 달에 방세를 내고, 식비, 전기세, 난방비, 휴대폰비, 교통비 등을 지출하고 나면, 월급 150만 원을 받으면 남는 돈이 거의 제로다. 문화비? 책을 본다고? 영화를 본다고? 그것도 솔직히 부담이 되는 것이 현실이다. 그런 속에서 꿈? 성공? 그것은 입에 담을 수 없는 상황이다. 대기업도 사정은 다르지 않다. 상위 5 퍼센트만 부장이 되는 현실에서 95퍼센트는 회사를 떠나야 하며, 임원으로 분류되는 상무만 하더라도 1퍼센트 미만의 사람들만 될 수 있다. 즉 99퍼센트는 임원이 되지 않는 다. 대기업은 입사하는 것도 대부분 스펙이 어느 정도 뒷받침되는 사람들인데, 그 중에서 무려 99퍼센트가 탈락하는 것이다. 여기에서는 서울대를 나오고 해외유학을 한 사람들도 임원이 될 것을 장담하지 못하는 것이다. 그래서 서울대를 졸업한 학생도 자살을 선택하는 것이다. 카이스트를 다니는 학생도 자살하는 것이다. 왜냐하면 평생 피를 말리는 경쟁의 길을 걸어가야 하고, 이렇게 산다고 해도 임원이 될 확률은 1퍼센트에 불과하기 때문이다. 또, 임원이 된다고 하더라도 언제 해고될지 알 수가 없는 것이다. 이 속에서 성공과 꿈은 사실상 하나의 거짓말로 들리는 것은 일견 타당할 수 있다. 실제로 삶은 너무 힘들고 비참하기 때문이다.

그렇다면 우리는 어떻게 살아야 하는 것일까? 서울대나 카이스트생도 자살을 하는데, 연세대나 고려대를 졸업한 사람은 어떻게 버텨야 할까? 우리 같이 비명문대나 지방대 혹은 전문대 혹은 대학 자체를 졸업하지 않은 사람은 어떻게 살아야 할까? 희망을 품을 수 없는 걸까? 그렇다고 노력하면 성공한다는 어쩌면 허무맹랑한 이야기를 들어야 할까? 우리들은 희망에 대해 어떤 생각을 가지고 살아야 할까? 우리는 체념하고 삶을 포기하며 살아야 할까? 세상에서 말하는 올바른 이야기들을 모두 무시하며 편하고 요령껏 적당히 나쁜 짓도 하고 살아야 할까? 도대체 어떻게 살아야 할까? 아니면, 우리들의 삶에는 희망이 없으므로 죽어야 하는 걸까?

　나는 우선 우리들의 삶에서 희망을 쉽게 품을 수 없는 현실을 인정하는 것부터 출발해야 한다고 생각한다. 나는 거짓희망을 이야기하고 싶지는 않다. 노력하면 성공한다느니, 꿈을 꾸면 된다느니 그런 이야기를 하고 싶지는 않다. 그런 이야기는 사실상 사기를 치는 것일 수도 있기 때문이다. 이 세상에는 열심히 살고도 실패하는 사람들이 한 둘이 아니며, 노력을 한다고 해도 아무런 성과를 거두지 못할 확률이 매우 높은 것이 우리들의 삶이다. 나는 오히려 이렇게 쉽게 성공할 수 없는 것을 인정한 뒤에 인생을 보면 오히려 희망이 보인다고 생각한다. 왜냐하면 과도한 희망을 가지지 않으면 지금 가지고 있는 것들이 새롭게 보이기 때문이다.

　나는 우리들이 가지기 힘든 것을 바라거나, 도달할 수 없는 그곳에 도달하기 위해 죽을 듯이 노력하다 모든 것에 부정하고 사는 삶은 자신을 피폐하게 만든다고 생각한다. 그런 삶보다는 지금 가진 것에 감사하고, 지금의 모든 것을 누리며 사는 삶이 행복한 삶이 아니겠느냐고 생각한다. 사실 건강하고 밥 먹고 살 수 있으면 진정으로 감사한 일이다. 지금도 대학병원에 가면 아픈 사람들이 부지기수로 있으며, 그들은 계속 병원에서 누워서 시간을 보낸다. 그러나 우리들은 건강한 몸을 가지고 있다. 이 자체로만도 얼마나 행복한 일인가? 그리고 지금 생각만큼 많은 돈을 벌고 있지 못하더라도 생활을 해결할 수 있으니 얼마나 감사한가? 따뜻한 밥을 먹을 수 있고 마음을 먹으면 가끔 외식도 할 수 있고, 가까운 곳에는 여행도 갈 수 있으니 얼마나 감사한가? 가까운 곳에 여행을 가더라도 아름다운 경치는 여전히 아름다운 것이다.

우리들은 미래에 대한 거창한 희망을 가지지 말아야 한다. 그렇게 안 될 확률이 매우 높으며, 만약 그것을 기대하고 살다간 오히려 자신을 더 불행하게 만들 수도 있다. 그렇게 스트레스를 받으면 암에 걸려서 가장 소중한 목숨을 잃을 수도 있다. 자신을 놓아야 한다. 자신에게 너무 거창한 목표를 제시하지 말아야 한다. 자신이 모든 것을 다 해야 한다고 생각하지 말아야 한다. 그렇게 안 될 수 있는 것이 인생이다. 인생이란 본질적으로 부조리한 것으로 어떻게 될지 전혀 알 수가 없다. 언제 죽을지도 모른다. 성과를 얻는 일도 마찬가지다. 시대의 변화로 예상하지 못한 일이 내게 닥칠 수도 있다. 알 수 없는 것이 삶이다. 그래서 지금을 소중히 여기면서 살아야 한다. 지금 월급 150만 원을 받으면 그 속에서 즐겁고 행복하게 살 수 있는 길을 찾고, 그것을 누리면서 살아야 한다. 내일 일은 내일 걱정하면 된다. 막상 닥치면 다 해결되게 되어 있기 때문이다.

어떤 거창한 희망이 없다고 느껴진다면 희망이 없다고 인정하면 된다. 희망이 없다고 자살을 할 이유는 없다. 미래에 대한 기대를 버리고 지금 모든 것을 누리면서 살면 된다. 적은 월급이면 그것에 맞게 살면 된다. 인생은 열심히 하다 보면 변수가 생길 수도 있다. 그래서 행운이 내게 올 수도 있다. 그러나 그런 것이 오지 않더라도 지금 당장 잘 살아갈 수 있지 않은가? 그러니 아무 걱정이 없는 것이다. 일단 지금 열심히 하면 된다. 그것도 너무 잘 하려고 하지는 마라. 이미 너무 열심히 하고 있을 것으로 생각되기 때문이다. 그래서 그 때문에 지쳐있을 것으로 생각되기 때문이다. 그래서 어느 정도 페이스를 조절하면서 천천히 일해야 한다. 그러면서 전진만 계속 하면 된다. 가다가 못가면 쉬었다 가면 된다. 가는 것만 멈추지 않으면 된다. 그러면 지금이 만들어진다. 지금이 행복하면 모든 것을 얻은 것이 아닐까?

당신은 지금 이미 열심히 살고 있다. 열심히 일하고 있다. 당신은 이미 충분하다. 지금 성과가 미약해도 당신은 지금 할 수 있는 노력을 모두 쏟고 있기 때문이다. 그리고 지금 당신은 당신의 생활문제를 해결해나가고 있기 때문이다. 물론 몸과 마음은 힘들 것이다. 몸은 힘들 것이고, 생각대로 결과가 안 나와서 힘들 것이다. 그러나 괜찮다. 당신은 노력해서 당신의 삶을 책임지고 있기 때문이다. 당신은 이미 잘 하고 있다. 멋지다. 괜찮다. 그러니까 힘을 내고 당신의 삶을 즐기도록 해야 한다. 너무 자신을 옥죄지 말고, 너무 부담을 주지 말고, 압박을 주지 말고, 괴롭히지 말고, 이제는 조금 풀어야 한다. 당신을 위해서 시간을 보내고 돈을 써야 한다. 월급이 적다면 적은 속에서 당신이 즐거울 수 있는 일

을 해야 한다. 혼자 놀이공원에 가도 좋고, 외식을 해도 좋은 것
이다. 일을 조금 느슨하게 해도 좋은 것이다. 당신은 이미 최선을
다하고 있으니까 그 정도는 해도 되는 것이다.

삶의 희망은 바로 지금에 있다. 당신의 삶이 지금 행복하다면
당신은 이미 모든 것을 얻은 셈이다. 삶의 희망은 미래에 있는 것
이 아니라 지금에 있다. 삶의 희망은 반드시 성공이나 꿈에만 있
는 것이 아니다. 내가 즐겁고 행복하다면 그것으로 된 것이다. 비
록 세상이 마음대로 되지 않더라도 내 마음은 즐겁고 행복하게
가질 수 있다. 희망이 없다는 생각으로 삶을 포기하려는 생각은
어리석은 생각이다. 희망은 지금에 있기 때문이다. 지금 자신의 삶
을 꾸려갈 수 있다면 당신은 대단한 것이다. 지금 당신은 당신의
삶을 행복하게 만들 수 있는 것들을 선택할 수 있다. 그로써 행
복하게 살 수 있다. 그 길은 멀리 있지 않다. 지금 당장 카페에서
차를 마시고, 영화를 보고, 여행을 갈 수 있기 때문이다. 삶의 희
망은 지금을 잘 보내는 것, 지금 행복한 것이 전부다. 월급 150만
원으로 잘 사는 것에 있다. 그렇게 살면 이미 세상의 전부를 가진
것이다. 이렇게 오늘을 행복하게 살면 내일은 좋은 일이 생길 수
도 있지 않을까? 내일 좋은 일이 생기든 안 생기든 당신이 오늘을
잘 보내는 순간, 당신은 이미 모든 것을 가진 삶을 살고 있는 것
이다. 삶은 조건이 아니라 내 마음으로 행복이 결정되는 것이고,
오늘이 행복한 사람은 내일도 행복할 수 있다. 내일도 내일이면
오늘이 된다.

PART 02

지금의 삶이
너무 불만일 때

죽고 싶다는 것은 지금의 삶이 불만스럽기 때문이다. 지금 뭔가 일이 되고 있지 않기 때문이다. 지금 잘 풀리면 사람은 고민이 없어진다. 교회나 절에도 가지 않는다. 그러나 지금의 삶이 힘들고 불만이 많으면, 죽을 판이 되면 평소에는 찾지 않던 교회나 절에 가기도 한다. 지금의 삶이 불만이라면 죽는 것이 대안일까? 그것은 아닐 것이다. 그렇다면 그 불만을 없애야 할까? 그것은 정답이면서 정답이 아닐 것이다. 왜냐하면 일반적으로는 문제가 있다면 없애는 것이 맞지만, 지금은 열심히 해도 문제를 고칠 수 없기 때문에 죽고 싶다는 마음까지 이른 것이기 때문이다. 즉 '열심히 해도 되지 않는 현실'을 목격하고 있는 것이다.

나도 이런 현실을 이야기하니 가슴이 먹먹해진다. 열심히 해도 되지 않는 현실……. 우리는 이런 현실을 목격하고 싶지 않지만 목격하고 있다. 그래서 삶에 힘이 빠져 버렸다. 의욕을 잃어버렸다. '이렇게 힘들 바에야 죽어 버리자'라고 생각하게 되었다. '이렇게 힘들고 희망이 없을 바에야 왜 내가 살아야 하지?'라는 삶에 대한 회의감을 가지게 되었다. 그러나 우리들의 가슴은 뜨겁다. 잘 살아보고 싶고, 한번 해보고 싶으며, 의욕과 투지가 불타고 있다. 당신은 열심히 살아왔다. 공부를 아주 잘 하지는 못해도 어디 가서 못 한다는 소리를 듣지 않을 정도로 해왔고, 회사생활도 남 못지않게 성과를 내며 해왔다. 지금도 최선을 다하고 있고, 야근도 밥 먹듯이 하고 있으며, 주말에도 회사에 나와 성실하게 살고 있다. 그것은 오직 하나, 삶을 한번 멋지고 폼 나게 살아보고 싶다는 꿈이 있기 때문이었다. 보란 듯이 자식교육을 시켜보고 싶다는 마음 때문이었다. 그래서 기러기 아빠가 되는 아픔을 감수하기도 했다. 그러나 지금 내 삶은 너무 힘들고, 불만스럽다. 그래서 견디기 어렵다. 그래서 죽음을 결심하고 싶다.

어디에서부터 잘못된 걸까? 그것은 바로 욕심과 현실 사이에서의 괴리에서 시작되었다. 바라는 현실과 겪고 있는 현실 사이에 거리감이 너무 커 감당하기 어려워진데서 비롯되었다. 머릿속으로는 항상 편하고 좋은 생각을 하고 있는데, 지금 겪고 있는 삶은 너무 힘든 것이다. 그렇다면 어떻게 해야 할까? 그냥 스트레스를 안고 죽어야 할까? 아니다. 그래선 안 된다. 결국 길은 정해져 있다. 능력을 높여서 욕심을 성취하든가, 아무리 노력해도 안 된다면 욕심을 낮추는 것이다. 어떤 것이든 그렇다. 지금 내가 손을 뻗어서 바로 따먹을 수 있는 과일을 먹을 때 가장 편안해질 수 있다.

물론 노력은 해야 한다. 그러나 내 팔보다 지나치게 멀리 있어 그 과일을 도저히 따먹을 수 없다면 그것은 못 먹는 것이다. 노력으로 될 문제가 아니다. 왜냐하면 이미 죽을 듯이 노력을 해도 안 되었기 때문이다. 그럴 때는 깨끗하게 포기하고 지금 내가 따먹을 수 있는 과일을 바로 따먹어야 한다. 그러면 탈이 없다. 직장도 무작정 좋은 곳만 보며 몇 년을 허송세월하는 것이 아니라, 당장 취업할 수 있는 곳으로 가야 한다. 취업을 해야 한다면 일주일 안에 해야 한다. 늦어도 한 달 안에 해야 한다. 그곳에 간 다음 열심히 하다보면 또 다른 기회가 보일 수도 있고, 일을 하면서 이직해도 된다.

무엇이 실패인가? 실패란 가질 수 없는 것을 목표로 삼고 그것을 위해서 모든 것을 걸고 노력하다 모든 것을 잃는 것이 실패다. 자신의 청춘도 잃고, 돈도 잃고, 건강도 잃고, 친구도 잃고, 사랑하는 사람도 잃는 것이 실패다. 지금 자신이 갈 수 있는 곳에 가면 되고, 지금 자신이 할 수 있는 일을 하면 된다. 그곳에서의 월급이 150만 원이더라도 문제는 없는 것이다. 지금 내가 할 수 있는 일이 그것이라면, 지금 내가 벌 수 있는 돈이 그것이라면 인정해야 한다.

사람은 자신의 현실을 일단은 인정해야 한다. 나중에 바꾸든 어떻든 간에 현재는 인정해야 한다. 그것은 그렇게 해야 한다. 우선은 현실을 인정하면서 지금 내가 할 수 있는 일을 해야 한다. 그리고 그 속에서 얻을 수 있는 생활비를 벌어나가야 한다. 그러면 된다. 적은 연봉이라서 결혼을 못한다고? 그럼, 당분간은 결혼을 안 하면 된다. 결혼을 못 하는 것 때문에 스트레스를 받고, 스트레스 때문에 건강까지 망치는 것은 아니다.

우리는 우리의 현실을 충분히 인정해야 한다. 불만을 가지면 안 된다. 그것이 내 현재의 역량과 현주소이기 때문이다. 이 세상이 모순이 많은 것처럼 느껴질 수도 있을 것이다. 학벌사회이고, 부모의 재산이 많은 영향을 주며, 인맥사회이기 때문이다. 그러나 그런 모순까지 인정하고 받아들여야 한다. 그런 모순이야 언제나 있었기 때문이다. 과거 조선시대에는 신분제도까지 있었고, 서구사회에는 노예제도까지 있었다. 모순을 말하면 끝이 없다. 그런 모순을 인정해야 한다. 그리고 자신의 모든 삶을 받아들이고, 그 속에서 출발해야 한다.

삶에 불만을 가지지 말고 삶을 편안하게 받아들여야 한다. 그래서 못난 것은 못난 것대로, 잘난 것은 잘난 것대로 그대로 받아들여야 한다. 그러면서 그 속에서 시작해야 한다. 남들이 부러울 때가 있기도 할 것이다. 그럴 때 화가 나면 소리 한번 지르고 평소의 모습으로 돌아와야 한다. 물론 삶을 바꾸려는 적극적인 노력도 반드시 필요하다.

자신의 삶에 대한 인정을 하고 나면 편안해진다. 이것은 내가 가진 능력이 사회에 비해 떨어지는 소위 순위에서 밀리는 것이 아니라, 현재 내 삶의 현주소를 있는 그대로 받아들인다는 것이다. 그러면서 지금 현재의 토대에서 시작한다는 것을 받아들인다는 것이다. 적은 연봉, 월세, 자동차 없음, 미혼이더라도 충분히 행복한 삶을 살아갈 수 있다. 남들이 인정하지 않더라도 행복할 수 있다. 경제상황이 어려워져 생활비에 대한 두려움이 든다고 해도, 열심히 노력하면 어떻게든 해결되게 되어 있는 것이 삶이다. 그러니 걱정할 필요가 없다.

삶을 바꾸기 위한 노력도 해야 한다. 무엇보다 일을 열심히 해야 한다. 정시출근, 정시퇴근을 하지 말고 남들보다 더 많이 일해야 한다. 하고 있는 일에서 경쟁력을 키우기 어렵다면 이직도 고려해야 한다. 또, 막상 이직이 어렵다면, 투 잡도 고려해보아야 한다. 어떤 식이든 길을 찾아서 삶이 향상될 수 있는 길을 찾고, 그곳으로 뛰어들어야 한다. 즉 행복한 마음으로 도전을 즐겨야 하는 것이다. 그래야 수직상승을 할 수 있기 때문이다. 그래서 마음은 항상 편안하고 느긋하며 행복하면서도 마음 속 깊은 곳에는 불을 품고 있어야 한다. 언제든 활화산처럼 폭발하고 말겠다는 뜻을 가지고 살아야 한다. 그리고 나를 넘어선 사회와 시대의 삶을 살겠다는 생각을 가지고 살아야 한다. 그것은 가능한가? 가능하다. 적극적인 노력을 하는 사람은 어떻게든 길을 만들고 말기 때문이다. 결국은 되는 것은 되는 것이 삶이다.

그러나 자신의 삶을 둘러싼 환경을 보고 조급증에 빠지지 않은 사람은 드물다. 자신도 자신이지만, 주변에서도 자신을 괴롭히기 때문이다. 가족들이 대표적이다. 가족들이 않는 소리를 하기 때문이다. 그래서 가족들을 설득하는 일이 중요하다. 가족들에게는 조급하게 마음먹는다고 되는 일은 없다고 말해야 한다. 그리고 지금은 아무리 노력하더라도 대박이 어렵다는 사실을 말해야 한다. 그래서 느긋하고 편안하게 마음을 가지고 "밥을 먹을 수 있으면 감사하다"는 사실을 말해야 한다. 그러면서 "결국 열심히 하면 좋은 일도 있지 않겠느냐"고 말해야 한다. 그렇게 가족을 설득해야 한다. 그래서 가족 모두가 편안한 마음을 가져야 한다. 그래야 내가 흔들리지 않을 수 있다. 결국 가족은 닮아가게 마련이다. 가족들이 계속 이상한 말을 내게 하면 나도 영향을 받을수밖에 없고, 결국 나도 불행하게 된다. 그래서 먼저 가족에 대한 설득과 동의가 필요하다. 즉 가족이 동독과 서독으로 나뉘어 있다면 베를린 장벽을 무너뜨리고 하나의 가치관으로 통일해야 한다. 가치관이 하나가 되어야 생각이 통하고, 대화가 통하고, 일이 된다. 그래야 가족에 흔들리지 않고 행복하게 내 삶을 굳건하게 살아갈 수 있다.

내 삶이 불만일 때는 다른 곳에 눈을 돌리지 않아야 한다. 좋은 것을 보고 가지려는 마음을 가지지 않도록 해야 한다. 그런 탐심(貪心)이 나를 멘탈 붕괴로 이끌기 때문이다. 가질 수 없는 나의 현실에 대해서 원망하도록 하고, 죽어야겠다는 생각으로 이끌기 때문이다. 사람의 마음은 참 약하다. 마음을 잘 먹고 있다가도 바람 한번 불면 그대로 무너진다. 그래서 마음단도리가 정말 중요하다. 우리에게 큰 가르침을 주고 떠나신 성철스님은 "미인을 보면 눈을 질끈 감아버리라"고 했는데, 좋은 것을 보면 눈을 감는 것도 좋다. 보면 흔들리는 것이 인간이다.

삶에서 가장 유의해야 하는 것이 탐심(貪心)으로 소유에 흔들리면 '가지기 위한 삶'을 살게 된다. 그래서 가지는 것이 유일한 삶의 목표가 되고, 그것을 채우기 위한 삶만을 살아가게 된다. 그런 삶은 병든 삶이고, 자신을 괴롭히는 삶이다. 그것을 가지면 좋고, 가지지 못하면 괴로운 일종이 마약을 복용하는 삶과 같다. 마약을 먹으면 기분이 좋고, 안 먹으면 죽을 것 같고, 그래서 마약을 계속 먹어야만 하는 것처럼, 탐심도 절대 채워지지 않는다. 결국은 파멸로 가게 된다. 이 세상의 모든 것을 가질 수는 없기 때문이다. 세상은 내 마음대로 되지 않기 때문이다. 결국 끊임없이 스트레스를 받고 죽음을 고민하는 삶을 살아가게 될 수 있는 것이다.

좋은 것을 보면 그런 것이 존재한다는 것만으로도 감사하면 된다. 그런 것을 볼 수 있는 것만 해도 감사하다고 생각하면 된다. 그런 좋은 것과 동시대를 살아가는 것만 해도 감사한 일이라고 생각하면 된다. 그리고 더 노력하면 된다. 내가 할 수 있는 것에 충실하면서 최선을 다하면 된다. 그러면 어느덧 내가 좋다고 생각했던 것을 가지고 있는 본인의 모습을 발견하게 될 것이다. 도달할 수 없는 곳을 지나쳐 더 높은 곳으로 오르고 있는 본인의 모습을 발견하게 될 것이다. 삶이란 자신의 현재를 인정하고 살면 된다. 그리고 인생이란 장기승부라는 것을 알고, 그저 내가 할 수 있는 것에만 주목하고 하루하루 최선을 다해서 살면 된다. 그리고 할 수 있는 것만 하면 된다. 그리고 거기에서 하나 둘 정도만 더 하면 된다. 그렇게 20년 이상 지나면 결국은 자신이 가질 수 없는 것으로만 여겼던 것들을 이미 가지고 있는 본인의 모습을 발견하게 될 것이다. 사람은 어떤 상황이 오더라도 자신의 페이스대로만 노력하며 살면 된다. 그러면 꾸준하게 성장하게 되고, 끝내는 자신이 스스로에게 감격하는 삶을 살게 된다.

우리가 아무리 수양을 해도 현재에 대한 불만은 터져 나올 것이다. 그러면 그때마다 마음을 다스리면 된다. 중요한 것은 현재를 인정해야 한다는 것이다. 내 현실은 쉽게 달라지지 않는다. 그러면 인정하면 된다. 그리고 그 속에서 즐거움과 행복을 누리면 된다. 또, 지금 여기에서 출발하면 된다. 최선을 다하면 된다. 그렇게 오랜 세월 동안 노력하면 된다. 그러면 결국 나도 마침내는 사회에서 당당한 역할을 할 수 있게 되는 것이다. 삶은 현재를 받아들이고 행복을 누리면서 오랜 세월 꾸준히 노력하는 것에 의의가 있다.

PART 03

살아가는 것에
낙(樂)이 없을 때

삶의 낙(樂)은 어디에 있는 것일까? 요즘 사람들은 낙(樂)이 없다는 이야기를 많이 한다. 그래서 '사는 게 뭔지'라는 이야기를 하는 모습을 발견하게 된다. 철학자가 아닌데도 보통 사람들이 '사는 게 뭔지'라는 이야기를 한다. 그러면서 왜 사는지 모르고 있는 자신과 만나게 된다. 또, 삶의 낙(樂)이 없는 자신의 모습을 만나게 된다. 또, 그저 먹고 살기 위해서 기계적으로 일하고 있는 자신의 모습을 만나게 된다. 목구멍이 포도청이라서 억지로 일하고 있는 자신의 모습을 만나게 된다. 삶은 즐거워야 하는데 지금 사람들은 즐거움이 없다는 말을 하고 있다.

삶의 낙(樂)은 어디에서 발견할 수 있는 걸까? 어디에서 찾을 수 있는 걸까? 삶의 낙(樂)은 작고 사소한 것들에서 나온다. 대개의 사람들은 그렇다. 물론 일이 잘 성취될 때는 다르다. 일에서 낙(樂)을 느끼는 것이다. 일이 잘 되고, 그래서 보상도 두둑하고, 성취가 됨에 따라 보람도 있고, 사회를 위해서 일도 할 수 있는 기회도 생기니 기분이 좋은 것이다. 그래서 삶의 낙(樂)은 일 그 자체에서도 누린다. 그러나 일이 잘 되지 않을 때는 대부분 작고 사소한 것에서 누린다. 그런 환경이 조성되기 때문이다. 사람들이 낙(樂)이 없다는 것은 일이 잘 되지 않기 때문이다. 그래서 인생이 잘 풀리지 않기 때문이다. 그래서 즐거움을 못 느끼는 것이다. 이럴 때는 작고 사소한 일상 속에서 낙(樂)을 찾아야 한다. 그래서 그것을 마음껏 누려야 한다.

일에서 무언가를 성취하고, 무언가를 얻고, 무언가를 이룬다는 것은 멋진 일이다. 넥타이를 풀어 제치고, 와이셔츠에서 땀 냄새가 나도록 일하는 것은 좋은 것이다. 회사를 마친 뒤 동료들과 시원한 맥주를 기울이면서 건배를 외치고 투지를 다지는 일은 멋진 일이다. 한 겨울에도 머리에서 땀이 흐를 정도로 일하는 건 좋은 일이다. 시장에서 장사를 하시는 분들도 그렇다. 장사가 잘 되어서 새벽부터 밤늦게까지 일하는 건 좋은 일이다. 장사가 잘 되면 힘이 들어도 얼굴은 웃음꽃이 떠나질 않는다. 지금 잘 되고 있기 때문이다. 그래서 몸이 고되어도 고된 것을 모른다. 이럴 때 사람은 삶에 낙(樂)이 있다는 말을 많이 한다. 이것은 정상적이다.

그러나 일이 안될 때는 다르다. 얼굴에 걱정이 가득한 것이다. 건강도 안 좋아진다. 낙(樂)이 없다는 말을 입에 달고 살고, 담배와 술로 스트레스를 해소한다. 결국 문제가 심각해지는 것이다.

이럴 때는 어떻게 해야 할까?

확실한 대책이 있다면 돌파구를 만들어나가야 한다. 그러나 당장 그런 것이 보이지 않는다면 잠시 피하면서 훗날을 기다리는 것이 현명하다. 일단 현재에 만족하면서 일을 하고, 할 수 있는 일이라면 어떤 힘든 일이라도 하는 것이다. 그러면서 내일의 희망을 위한 객관적인 준비와 노력해야 한다. 그런 노력을 계속 해나가야 삶이 변한다. 그리고 삶의 낙(樂)을 만들어야 한다. 일을 하면서도 느낄 수 있겠지만, 현재는 일이 잘 안 되고 있는 때이므로 일상에서 느껴야 한다. 이때는 휴식시간, 휴가, 여가, 사랑하는 사람과 보내는 시간이 매우 중요하다.

현재 일이 잘 안 되고 있다면, 사소함이 전부가 된다. 잘 나가고 있을 때라면 거들떠보지도 않던 것들이 새로운 즐거움으로 다가온다. 가령, 집에서 보는 영화나 여행 다큐멘터리가 새롭게 와 닿는다. 유튜브의 다양한 동영상들이 새롭게 와 닿는다. 집에서 가까운 공원으로 가서 시간을 보내는 것이 새롭게 와 닿는다. 사랑하는 사람과 이야기를 하고, 얼굴을 마주 보며, 함께 있는 자체가 새롭게 와 닿는다. 생후 1개월 된 귀여운 털 복숭이 강아지를 만지면서 시간을 보내는 것이 새롭게 와 닿는다. 길에서 먹는 뜨거운 어묵 국물과 어묵 몇 개가 새롭게 와 닿는다. 콜라 한 잔에서도 묘한 맛을 느끼게 된다. 햄버거를 하나 먹더라도 새롭게 느끼게 된다. 혼자 카페에서 음악을 들으면서 커피를 마실 때,

아름다운 아가씨를 볼 때 낭만적인 기분을 가지게 된다. 길을 걸으면서 듣는 음악이 삶을 재충전하게 만드는 활력소로 작용하게 된다. 야구장에 가서 야구를 보는 것이 재미있고, 야구장에서 먹는 도시락이 맛있게 느껴진다.

삶에 낙이 없을 때는 사소함으로 파고들어야 한다. 큰 것이 아니라 작은 것으로 파고들어야 한다. 너무 거창한 것을 생각하지 말고 작은 것에서 모든 것을 누리고 느끼겠다는 생각을 가져야 한다. 지금 내가 손을 뻗어서 가질 수 있는 것은 바로 사소한 것이기 때문이다. 거창한 것은 내가 손을 뻗어도 지금은 가질 수 없다. 그래서 사소함에 주목해야 한다. 즉 길을 걷다가 푸른 가로수를 보고도 즐거움을 느낄 수 있는 것이다. 또, 그 가로수 밑에서 쭈그리고 앉아서 멋진 경치를 보고 흩날리는 바람을 맞으며 여유와 낭만을 느낄 수 있는 것이다. 이렇게 사소한 일상 속에서 여유와 낭만을 느끼면 적어도 그 순간만은 그 누구도 부럽지 않게 된다. 이렇게 나의 사소한 일상이 행복으로 구성되면, 내 삶은 자연스럽게 행복으로 나아가게 된다.

삶에 낙(樂)이 없다고 말하며 담배를 피고 술을 마시는 행위는 자신을 파괴로 이끈다. 자신을 긍정적인 방향으로 이끄는 것은 본인의 몫이다. 본인의 인생은 본인이 책임져야 하기 때문이다. 자신의 기분은 자신이 결정하는 것이다. 상황이 아무리 힘들더라도 그렇다. 상황 탓을 하며 인생을 망치거나, 자살을 선택해서는 안 된다. 상황에 관계없이 마음의 힘으로, 열심히 살아감으로써, 사소함에서 소소한 즐거움을 누림으로써 행복하게 살아야 한다.

일본 영화 「실낙원」은 불륜영화이다. 남자 주인공은 출판사에서 일하는 직원이고, 여자 주인공은 그림을 가르치는 강사다. 물론 둘 다 결혼을 한 사람으로 집안에 안 사람이 있다. 그러나 소위 삶에 낙(樂)이 없다. 남자 주인공은 출판사에서 인정받지 못하고, 일에서도 흥미를 느끼지 못한다. 여자 주인공도 남편과 행복한 생활을 보내지 못하고 있다. 그런 도중에 두 사람이 만나 격정적인 사랑을 나눈다. 그렇게 남자와 여자는 오랜만에 행복한 시간을 보낸다. 그런 시간을 보낸 후 불륜은 발각된다. 남자는 회사에서 해고되고, 아내와도 이혼하게 된다. 남자와 여자는 함께 섹스를 하면서 죽는 자살을 선택하는데, 그렇게 삶을 마친다.

이 「실낙원」이라는 영화는 불륜을 넘어 우리에게 많은 메시지를 시사한다. 이 영화는 일본이 장기불황으로 경제적으로 힘든 상황일 때 나왔다. 남자는 회사의 일이 풀리지 않을 때, 여자는 남편에게 권태감을 느낄 때 나왔다. 즉 삶의 낙(樂)을 잃어버렸을 때 나왔다. 영화를 보면 주인공 남자의 동료 중 한명은 암으로 죽는다. 그때 그는 그런 식의 말을 했다. "일만 하고 죽는 것이 억울하다." 이 영화는 우리에게 시사하는 바가 적지 않다. 삶의 낙이 없을 때는 스스로 낙을 만들어야 한다는 것이다. 사소하고 작은 것에 주목하면서 자신의 낙을 만들어야 한다는 것이다. 적어도 일만 하고 죽어서는 안 된다는 것이다. 성공과 출세를 위해서 억지로 참으면서 일만 하며 인생을 보내선 안 된다는 것이다. 그것보다는 현재를 즐겁게 보내면서 살아야 한다는 것이다. 물론 이 말이 불륜을 하라는 말은 아님을 알 것이다. 본질은 바로 "일이 잘 풀리지 않는다면, 지금 당장 즐겁게 살아야 한다는 것"이다. 그래야 모든 것이 잘 풀린다.

삶의 낙이 없을 때 불륜에 빠지는 것도 하나의 방법이 될 수는 있지만, 그것은 좋지 못하다. 파괴적인 결과를 낳기 때문이다. 그것보다는 스스로가 좋은 방법을 찾을 수 있어야 한다. 일이 풀리지 않으면 가정생활이라도 신혼처럼 즐거워야 한다. 그러면 삶이 새로워진다. 진정으로 상대를 좋아하는 마음이 생기면 정신이 살아난다. 또, 휴식도 중요하다. 혼자 지내는 사람이든 가족이 있는 사람이든 휴식을 잘 해야 한다. 쉽게 말해서 잘 놀아야 한다. 일이 풀리지 않기 때문에 노는 것을 정말로 잘 놀아야 한다. 그래서 스트레스를 제로로 만들어야 한다. 다양한 방식으로 노는 방법을 연구하고 '놀이의 전문가'가 되어야 한다. 왜 놀이 전문가가 되어야 하는가? 잘 놀아서 삶의 스트레스를 완전히 날려버려야 일을 할 힘이 생기기 때문이다. 다시 한 번 해보자는 투지가 불타오르기 때문이다. 삶이 완전히 지쳐 있을 때는 해보자는 의욕보다는 '안 하고 싶다, 도망가고 싶다, 편하게 살고 싶다, 죽고 싶다'는 생각에 빠지기 쉽다. 그러나 충분한 휴식을 통해서 몸과 마음을 신선하게 충전하고 나면 사람은 달라진다. 힘이 나기 때문이다. 신명이 나기 때문이다. 컨디션이 남다르기 때문이다. 그러면 일도 달라진다.

삶의 작은 것에서 만족감을 느끼는 사람은 삶의 낙(樂)이 없다는 말을 하지 않는다. 화목한 가족이 있는 사람은 항상 얼굴이 밝다. 가족을 위해서 열심히 살아야겠다는 생각을 한다. 일이 잘되지 않더라도 가족들은 힘을 준다. 그래서 다시 한 번 힘을 내게 된다. 잘 노는 사람도 강하다. 이 사람은 지치지 않기 때문이다. 가끔씩이라도 힘들면 유원지나 공원에 가면 좋다. 그냥 그곳에서 몇 시간만 보내고 나도 몸과 마음은 다른 상태가 되기 때문이다. 힘이 들 때는 가끔은 유원지에 서서 큰 연못을 바라보고 있는 것만 해도 마음이 달라진다. 내 몸의 화기(火氣)가 수기(水氣)로 인해 시원해지는 느낌이 든다. 실제로 이것은 명리학적으로 보아도 좋다. 생각이 많아서 머리가 아프고 스트레스를 받으면 물(바다, 강, 호수 등)을 보면서 식히는 것이 좋기 때문이다. 이따금씩 따사로운 햇살을 맞으며 햇빛에 비쳐 반사되는 연못을 보는 것만 해도 기분이 좋아진다. 연못에서 장난치며 노는 거위와 청둥오리만 보아도 기분이 행복해진다. 인생이 무엇인지 궁금하다면 대자연 속으로 들어가면 자연스럽게 알게 된다. 그냥 그곳에서 찬란하게 빛나고 있는 대자연을 보게 되면, 느끼게 되면, 내 삶의 문제란 아주 작음을 알게 되기 때문이다. '나 혼자서만 다른 세상을 보고 있었다'는 걸 알게 되기 때문이다. 인생이란 자연처럼 아름다운 것이라는 것을 알게 되기 때문이다. 그래서 다시 힘을 내게 된다.

힘들 때는 지금 내 곁에 있는 모든 것을 사랑해야 한다. 지금 내 곁에 있는 모든 것에서 재미와 행복을 느껴야 한다. 내가 사는 집의 이웃집의 마당에는 진돗개가 있는데, 나는 그 녀석에게 가끔씩 '진돗개, 진돗개'라고 부르며 쳐다본다. 그러면 그 녀석도 나를 한참 동안 쳐다보는데, 여기에서 나는 행복을 느낀다. 진돗개를 소유하지 않았지만, 기르고 있지 않지만, 그저 옆집에 있는 진돗개이지만, 만져 보지 않고 있지만, 그저 바라보는 교감(交感)만으로도 행복한 것이다. 무언가를 가져야만 행복해지는 건 아니다. 실제로 행복은 내 마음에 달려 있는 것으로, 내가 다르게 세상을 바라보면 이 세상의 모든 것은 행복할 수 있는 거리가 된다. 날씨가 좋은 날 하늘을 보고 나무를 보면 얼마나 기분이 좋은가? 그때는 절대로 죽고 싶은 생각이 들지 않을 것이다. 그때는 하늘에 대한 예의로써 시원하게 한번 소리를 쳐줘라. "와! 날씨 좋다. 최고다! 죽인다!" 그렇게 온 마음을 다해 내 모든 것을 누리면 된다. 돈으로 매길 수 없는 최고의 날씨와 자연은 공짜로 주어지고 있다. 그것을 누리면 수천조의 재산과도 비교할 수 없는 재산을 가진 것이다. 인생이란, 바로 그런 것이다.

삶의 낙(樂)이 없다고? 지금부터 나의 일상에서 찾아라. 그러면 나의 모든 것이 낙(樂)이 된다는 것을 알게 될 것이다. 그러면 그것을 마음껏 누리면 된다. 그러면 나는 행복한 삶을 살 수 있다. 기분이 좋아질 것이다. 편안한 마음이 될 것이다. 그러면 다시 한 번 해보자는 의욕도 솟아날 것이다. 즉 인생의 유쾌한 변화가 시작되는 것이다!

PART 04

원하는 직장에
취업하지 못했을 때

우리들은 착각을 한다. 자신은 연봉을 많이 받을 것이라고. 그러나 그 착각은 이내 깨진다. 회사에 들어가 월급을 받기 시작하면서. 대학 졸업을 하면 번듯한 직장에서 일하고, 3,000만 원이 넘는 연봉을 받고 싶어 하는 것은 당연한 것이다. 서울에서 생활을 한다면 연봉 3,000만 원을 받아도 1년에 1,000만 원 정도 모으게 된다. 검소한 생활을 한다면 1년에 2,000만 원을 모을 수도 있겠지만, 그 정도를 모으기란 서울에 부모님 집이 있거나 부모님이 거주할 집을 전세로 얻어주지 않은 한 거의 불가능하다. 숙식이 제공되지 않는 중소기업에서 일하면 사실상 연간 1,000만 원 이상의 저축이 어렵다. 그리고 이것은 중요한 진실이다. 대졸 신입사원의 40퍼센트는 연봉 1,800만원 미만을 받는다는 것 말이다.

연봉 1,800만원이면 월급 150만원인데, 이러면 서울에서는 대부분 저축을 잘 못한다. 대부분은 1년에 500만 원 정도를 모은다. 검소하게 산다는 전제 하에서 말이다. 숙식이 제공되는 회사라면 다르다. 그러면 1년에 최대 1,500만 원까지 저축할 수 있을 것이다. 그러나 마음에는 차지 않을 것이다. 또, 화가 날 것이다.

그렇다면 어떻게 해야 할까? 본인이 선택해야 한다. 직업에서 경제적인 요소는 매우 중요하다. 일단은 잘 먹고 살아야 한다. 할 수 있으면 그래야 한다. 그러나 만약 그럴 수 없다면 어떻게 해야 할까? 그렇다면 일단 현실을 인정해야 한다. 그런 다음, 노력해야 한다. 승진과 이직을 할 수 있도록 해야 한다. 창업까지 생각해서 실행의 포석을 둬야 한다.

나는 그 전까지는 열심히 하면 성공할 수 있고, 중소기업에 가서 일을 배워서 창업하면 대기업보다 더 좋다고 생각했다. 그리고 대학 교직원이나, 국공립 금융기관, 공무원 등은 자신감과 패기가 없는 것으로 생각했었다. 그러나 지금은 생각이 많이 바뀌었다. 이것은 내가 직원 수 300명 정도 되는 중소기업에서 일해 보면서 깨달은 것이기도 하고, 수많은 사람들을 관찰하고 대화하면서 깨달은 것이기도 하다. 또, 기업가로 큰 성공을 거둔 사람들의 성공의 길을 추적하면서 깨달은 것이기도 하다.

실제 성공은 아무나 못한다. 특히 중소기업에서 일을 배워서 창업해서 성공한다는 것은 무척 힘들다. 일단 자금력이 있어야 한다. 적게는 수십억 원 이상, 많게는 1,000억 원 가까이 들 수도 있다. 그러나 중소기업에서 월급 받아서 그 정도의 돈을 모으기란 거의 불가능하다. 그리고 투자를 유도하기도 쉬운 일이 아니다. 본인이 원천기술을 가지고 있지 않을 경우, 더욱 힘들 수도 있다. 그리고 기술과 자금 모두 갖추고 있다고 하더라도, 사업은 실패할 수 있다. 현실적으로 중소기업에서 일을 대기업보다 덜 하는 것도 아니고, 야근을 밥 먹듯이 할 수도 있다. 그러면서 야근수당도 지불하지 않는 경우도 거의 대부분이다. 한국의 노동법은 법만 존재하지 법을 지키는 기업이 드물며, 한국의 입법·사법기관도 정신 줄 놓은 지 오래다. 결국 중소기업에서 일해도 사업으로 성공하지 못하며, 혹사만 실컷 하고 박봉으로 살다가 인생 마칠 가능성도 크다. 그럴 위험성이 다분한 것이 한국 중소기업의 현실이며, 중견기업도 크게 다르지는 않다. 결국 이왕 힘들 것이라면 돈이라도 많이 챙겨주는 대기업에 가는 것이 나은 것이다. 그러나 대기업은 항상 과로에 시달리고 고용 불안정에 시달리므로 그럴 바에야 대학 교직원이나 국공립 금융기관이나 공무원이 나은 것이다. 특히 대학 교직원은 사실상 공무원 신분에 공무원보다 연봉이 높으므로 더 나은 선택이 되는 것이다. 대학 교수가 되는 것도 좋지만, 교수는 박사학위를 받기까지 많은 돈이 들며, 교수가 안 될 수도 있는 것이다.

그렇다면 사업가의 삶은 어떨까? 사업가들의 공통적인 특징이 하나 있다. 이것은 매우 중요한 진실로, 이것을 알면 삶의 중요한 진실을 거의 다 알게 되었다고 해도 과언이 아니다. 왜냐하면 평범과 비범을 가르는 선이 바로 이것이기 때문이다. 결과적으로 사업가들은 성공을 했다. 어떻게 성공을 하게 되었을까? 그들이 성공을 할 수 있었던 것은 '결정적 고비'를 목숨을 걸고 넘었기 때문이다. 만약 실패를 했다면 그들은 자살을 할 수도 있었다. 그들은 결정적 고비를 목숨을 걸고 넘음으로써 성공한 사업가의 반열에 올랐다. 처음 사업을 시작해서 어느 정도 시간이 지나 매출 1,000억 원을 돌파하고, 1조 원을 돌파하는 결정적 고비를 넘겼던 것이다. 이것은 어떻게 가능할까? 목숨을 걸고 태산을 넘어야 한다.

사업가들은 실제로 중간에 사업을 포기할 생각도 했고, 극심한 자금난에 자살을 생각하기도 했으며, 그러다 단번에 극적인 위치에까지 오른 특징들을 보이고 있다. 대개 크게 성공한 사업가들은 대부분 이런 모습을 보인다. 결국 샐러리맨의 고만고만한 생활을 벗어나려면 목숨을 걸고 거대한 벽을 뛰어넘어야 한다. 그렇지 않으면 큰 성공은 할 수 없다. 월급쟁이로는 아무리 열심히 일해도 큰 성공이 어렵다. 삼성그룹 부회장 정도 되면 재산이 1,000억 원이 될 수 있겠지만, 여타 다른 대기업은 임원이 되더라도 재산이 100억 원이 되면 정말로 많은 것이다. 현실적으로 부자가 안 되는 것이다. 서울에 웬만한 빌딩만 해도 수백억이 간다.

실제로는 대부분의 사람들은 성공을 못하는 것이다. 대기업 임원도 쉽지 않고, 중소기업에서 일을 배워서 창업하는 것도 어렵다. 일을 배워서 창업할 생각으로 중소기업에 갔다가, 평생 중소기업에 눌러 앉을 가능성이 매우 크며, 창업을 했다가 쪽박을 찰 수도 있다. 중요한 사실은 대부분의 사람들은 성공을 하지 못한다는 것이다. 장담하건대 10억 원도 모으지 못한다. 그래서 대학 교직원, 국공립 금융기관, 공기업, 공무원으로 많은 이들이 몰려가는데, 성공에 대한 어려움과 피로감을 인식하고 성공은 포기하고 마음 편하게 살겠다는 뜻이다. 실제로 어디에서 일하더라도 먹고 살기도 어려워졌기 때문에 이것은 합리적인 선택으로 보이기도 한다.

성공의 진실은 그렇다. 대부분의 사람들은 성공 못한다. 단순히 노력한다고 성공하는 것도 아니다. 아침에 일찍 일어난다고, 오래 일한다고 하는 것이 아니다. 높은 벽을 단번에 뛰어넘어 매출 500억 원 이상, 1,000억 원 이상 낼 때 성공에 이른다. 사업이란 무엇인가? 사업이란 남들이 보지 못하는 기회를 보고 그것을 살리는 것을 말한다. 사업이란 결국은 경쟁이며, 경쟁에 이기기 위해선 무언가 특별한 것이 있어야 한다. 그것은 누가 가르쳐줄 수 있는 것이 아니라, 본인이 찾아야 하고, 될 때까지 목숨을 걸고 될 때까지 버텨야만 되는 것인데, 그것은 쉬운 일이 아니다. 잘못하면 모든 것을 잃을 수도 있다. 위험성이 매우 크다. 월급쟁이로서의 삶도 만만한 것은 아니다. 승진도 만만치 않고, 요즘은 불황이 되었기 때문에 모두 다 더 열심히 한다. 그래서 승진도 더 힘들어졌다. 이직도 성공하는 비율은 적다. 결국 성공은 힘든 것이다.

그래서 대부분의 사람들은 전문직을 선호하고, 공무원이나 교사 같은 안정직을 선호한다. 그런 흐름이 형성 된지는 이미 오래되었다. 결국은 본인이 삶을 선택해야 한다.

나는 열심히 하지 말라거나, 성공을 꿈꾸지 말라는 이야기를 하는 것이 아니다. 성공의 진실을 이야기하는 것이다. 나는 일전에 나의 저서 『맙소사 아직도 대학이라니』에서 중소기업에 가서 일을 배워 창업을 하고 성공을 하면 대기업 임원 이상의 삶을 살 수 있다는 이야기를 한 적이 있다. 그러나 직접경험을 통해 그것이 쉽지 않음을 깊이 깨달았기 때문에 하는 말이다.

지금 연봉 1,800만원을 받고 있다면, 스스로가 잘 결정을 해야 한다. 성공은 쉽지 않다. 성공을 하려면 창업까지 연계해서 생각해야 하는데, 지금 경제가 너무 안 좋다. 독특하고 창의적이면 성공할 수 있지만, 말처럼 쉽지는 않다. 결국 대안은 이것일 것이다. 지금 있는 자리에서 최선을 다하되, 기회가 되면 승진도 하고, 더 좋은 조건을 제시하는 곳이 있다면 이직도 하고, 성공에 대한 확신이 생긴다면 회사 내에 몸담고 있으면서 사업의 성공가능성의 사전검증을 거친 후 사업을 하는 것 말이다.

지금 적은 월급으로 고민이 된다면, 죽고 싶은 생각이 든다면, 생각을 달리 가져야 한다. 지금은 어디든 입사하기가 만만치 않으며, 일도 만만치 않을 가능성이 있으며, 어디를 가더라도 성공은 쉽지 않기 때문이다. 그래서 지금 몸담고 있을 곳이 있다는 것을 감사히 여기고, 지금 있는 자리에서 최선을 다해야 한다. 그러면서 지금 있는 곳에서 상사와 사장의 인정을 받아나가야 한다. 그러면서 능력을 키워야 한다. 물론 일이란 열심히 해야만 잘 할 수 있는 것이므로, 힘든 일이 많을 것이다. 그러나 꾹 참고 열심히 해서 일을 잘 하는 수준으로 올려야 한다. 그러면 또 다른 기회가 올 것이다. 물론 갑자기 큰 부자가 되지는 않을 것이나, 조금씩 연봉이 올라갈 것이다. 그러면 생활의 자신감을 가지고 나갈 수 있을 것이다. 그리고 그렇게 실력을 차츰 상승시켜 나가다 보면 이직을 할 수 있는 실력도 갖추게 될 것이다. 그리고 사업을 할 수 있는 실력도 갖추게 될 것이다. 그리고 정말로 일을 잘 한다면 몸담고 있는 기업의 대표이사가 될 수도 있을 것이다. 그러면 최소한 연봉 1억 원 이상은 될 것이다. 그러면 부자는 아니더라도 당당한 삶을 살아갈 수 있을 것이다. 삶은 그렇게 만들어나가면 된다.

노력한다고 해서 노벨상을 받을 수 있는 것은 아니다. 노력한다고 해서 애플사를 창업할 수 있는 것은 아니다. 한 개인의 능력에는 분명한 차이가 있고, 노력해도 안 될 가능성이 있다. 먼저 그 점을 인정하고, 내가 할 수 있는 일에서 최선을 다해야 한다. 지금 당장 취업할 수 있는 곳에 가고, 지금 하고 있는 일에서 기회를 확장시켜나가야 한다. 그래서 우선은 몸담고 있는 기업에서 인정을 받아야 한다. 그러면 인생은 달라질 수 있다.

만약 장기간 일할 수 있는 곳이 아니라는 판단이 생긴다면, 직장을 옮기면 된다. 지금 당장 갈 수 있는 곳으로 가면 된다. 그리고 그곳으로 가서 최선을 다하면 된다. 그리고 옮길 여건이 안 된다면 지금 있는 곳에서 최선을 다하면서 그곳으로 갈 수 있는 능력을 갖추면 된다. 그래서 다음을 만들어야 한다. 그것은 지금 있는 곳에서 하는 노력으로써 만들어진다.

내 삶은 내가 만드는 것이다. 내가 책임져야 한다. 연봉이 적은 것도 내 능력이 모자라기 때문에 그런 것이다. 내 탓이다. 따라서 나를 업그레이드 시킬 수 있는 노력을 해야 한다. 그러면 된다. 회사에서 적은 월급을 주는 상황을 탓하지 말고, 나를 변화시키면 그에 걸맞는 월급을 받게 된다. 따라서 노력하면 된다. 그리고 현재 상황이 조금 불편하더라도 감수하고 나가면 된다. 적어도 굶지는 않지 않는가? 생활을 하며 갈 수 있으므로, 생활을 스트레스 없이 즐겁게 하면서 일하면 된다. 적절한 휴식을 하고, 멋지게 놀고 쉼으로써 스트레스를 없애야 한다. 그런 뒤 최선을 다해서 일해야 한다. 그러면 인생은 달라진다. 성공은 분명 힘들다. 그 점은 분명히 인정해야 한다. 그러나 노력을 하면 부끄럽지 않은 삶을 살 수 있다. 그런 노력의 토대 위에서 내 삶을 변화시켜야 한다. 일상에서 행복을 누리되 매일 최선을 다해야 한다.

PART 05

장사가 너무
되지 않을 때

요즘은 대부분 장사가 안 된다. 큰일이 났다. 장사를 해도 안 되고, 하루 17시간씩 일해도 상황은 달라지지 않고, 그렇다고 취업이 잘 되는 것도 아니니 말이다. 젊은 사람도 취업이 쉽지 않고, 나이가 마흔이 넘으면 취업은 거의 불가능하다. 50대가 되면 막일을 해야 한다. 결국 고용 불안정이 된 사회이므로 40대 이후 인생 2막은 대부분 장사인데, 그래서 장사가 되어야 하는데, 장사는 대부분 안 된다. 자기 자본을 들여서 창업을 하는데, 그래서 리스크를 감당하는데, 퇴직금도 연금혜택도 없는데, 돈이 거의 인건비 수준으로 밖에 벌리지 않는 것이다. 그 인건비마저도 건지지 못하는 곳도 태반인 것이다. 그래서 많은 분들의 얼굴에 시름이 가득하다. 그렇다면 어떻게 해야 할까?

우선은 소박한 마음을 가지는 것이 중요하다. 큰 욕심은 버리는 것이다. 그저 먹고 살면 된다고 생각하는 것이다. 그런 다음,

상황을 반전시킬 수 있는 시도를 해야 한다. 만약 해도 안 된다면 포기하고, 다른 생각을 해야 한다. 투 잡이나, 쓰리 잡이 그것이다. 사업을 접고, 아르바이트를 3~5개씩 하는 것도 하나의 방법이 될 수 있다. 어차피 지금도 하루 14~15시간씩 일하고 있으므로, 아르바이트를 열심히 하는 것이다. 그러면 가정을 지킬 수 있게 된다.

장사는 결국은 싸움이다. 경쟁이고, 이겨야 한다. 장사가 망해서 1~2억 원을 거들내면 서민의 입장에서는 인생이 사실상 끝난다. 재기가 거의 불가능하다. 대부분의 사람들은 평생 일어서지 못한다. 그래서 반드시 이겨야 한다. 만약 장사가 망하면 어떻게 될까? 나이 50살에 빈털터리가 되거나, 신용불량자가 될 것이다. 그러면 취업도 안 되고, 다른 장사를 할 돈도 없는 상황이기 때문에, 거의 대부분은 품팔이 인생을 살면서 재기를 못하게 된다. 그래서 장사를 시작했다면 죽기 살기로 하지 않으면 안 되는 것이다. 그래서 나는 장사가 되지 않는다면, 일을 하다가 과로사로 죽는 한이 있더라도 하루 14~17시간씩 일해야 한다고 생각한다. 그래서 반드시 위기를 돌파해야 한다고 생각한다. 장사가 되는 방안을 강구해야 하고, 만약 되지 않는다면 다른 쪽으로 가야 한다고 생각한다. 투 잡이나, 쓰리 잡도 좋은 선택이다. 아르바이트를 여러 개 뛰는 것도 좋은 것이다. 젊은 사람이라면, 취업이 가능하다면, 취업을 하는 것도 좋은 선택이다. 비가 억수같이 내릴 때는 일단 처마 밑으로만 피해도 비의 99퍼센트는 맞지 않을 수 있기 때문이다. 최선이 허락되지 않을 때 차선은 가장 훌륭한 선택이 된다.

장사가 되지 않을 때는 이것도 해보고, 저것도 해보아야 한다. 이익을 낼 수 있는 다양한 시도를 해보아야 한다. 그래서 새로운 방법들을 창조해야 한다. 구멍가게를 하고 있더라도 그래야 한다. 상황을 반전시킬 수 있는 다양한 시도를 해야 한다. 그런 시도가 결국은 빛을 발한다. 늘 생각해야 한다. 그리고 즉시 실행해야 한다. 꾸물거려선 안 된다. 좋은 아이디어다 싶으면 최소한의 범위 내에서 실행해보아야 한다. 그러면 의외의 수가 펼쳐질 수도 있다.

장사는 되는 곳은 되고, 안 되는 곳은 안 된다. 그것은 시간이 지나도 쉽게 바뀌지 않는다. 그리고 불황이 되면 되는 곳은 더 잘되고, 안 되는 곳은 더 안 된다. 그래서 안 되는 곳은 더 이상 장사를 할 수가 없게 된다. 그리고 되는 곳은 더 많은 이익을 가져간다. 왜냐하면 많은 경쟁자들이 경쟁의 대열에서 탈락해버리기 때문이다. 그래서 불황일수록 판단이 빨라야 한다. 안 되는 것은 안 되는 것이고, 되는 것은 되기 때문이다. 즉 안 되는 것을 계속 물고 있어도 되는 것이 아니다. 실제로 사업으로 성공하는 사람들은 대체로 3년 내에는 큰 성과를 낸 특징이 있으며, 늦어도 5년 내에는 큰 성과를 거두었다. 그렇다면 5년이 지난 사업가들은? 대부분은 계속 성공하지 못했다. 간혹 예외가 있기도 했지만, 많지는 않았다. 이 말은 단번에 치고 가야 한다는 것을 말한다. 적어도 장사에 있어서는 대부분은 그런 모습이 많다.

사업의 본질은 결국은 과점이다. 마지막은 상위 3개 업체 간의 경쟁으로 귀결되며, 그것은 곧 점유율 싸움으로 귀결된다. 현대의 세계경제는 사실상 과점으로 운영되고 있다고 해도 과언이 아니며, 그것은 우리나라도 예외가 아니다. 현재 세계경제는 디플레이션으로 생산과잉과 소비부진이 심화되고 있는데, 생산과잉이 되어도 문제없이 경제가 지탱되는 이유는 몇몇 기업이 과점으로 자체 생산량을 조절하기 때문이다. 기업 간 경쟁에서 상생 경제는 없었고 앞으로도 존재하지 않을 것이다. 현대사회는 독점을 하면 사회적인 여론이 좋지 않게 형성되므로 대부분은 과점의 모습을 띄게 된다. 그러나 이 과점시장 속에서 틈새시장을 개척하는 기업가가 있다. 이 기업가는 어느 정도의 시장 점유율을 확보할 수 있다. 대부분의 서민 자영업자는 틈새시장을 개척하는 전략을 사용해야 한다. 기존에 정의되어 있던 시장의 룰이라는 판을 깨고 시장의 콘셉트를 새롭게 정의하면서 시장을 새롭게 창조해야 한다.

그러나 모든 장사는 쉬운 일이 아니다. 장사는 우선 감당할 수 있는 적은 돈으로 시작해야 한다. 깔고 앉는 돈이 적어야 한다. 그래서 언제나 자금에 여유가 있어야 한다. 그 다음, 본질에 집중해야 한다. 음식점의 경우, 음식 맛이 좋아야 한다. 최고급 재료를 써야 하고, 신선도를 담보하기 위해서 매일 시장에 2번 가야 한다. 한번은 새벽에 가서 신선한 채소를 구하고, 한번은 낮에 가서 싼값에 떨이 채소를 구해야 한다. 최고의 맛을 만들기 위해서 연구를 해야 하고, 다른 유명한 집에 가서 맛을 보고 배워 와야 한다. 그리고 자신의 가게로 와서 연습을 해보아야 한다. 장사가 안 되는 데는 이유가 있다. 그것은 대부분은 본질에 집중하면 해결된다. 최고의 맛을 자랑하고, 청결하며, 유니폼을 입고 친절하게 대하면 매출은 달라진다. 유니폼은 신뢰를 담보하기 위해서 입어야 한다. 상권분석도 필요한데, 유동인구 체크도 필요하다. 그리고 평수는 조금씩 확장해나가야 한다. 좁은 평수에서 넓은 평수로 조금씩 넓혀 나가야 한다. 안전하게 해야 한다. 장사는 도박이 아니라, 측정 가능한 과학이 되어야 한다. 확실하게 해야 한다. 언제나 자신의 음식에 대해서 객관적인 평가를 할 수 있어야 한다. 객관적인 평가에서 다른 집보다 뒤진다면 그 집에 가서 배워야 한다. 최고의 준비가 되어 있으면 될 수밖에 없는 것이 장사이다. 그래서 제로매출에서 단번에 치고 올라가는 것이 장사다. 그런 점을 안다면, 지금 장사가 안 되고 있다면, 본질에 문제가 있는 것이다. 음식의 맛에 문제가 있는 것이다. 혹은 그 상권의 소비자에게 맞는 제품을 제공하고 있지 못한 것이다. 대학가라면 고객에게 맞는 제품인 저렴한 음식을 팔아야 한다. 함박 스테이크를 팔면 안 된다. 편안하게 술을 먹을 수 있는 포장마차를 추구하면서, 카페 같은 인테리어를 해놓으면 안 된다. 다양한 문제들을 제거해야 하고, 자신이 음식의 맛을 위해서 부지런히 움직이면 되는 것이 장사다. 만약 음식의 맛을 담보할 수 없다면, 잠시 접고 맛을 연구해야 한다. 만약 맛을 담보하지 못하겠다면 다른 주방장을 모셔 와야 한다. 그리고 그와 함께 평생 간다고 생각하고 잘 모셔야 한다.

모든 제품은 본질에 집중할 때 반응이 나타난다. 여기에서는 음식장사에 대해서 간단히 이야기 했지만, 다른 장사도 본질은 같다. 세계적인 대기업도 본질은 같다. 어떤 사업이든 파고 들어가면 본질이 나타나고, 그 본질의 핵을 집중적으로 다루면 결국 최고기업이 된다. 장사가 안 될 때는 열심히도 해야 하지만, 본질에 집중해서 열심히 해야 한다. 그래서 본질의 뿌리를 교체해야 한다. 그래야 결과가 다르게 나타난다.

본질에 집중해야 한다. 만약 본질을 바꾸지 못한다면 장사를 그만두어야 한다. 그리고 본질이 강화되었을 때 하거나, 본질에 대한 담보를 못하겠다면 다른 일을 해야 한다. 어쩔 수 없는 일이다. 왜냐하면 그 장사로는 성공을 하지 못하기 때문이다. 장사란 일단은 돈이 벌리고, 그 일을 통해서 먹고 살 수 있어야 한다. 그래서 돈벌이가 안 되면 안 된다. 따라서 본질에 대한 확실한 담보가 되어야 한다. 장사가 안 된다면 그만두고 다른 일을 해야 하고, 다른 일도 본질에 대한 강점이 확보되어야 성공한다.

모든 상품은 본질적으로 보수적이다. 왜냐하면 구입이란 돈을 지불하는 것으로 신중하게 지갑을 열기 때문이다. 그래서 모든 제품은 어느 정도의 검증이 이루어졌을 때 확실한 반응이 나타난다. 그래서 대체로 혁신적인 기업들은 성공을 하지 못하는 경우가 많다. 검증되지 않은 신제품에는 소비자들이 지갑을 열지 않기 때문이다. 그래서 신생기업의 경우에는 모험적으로 소비하는 소비자들이 소비를 하고 난 후, 어느 정도 시장에도 알려지고 검증이 이루어진 이후에 보수적인 소비자들이 움직였을 때, 큰 반응이 나타난다. 그래서 제품이 나온 이후 보수적인 소비자가 살 때까지 버텨야 하는데, 대부분의 기업들은 그 기간을 버티지 못한다. 그래서 그 기간 동안 망하고 만다. 이것이 소위 경영학에서 말하는 캐즘 이론이다. 최고의 실력이 있다는 생각이 든다면 버텨야 한다. 좋은 제품은 결국은 입소문이 나게 되어 있다. 겉포장이 아무리 화려해도 제품의 질이 좋지 않으면 결국 고객들은 돌아선다. 결국은 진짜 실력이다. 그래서 진짜 실력을 갖추면 인정을 받게 되어 있다. 물론 마케팅도 중요하다. 알리지 못하면 실력도 사람들이 알아볼 기회를 못 갖게 되는 셈이다. 처음 라면이 나왔을 때는 사람들은 그것을 먹어본 적이 없었으므로 진가를 몰랐다. 그래서 외면했다. 그래서 라면회사는 무료로 사람들에게 라면을 제공했다. 그러면서 라면의 진가를 알려나갔다. 라면의 맛은 좋았기 때문에 사람들은 진가를 알아보았고, 결국 라면은 국민상품이 되었다. 그러나 아무리 맛이 좋아도 라면회사가 라면을 무료시식하지 않았다면 진가를 확인할 수 없었을 것이므로 실패하고 말았을 것이다. 얼마 전「나는 가수다」라는 프로그램이 국민적인 인기를 끌었다. 그 프로그램은 임재범이라는 국민가수를 탄생시켰다. 그렇다면 임재범은 어떤 가수인가? 이미 그는 최고의 가창력을 보유한 가수였다. 다만 객관적인 실력을 공정하게 알릴 수 있는 채널(마케팅)이 없었기 때문에 사람들이 그의 진가를 몰랐던 것이다. 이번에 그는 그의 가창력을 공개적으로 마음껏 선보일 수 있었고, 그 결과 국민가수가 될 수 있었다. 그리고 얼굴 없는 가수였던 김범수도 이번 「나는 가수다」의 최대 수혜자 중 한명이다. 「나가수」는 무엇을 말하는가? 마케팅의 힘을 말한다. 진정한 실력도 마케팅이 함께 할 때 최고의 결과를 낼 수 있다는 메시지를 웅변하고 있기 때문이다.

장사는 판단이 빠르고 정확해야 한다. 본질에 집중해야 한다. 그러면 크게 달라진다. 큰 반응이 나타나고 있지 않은 것은 분명 문제가 있는 것이다. 그때는 다시 본질로 돌아가야 한다. 그래서 본질의 근본적인 경쟁력을 강화시켜야 한다. 그러면 모든 것은 달라질 수 있다. 장사의 기본은 결국은 본질에 집중하는 것이라는 것을 알 때, 미래는 달라질 수 있다.

PART 06

삶에 너무 지쳐
내 삶의 존재의미가
무엇인지 모르고 있을 때

우리들은 어릴 적에 꿈이 있었다. 누구는 대통령이 되겠다고 했었고, 누구는 과학자가 되겠다고 했으며, 누구는 노벨상을 받겠다고 했다. 누구는 장군이 되겠다고 했고, 누구는 아프리카에 가서 일하는 슈바이처 같은 의사가 되겠다고 했으며, 최고의 선생님이 되겠다고 했다. 그러나 우리들은 지금 머릿속이 하얗게 되었다. 삶에 너무 지쳐버렸기 때문이다. 그래서 왜 사는지도 모르고, 왜 일하는지도 모르며, 무엇보다도 내 삶의 존재의미도 모르게 되었다. 그저 숨 쉬고 살고 있기 때문에 사는 삶을 살고 있는 것이다. 목구멍이 포도청이라고 말하며 일하고 있는 것이다. 그러면서 차라리 죽고 싶다는 생각을 하고 있는 것이다.

어디에서부터 잘못된 것일까? 어디서 단추를 잘못 꿰기 시작한 걸까? 정신없이 사는 것이 제대로 사는 것일까? 몸을 혹사하면서 항상 피곤에 찌들어 사는 것이 제대로 사는 것일까? 나는 무엇 때문에 사는 것일까? 나는 왜 사는 것일까? 내 삶을 지탱하는 보루는 무엇인가? 우리는 이런 질문들을 던져보아야 한다. 그래서 스스로 대답을 해보아야 한다. 그래서 삶을 정상궤도로 돌려놓아야 한다. 죽고 싶다는 마음이 드는 것이 아니라, 살고 싶다, 나아가 한번 열정적으로 살아보고 싶다는 마음이 들도록 해야 한다. 삶에 지쳐서 죽고 싶다거나, 왜 사는지 모르겠다거나, 삶의 낙이 없다는 말을 하지 않도록 해야 한다.

어디에서 잘못된 것인지를 파고드는 건 닭이 먼저냐, 달걀이 먼저냐의 답을 찾는 것과도 같다. 그래서 하나하나씩 우리들의 문제를 살펴보고 그 답은 무엇인지 각자가 생각해보자. 우리들은 너무 열심히 일한다. 그래서 거의 매일 야근을 한다. 주말에 일할 때도 많다. 그래서 몸이 항상 너무 피곤하다. 그러나 이렇게 일해도 박봉이다. 그래서 몸도 피곤하고 힘도 빠진다. 몸을 죽도록 움직이면 돈이라도 벌려야 하는데, 그것도 아니니 힘이 빠진다. 젊은 사람이라면 결혼을 해야 하는데, 돈이 없으니 결혼이 쉽지 않다. 이것도 큰 스트레스로 작용한다. 중년이라면 가족을 부양하느라 정신이 없다. 정작 자신이 하고 싶은 것은 제대로 못한다. 정신없이 일하고, 몸은 항상 피곤하고, 집에 들어와도 식구들은 항상 불만이다. 옆집과 비교하기 때문이다. 자신도 소비를 통제하고 살기 때문에 불만이 크다. 일이 너무 힘들기 때문에 지치고, 아내와도 많은 시간을 보내지 못하기 때문에 스트레스로 작용한다. 이렇게 살면서도 항상 고용 불안에 시달리고 있어서 과로를 하면서도 마음은 항상 불안하다. 때때로 잠이 오지 않기도 한다. 창업을 한 입장에서는 장사가 되지 않아서 전전긍긍하고, 50대 이후에 취업한 입장에서는 일이 힘들고, 150만 원 미만의 월급이기 때문에 불만이다. 결국 이런 것들이 연결되어 있다.

그렇다면 어떻게 살아야 할까? 적당히 스스로와 타협을 해야 한다. 너무 무리해서 일하면 죽을 수도 있다. 물론 열심히 일해야 한다. 회사에서도 시키면 해야 한다. 그러나 매일 야근을 한다면 몇일 정도는 빠질 수 있도록 양해를 구해야 한다. 그리고 업무 시간에 집중해서 일하면 된다. 그리고 주말에는 쉬는 것이다.

일이든 무엇이든 기분이 좋아야 한다. 기분이 나쁘면 좋은 결과가 나오지 않는다. 일도 너무 무리를 해서 기분까지 나빠질 정도라면 안 된다. 몸이 너무 피곤하면 사람은 우울증이 온다. 적당한 휴식이 필요하고, 무리를 했다면 하루 이상은 반드시 쉬어야 한다. 그리고 본인을 위해서 돈을 써도 된다. 자신이 번 돈 아닌가? 자신을 위해서 필요한 만큼은 사용해도 되는 것이다. 물론 명품을 사거나, 쓸데없는 과소비를 해선 안 된다. 그것은 현재의 분수에서 허용된 것도 아니고, 의미 있는 소비도 아니다. 따라서 그런 소비는 하면 안 된다. 그러나 그 외에 자신을 위한 의미 있는 소비는 자신이 쓰고 싶다면 쓰면 된다. 지나치게 자신을 옥죄면 오히려 병이 난다. 풀어도 된다. 그래서 스트레스를 제로로 만들고, 의욕을 살린 뒤에 열심히 일하는 것이 오히려 좋은 것이다.

결혼의 경우 늦게 해야 한다면 늦게 해야 한다. 편안하게 마음을 가져야 한다. 조금 늦더라도 하면 되고 상황이 여의치 않다면 안 해도 문제는 없는 것이다. 결혼은 삶의 의무사항이 아니기 때문이다. 분명 결혼은 하는 것이 좋다. 그러나 할 수 없는 상황인데 결혼에 얽매인다면 오히려 본인을 피곤하게 할 수 있다. 그럴 때는 한 동안은 안 한다, 아예 생각하지 않겠다고 생각하는 것이 현명하다. 누구보다도 자신을 위해서 말이다.

한 국가에서 경제적으로 풍요로워질수록 민주주의는 발달한다. 이것은 가정에서도 마찬가지다. 가정도 잘 살게 되면 민주주의가 발달한다. 그래서 집안이 잘 살게 되면 가장에게 의존하지 않게 되고, 자기 자신의 삶을 찾게 된다. 아내도 그렇고 자식도 그렇다. 그래서 잘 살게 되면 오히려 가족 사이가 조금 멀어질 수 있다. 아내도 남편에게 메여서 살지 않는다. 남편이 마음에 들지 않으면 이혼 하자는 이야기도 농담 반으로 할 수 있게 된다. 많은 재산의 절반을 가져갈 것이라는 이야기를 동시에 하면서 말이다. 그래서 남편도 아내를 마음대로 못 한다. 자식들도 부모가 잘 살면 자기주장을 펼치고 자기 하고 싶은 대로 살고자 한다. 그래서 오히려 아버지와 자녀가 더 멀어질 수 있다. 그러나 가정이 경제적으로 빠듯하고 가장만 돈벌이를 하면 오히려 가장을 중심으로 더 똘똘 뭉칠 수 있게 되어 더 행복할 수도 있다. 그렇기 때문에 오히려 힘든 상황이라면 이 기회에 더 잘 지낸다고 생각하고 대화를 더 많이 하고, 화목한 가정이 되도록 하는 것이 좋다. 실제로 가정도 경제력에 따라 민주성이 바뀌기 때문이다.

사람은 무엇보다 자신의 존재이유를 알고 살아야 한다. 어떤 이상(理想)을 마음에 품고 살아야 한다. 힘들수록 오히려 현실의 틀을 깨는 사고를 해야 한다. 힘든 상황일수록 오히려 몽상가가 되어야 한다. 꿈과 이상을 품고 살아야 한다. 자신의 힘든 상황을 파고드는 것이 아니라, 저 하늘 너머의 세상을 보고 열심히 살아야 한다. 나름대로의 희망을 만들고, 그것에 전념해야 한다. 지금의 모습을 보되, 보지 말아야 한다. 즉 지금의 현실을 보되, 그 현실에 주목하지 않고 자신의 존재이유에 주목하며 살아야 뜨겁게 한다. 그래야 희망을 품고 살 수 있다.

삶은 먹고 살기 위해서, 섹스를 하기 위해서 사는 것이 아니다. 집을 사기 위해서, 차를 사기 위해서 사는 것도 아니다. 쇠고기를 먹기 위해서, 따뜻하거나 시원한 곳에 살기 위해서 사는 것도 아니다. 몸의 편함을 추구하기 위해 사는 것도 아니다. 삶은 어떤 이상(理想)을 이루기 위해서, 세상에 무언가 도움을 주기 위해서, 궁극적으로는 문명의 진보를 이루기 위해서 사는 것이다. 그리고 무엇보다도 자기 스스로 재미있고 즐겁게 살기 위해서다. 인간이 위에 열거한 현실적 조건들에 영향을 받지 않는 것은 아니지만, 그것이 전부는 아니다. 그래서 지나치게 현실적 조건들이 나를 구속한다고 느껴진다면, 조금 놓아야 한다. 포기할 것은 포기하고, 느긋하게 생각해야 한다. 그러면서 제정신으로 삶을 생각할 수 있도록 해야 한다. 그래서 무엇 때문에 자신이 사는지에 대해서 다시 생각해보아야 한다. 그래야만 세상으로부터 흔들리지 않고 살아갈 수 있다. 온갖 유혹과 어려움에 대해서 자신의 존재이유를 가지고 맞설 수 있게 된다.

삶은 성공을 위해서 사는 것인가? 아니다. 성공하지 못해도 이미 멋진 삶이다. 성공하지 못하는 사람은 99퍼센트에 이른다. 천재는 전 세계에 1~2명에 불과하다. 70억 인구 중에서 그렇다. 대부분의 사람들은 평범한 삶을 살아간다. 성공과 실패로 나눈다면, 실패한 삶에 해당한다. 그렇다면 99퍼센트에 이르는 사람들은 삶을 잘못 산 것인가? 아니다. 삶은 성공을 위해서 사는 것이 아니라, 매 순간 재미있고 즐겁게 살기 위해서 사는 것이다. 그래서 일도 재미가 없으면 쉬어야 한다. 놀이도 재미있어야 하고, 이성 간에 만남도 재미있고 즐거워야 한다. 자신의 가슴에 정직해야 한다. 자신에게 솔직한 삶을 용기 있게 살아야 한다. 아닌 것은 아닌 것이다. 그것은 본인이 잘 알 것이다. 자신의 가슴의 목소리에 솔직하고 정직하게 살아야 한다. 다른 누구도 아닌 오직 본인이 재미있고 즐거운 삶을 살아야 한다. 삶은 그 누구도 시키지 않았다. 내 인생이다. 나는 이제는 성인이다. 누구 말을 듣고 말고할 나이가 아니다.

한 인간의 존재의미는 본인의 행복을 위해서다. 나아가 타인을 위한 삶을 사는 것이다. 이 둘의 동시추구가 좋고, 순서를 매긴다면 본인에서 타인으로 나가야 한다. 우리는 왜 사는가? 왜 존재하는가? 바로 행복을 위해서다. 재미있고 즐겁게 살기 위해서다. 그렇다면 어떻게 해야 하는가? 자신을 너무 힘들게 괴롭혀서는 안 되는 것이다. 자신이 어떤 거창한 무엇이 되어야 한다고 규정짓고, 자신을 지나치게 힘들게 사는 삶은 좋지 않은 것이다. 삶을 다른 사람을 위한 의무감으로 희생하며 사는 것도 아닌 것이다. 오직 본인이 행복한 삶을 살아야 한다. 그런 삶을 살 때 본인이 행복할 수 있고, 본인이 행복해야 사회도 행복해진다. 개인의 행복 없이 사회의 행복은 존재할 수 없다. 그래서 사회를 위해서도 본인이 행복해야 한다.

일찍 성공을 해야 한다거나, 무언가를 반드시 이뤄야 한다거나, 너무 무리를 해서 일하거나, 꼭 사고 싶은 것도 못 사는 행동이 지나치게 괴롭다면 잠시 뒤로 물러나야 한다. 물러나기 싫다고? 그것을 꼭 가지고 싶다고? 아니다. 그러다 죽을 수도 있다. 그러다 괴로운 마음이 들고, 그 마음이 심해지면 살맛을 잃게 되고 끝내는 자살을 하게 될 수도 있다. 자살은 계획적으로 하는 것이 아니라 우울감이 조금씩 축적되어 불현 듯 충동적으로 하는 것이기 때문이다. 우리는 누구나 우울한 마음이 들면 언제든 스스로를 살해하는 선택을 할 수도 있다. 그러니 자신을 풀어야 한다. 풀지 않으면 모든 것을 잃을 수도 있다. 인생은 조금 풀고 살아도 얼마든지 잘 살 수 있고, 오히려 적절하게 푸는 행위는 쪼이는 행위를 더 잘 할 수 있게 해준다.

나는 인간의 존재의미란 본인의 행복과 나아가 사회를 긍정적으로 변화시키는 것이라고 생각한다. 그러나 내가 말한 것이 절대적인 것은 아니다. 본인 스스로가 다르게 생각한다면 그것도 좋다. 어떤 사람은 가족을 위해서, 사랑하는 사람을 위해서 사는 사람도 있다. 어떤 사람은 무언가를 열심히 하는 그 자체를 위해서 살기도 한다. 또, "나는 생각한다. 고로 존재한다"고 말하는 사람도 있다. 본인이 정의하면 그것이 본인에게는 진리다. 스스로가 정의를 내리고 그것에 충실한 삶을 살면 된다. 그렇게 스스로에게 의미를 부여하는 삶, 자신의 존재이유를 알고서 사는 삶, 자신감과 자존감이 넘치는 삶, 자신의 인생방향을 분명히 알고 있는 삶은 강하다. 이런 삶은 흔들리지 않고 항해한다. 우리들은 이런 삶을 살아야 한다. 죽고 싶다고 말하지 않고 "살고 싶다. 나아가 정말 살아서 행복하다"는 말을 할 수 있어야 하는 것이다.

PART 07

내 삶을 바꿀 수 있는
어떤 대안도
없다고 느껴질 때

누구나 성공을 꿈꾼다. 가난하게 살고 싶어 하는 사람은 아무도 없다. 그래서 노력을 한다. 문제는 노력을 해도 내 삶이 달라지지 않을 것이라는 생각이 든다는 점이다. 1~2년 노력해도, 아니 5~6년을 노력해도 쉽게 현실이 변하지 않고 있는 모습을 볼 수 있기 때문이다. 오히려 현실을 디테일하게 알아감으로써 성공이 어렵다는 것을 알게 되기 때문이다. 그래서 내 삶을 바꿀 수 없을 것이라는 생각이 들고, 대안이 무엇인지도 쉽게 떠오르지 않는 것이다. 결국 '열심히 살았는데 이게 뭔가'라는 생각이 드는 것이다. '차라리 대충 살았으면 억울하지는 않았을 텐데'라는 생각이 드는 것이다.

나는 단순히 열심히 하면 성공한다거나, 잘 될 것이라는 이야기는 하고 싶지 않다. 실제 현실은 전혀 그렇지 않기 때문이다. 열심히 하는 것은 기본이고, 중요한 것은 '결과를 만들어내는 능력'

이다. 직장에서 일을 잘 하려면 어떻게 일해야 하는가? 무엇이 필요한가? 일을 효율적으로 하는 머리와 집중해서 일할 수 있는 집중력이 필요하다. 또, 누구보다도 뜨거운 집념이 필요하다. 왜냐하면 일이 안되면 어떻게든 되게 만들기 위해서 실패해도 수십 번 아니 수백 번이고 다시 일하면서 되게 만들어야 하기 때문이다. 우리는 한번 일을 할 때 정신을 차려서 효율적으로 해야 한다. 그리고 끊임없이 개선시켜야 한다. 또, 남들 퇴근한 이후에도 남아서 공부해야 한다. 일은 열심히는 기본이고, 그것을 넘어서서 결과를 만들어낼 수 있는 능력이 필요한 것이다. 결과가 전무하면 열심히 노력한 과정은 모두 잊히는 것이 일이고 삶이다.

노력해도 안 될 때는 어떻게 해야 할까? 노력해도 안 될 때는 방법을 달리해야 한다. 같은 방식으로 노력하면 안 된다. 성공은 노력한다고 되는 것이 아니다. 성공의 규칙은 각 업계마다 다르다. 대기업에서 성공하려면 어떻게 해야 할까? 첫째로 일을 잘 해야 한다. 둘째는 영어를 잘 해야 한다. 셋째는 학위가 있어야 한다. 일만 잘하면 안 될까? 안될 수도 있다. 영어를 잘 못해도 일만 잘 하면 안 될까? 될 수도 있지만 안 될 수도 있다. 영어로 회의를 할 수도 있고, 해외지사에서 근무할 기회를 놓칠 수도 있다. 뉴욕이나 런던지사에서의 근무는 경력에 큰 도움이 된다. 또, 영어가 되어야 해외 명문대에 진학할 수 있으며, 하버드나 스탠퍼드대에서 MBA학위가 있으면 경력에 큰 도움이 된다. 나는 일전에 나의 저서 『맙소사 아직도 대학이라니』에서 대학 간판보다 실력이 중요하다는 것을 분명하고 확고한 어조로 강조했다. 그것은 진실이다. 그러나 아직 100퍼센트 실력사회는 아니므로 할 수 있다면 기업의 문화를 존중하는 것이 유리하다. 기업에서 학위를 중시한다면 일단 그 문화를 따르는 것이 유리하다. 현재 한국뿐 아니라 세계는 사업에서 수백~수천억을 번 경험이 없다면, 학벌을 최우선적으로 보는 경향이 뚜렷하다. 그래서 확실한 업적이 없다면 오직 학벌이 능력을 평가하는 수단이 된다. 물론 한 분야에서 수백 권의 책을 쓰거나, 세계적인 논문을 발표하거나, 세계적인 대회에서 수상을 하면 전혀 다른 평가를 받기도 한다. 그러나 그런 예외적 경우를 제외하고는 학벌이 중요한 평가수단이 된다. 세계적인 컨설팅 기업들도 학위가 결정적 채용요소로 작용한다. 능력이 있다면 사업을 통해서 능력을 증명하면 된다. 마치 애플사의 스티브잡스처럼 말이다. 그러나 그런 증명을 하지 못하면, 일단은 학위이고, 그것도 하버드대가 압도적으로 유리하다. 그런 현실이 현재 세계를 지배하고 있고, 그런 문화를 존중하는 것이 유리한 것이 현실이다.

그래서 모든 직장인들은 회사에서 일을 열심히 하면서도 동시에 영어공부도 열심히 해야 한다. 그래서 대학원 진학을 준비해야 한다. 그러나 가장 중요한 것은 역시 일이다. 영어와 학위는 승진에 20퍼센트 정도의 영향을 준다면, 회사업무는 승진의 80퍼센트를 차지한다. 그래서 일부터 잘해야 한다. 그리고 학위가 전혀 없어도, 영어를 전혀 못해도, 일을 "압도적으로" 잘 한다면 높은 평가를 받게 된다. 그것이 현재 세계에서 서서히 형성되고 있는 문화이며, 앞으로는 이런 문화가 더 강화될 것이다. 그러나 일로써 인정을 받으려면 정말로 탁월해야 한다.

일을 잘 하려면 정신을 집중해야 한다. 효율적으로 할 수 있는 방법을 생각하면서 해야 한다. 직장에서 일 잘하는 법에 대한 책은 거의 없으며, 대기업에서 임원이 된 분들도 그런 책이 있느냐고 물으면 대부분 대답을 하지 못한다. 즉 없다는 말이다. 대기업에서 임원이 된 분들에게 직접 어떻게 임원이 되었느냐고 물어보면, 대부분 주인의식을 가지고 열심히 일했다는 말을 할 뿐이다. 이 말은 무슨 뜻일까? 결국은 자기 안의 능력을 끄집어내면서 최선을 다해 생활을 했다는 말이다. 기업은 결국은 "돈을 버는 집단"이다. 그래서 직원은 기업에 돈을 벌게 만들어주면 된다. 그래서 결국은 "성과(=돈)"다. 성과를 내는 부분에 집중적인 노력을 해야 한다. 모든 것은 파는 것이다. 영업도 파는 것이고, 마케팅도 파는 것이고, 기술도 파는 것이다. 고객에게 팔아야 산다. 팔 수 있는 것에 주목하고, 팔 수 있도록 최선을 다해야 한다.

기업에서 일하는 사람은 끊임없이 공부하는 자세를 지니면 성공할 수 있다. 일도 배우는 자세로, 연구하는 자세로 임하면 잘할 수 있다. 돈을 버는 것도 어떻게 하면 많이 벌 수 있을까를 연구하는 일종의 학문이라고 할 수 있다. 그래서 끊임없이 연구하는 자세를 지녀야 한다. 일종의 실전 경제학 교수가 되어야 하고, 실전 경영학 교수가 되어야 한다. 대학 강단에서만 강의하는 교수를 넘어, 실전에서 결과로 증명하는 살아 있는 교수가 되어야 한다. 그렇게 하기 위해선 끊임없이 공부해야 하고, 다양한 실험을 해보아야 한다. 모험도 해야 하고, 도전도 해야 한다. 그러면 때로는 실패도 할 것이나, 모든 것을 감수하면서 나가야 한다.

회사 밖에서 개인적으로 일하는 사람들 소위 자영업을 하는 사람들도 성공규칙은 있다. 크게 보면 첫째, 핵심적인 부분의 경쟁력이 있어야 한다. 둘째, 재무능력이 강해야 한다. 셋째, 마케팅에 강해야 한다. 첫째는 본질적인 부분에 경쟁력이 있어야 한다는 것이다. 예를 들어 식당이면 음식의 맛을 말한다. 둘째 재무능력이 강해야 한다는 것은, 모든 부분에서 돈을 생각하며 일을 한다는 것이다. 초기투자비용이 지나치면 안 되고, 직원도 필요 최소한의 범위 내에서 채용해야 하며, 새는 돈을 최소화해야 한다는 의미다. 임대료도 적어야 하고, 세금도 절세해야 한다는 의미다. 물론 직원에게는 좋은 대우를 해야 하고, 우수한 직원이라면 파격적인 지원도 해야 한다. 그것은 그 이상의 이익을 가져오기 때문이다. 마지막으로 마케팅이다. 현대의 장사는 결국 알리지 못하면 실패한다. 가장 좋은 것은 TV에 출현하는 것이다. 적은 비용을 들여서 할 수 있는 마케팅 수단도 강구해야 한다. 동네장사라면 전단지를 돌리는 것이 필요하다. 반짝 할인행사도 필요하다. 일단 알려야 다음이 있다.

일을 잘 한다는 것은 파는 능력이 있다는 것을 말한다. 파는 능력이 있는 사람은 어디서도 살아남는다. 장사를 하더라도 남보다 부지런하면 좋은 맛을 낼 수 있다. 신경을 쓰면 비용을 줄이는 안전한 경영을 할 수 있다. 마케팅도 적절한 비용을 투자하면 된다.

무엇을 하든 부지런해야 한다. 열심히 해야 한다. 항상 열심히 살겠다는 각오만 되어 있다면 인생의 길은 만들어진다. 일도 열심히 하면 곧바로 잘할 수는 없겠지만, 시간이 지나면 어느 정도 수준으로 올라오게 된다. 10년이 지나면 완숙하게 할 수 있게 된다. 영어도 그렇다. 1년 동안 끝내려고 하지 말고, 3년~5년 정도 꾸준하게 공부하면 된다. 그러면 누구나 영어를 잘 할 수 있다. 그러면 해외에서 일할 수 있게 된다. 해외에서 일하는 것은 일을 잘 하면서 영어능력이 탁월한 사람에게 주어진다. 따라서 일을 잘 하고 영어까지 준비해두면 기회는 온다. 그리고 미국에 있을 때 미국의 대학원에 진학하면 된다. 반드시 하버드대를 갈 필요는 없다. 뉴욕에 있다면 컬럼비아대학을 가면 된다. 노력하면 길이 생긴다. 결국은 되게 되어 있다.

좌절은 금물이다. 지금 내 삶에 희망이 없어 죽고 싶다면 최선을 다하면 된다. 최선을 다해서 살아가면 길은 만들어지기 때문이다. 그것은 남들보다 조금 더 수고하고 노력하는 데에 달려 있다. 조금 더 하면 된다. 몸이 약간 피곤할 때까지 일하는 것에 익숙해지면 된다. 정신력으로 버티면 된다. 힘든 것을 버티는 것도 습관이 되면 괜찮아진다. 하면 된다. 자신감을 가져야 한다. 머리가 아무리 나쁘더라도 최선을 다하면 되게 되어 있는 것이 일이다. 사업도 마찬가지다. 한 만큼 달라진다. 음식을 잘 만드는 것이 천재가 하는 일인가? 그것은 평범한 사람들 누구나 할 수 있는 일로, 누가 더 노력하느냐에 달린 문제다. 따라서 지금 묘수가 없어서 죽고 싶다면 조금 더 노력하겠다고 편하게 마음먹으면 된다. 조금 힘들더라도 하루 12~16시간 정도 일하면 된다. 만약 그렇게 사는 것이 싫어서 매일 대충 일한다면, 남들만큼만 일한다면 삶은 달라지지 않을 것이고, 결국 점점 더 꼬여만 갈 것이다. 내 능력은 남들과 비슷한 수준이기 때문이다. 그래서 평범하게 되고, 평범한 삶을 살거나 평범 이하의 삶을 살게 될 것이다. 그래서 평생을 원하지 않는 삶을 살면서 사회를 원망하다 인생을 마치게 될 것이다.

조금만 더 노력해야 한다. 만약 지금 16시간 가까이 일을 하고 있는데도 힘들다면, 방법을 바꾸어야 한다. 전략을 바꾸어야 한다. 결과가 가장 크게 나올 수 있는 핵심적인 부분에 집중해야 한다. 그래서 우선은 본질적인 부분에서의 경쟁력을 극대화시켜야 한다. 그러면 달라진다. 인생은 정직하다. 노력해도 지금 당장은 결과가 나타나지 않을 수도 있겠지만, 크게 보면 노력한 만큼 결과가 나오는 것이 인생이다. 우리는 그것을 믿고 노력하면 된다.

PART 08

내가 그저
일하는 기계, 돈 버는 기계로만
느껴질 때

현대사회의 위기는 '일과 돈의 위기'로 집약할 수 있다. 일을 신명나게 못하는 문제가 삶의 한 축을 형성하고 있다. 그저 돈 때문에 억지로 일한다는 기분으로 사는 사람들이 한 둘이 아니다. 사람들과 이야기를 나누어 보아도 일을 진정으로 즐겁게 하는 사람들은 드물다. 먹고 살기 위해서 억지로 하는 것으로 생각하는 경향이 많다. 그러나 남들이 물어보면 부끄러우니까 일이 재미있고 즐겁다고 말한다. 마음과는 반대로 말한다. 우리는 왜 일을 이렇게 싫어하게 된 것일까? 자신을 돈 버는 기계로 느끼며 살게 된 것일까? 그래서 죽고 싶다는 생각까지 하게 된 것일까?

그것은 여러 가지 이유가 있는데, 그 중에는 본인이 원하는 일을 하지 않고 있는 것에 기인하는 것이 있다. 또, 보수가 마음에 들지 않는 것에 기인하는 것도 있다. 또, 일이 재미가 없기 때문인 것도 있다. 또, 일을 잘 하지 못하기 때문에 인정을 못 받기 때문인 것도 있다. 또, 다른 사람들의 눈에 볼 때 당당하지 못한 것도 있다. 우리나라는 의사, 변호사 등 '사(士)'가 들어가는 직업이 아니면 직업도 아니라는 인식이 아직도 많다. 예를 들어 정육점을 하면 당당하게 밝히지 못한다. 작은 회사에서 일하면 스스로를 당당하게 생각하지 않는 문화가 있다.

많은 사람들은 먹고 살기 위해서 억지로 일한다는 생각을 갖고 있다. 실제로 한 통계를 보면 우리나라 사람들은 일은 자아성취의 수단이 아니라 "생활의 수단"으로 하고 있는 것으로 대부분의 사람들이 대답을 했다. 즉 현재 하고 있는 직업과 자아성취를 다르게 받아들이고 있다는 의미다. 그래서 자신은 자신이 원하는 삶을 살지 못하고 있다고 느끼며 살고 있다. 대기업에 다니는 사람들은 전체 근로자의 10퍼센트에 불과하지만, 이들도 자신이 하고 있는 일에 만족하지 못하는 경우가 많다. '사(士)'에 대한 갈망이 있는 것이다. 그리고 중소기업에서 근무하는 사람들은 대기업에서 근무하고 싶어 한다. 많은 사람들이 자신이 하고 있는 일에서 만족감을 느끼지 못하고, 다른 곳을 보며 살고 있다. 그래서 지금과 여기를 놓치고 불행을 느낀다.

이 세상의 대부분의 사람들은 자기가 원하는 직업을 갖지 못한다. 자신이 원하는 직장에도 입사하지 못한다. 운이 따르지 않으면 자신이 원하는 직장에 들어가지 못한다. 10년 가까이 함께 하는 직장이란 인연이 있어야 함께할 수 있기 때문이다. 인연이 없으면 노력해도 못 들어갈 수도 있다. 그렇다면 성공은 어떤 사람이 하는 것일까? 원하는 일이 아니었지만, 열심히 함으로써 잘하게 되는 사람이다. 그리고 중간에 어려움이 오더라도 포기하지 않고 끝을 볼 때까지 걸어간 사람이다. 그 사람이 성공한다. 누구에게나 아마추어적인 첫 전투는 있게 마련이다. 나폴레옹도, 칭기즈칸도, 카이사르도 첫 전투가 있었다. 누구나 떨림이 있게 마련이고, 누구나 실패를 할 수 있는 것이다. 그러나 그 과정을 이겨내고 끝을 볼 때까지 간 사람만이 성공을 할 수 있는 것이다. 직업 세계에서도 그렇다. 힘듦을 극복하고 끝을 보아야 하는 것이다.

지금 하고 있는 일이 싫더라도 내 일을 사랑해야 한다. 그래야 삶이 달라진다. 그래야 평생의 대부분의 시간을 보내는 일하는 시간이 행복하게 된다. 일이 행복해야 큰 낙(樂)이 생긴다. 사람은 일에서 성공이 결정되기 때문이다. 물론 낙(樂)은 작고 소소한 것에서도 찾을 수 있지만, 결국은 일을 통해서 인생의 확고한 결실을 이루어낼 때 근본적인 낙(樂)을 얻을 수 있다. 그것이 삶을 바꾸는 가장 확실한 낙(樂)이기 때문이다. 분명 대부분의 사람들은 억지로 일한다. 주는 월급만큼만 일하려고 하고, 될 수 있으면 편한 곳으로 가려고 한다. 열심히 해도 성공하지 못한다고 생각하고, 경쟁에서 이길 수 없다고 생각하며, 돈을 벌기 위해서 억지로 하는 것이므로 대충 해도 되는 것이라고 생각한다. 그리고 그렇게 요령껏 사는 것이 똑똑한 것이라고 생각한다. 사장이나 동료가 볼 때는 열심히 하고, 그렇지 않을 때는 대충 한다. 그러나 정성은 결국 드러나게 되어 있다. 농땡이 친 것도 결국 드러나게 되어 있다. 물론 그렇게 요령을 피우고 눈치를 보며 살아도 어느 정도까지는 올라간다. 이 세상에는 그런 사람들이 많기 때문이다. 그러나 그것은 거기까지다. 더 이상은 무리다. 그리고 진실은 결국 드러난다.

우리는 열심히 일해야 한다. 본질적으로 열심히 살아야 한다. 그래서 일에 대한 희망과 확신을 회복해야 한다. 일을 열심히 하면 삶이 달라질 수 있다는 믿음을 회복해야 한다. 일이 즐거워야 삶이 즐거워진다는 명제를 받아들여야 한다. 나는 돈 버는 기계가 아니라, 즐거운 일을 하고 돈까지 벌 수 있으니 얼마나 기쁜가라고 생각해야 한다. 그런 생각이 절실하게 필요하다. 누구보다 우리 본인을 위해서.

만약 내가 돈 버는 기계라는 생각이 든다면, 일하는 기계로 느껴진다면 그것은 일이 재미가 없다는 말이다. 그렇다면 문제를 분석해보아야 한다. 왜 일이 재미없는지 말이다. 그것은 대부분 일의 대가가 약하기 때문에 기인할 것이다. 다음으로는 일을 너무 무리해서 하기 때문에 몸과 마음이 힘들기 때문일 것이다. 결국은 일을 더 잘할 수 있는 방법을 찾아야 하고, 조금 편하게 일할 수 있는 방법을 찾아야 한다. 그런 방법을 도출하고 해결을 위해 노력해야 한다.

가장 위험한 것은 좋지 않은 상황인데도 그대로 방치하며 지내는 것이다. 그래서 체념 아닌 체념상태로 사는 것이다. 이 상태가 가장 좋지 않다. 왜냐하면 이렇게 살면 삶의 희망을 잃게 되고, 삶의 의욕도 상실되기 때문이다. 그래서 필사적으로 방법을 강구해야 한다. 그래서 길을 찾아내야 한다. 정 안 되면 그 직업을 떠나는 것도 좋다. 왜냐하면 그 길에서 묘책을 찾지 못했을 때는 잠시 뒤로 물러나 있으면서 묘책을 생각해볼 수 있기 때문이다. 그래서 다른 일을 하면서 생각해볼 수 있다. 우리는 어떻게든 인생의 길을 찾아내야 하고, 넘어야 할 벽을 돌파해야 한다. 이것에 대한 타협은 있을 수 없다. 반드시 넘어야만 할 산이고 벽이기 때문이다. 넘지 못하면 비참한 삶을 살 수밖에 없기 때문이다. 그래서 노력해야 한다. 독하게 해야 한다.

그러나 지금 힘들다면 잠시 쉬는 것도 좋다. 1주일, 2주일 정도는 일도 느슨하게 하거나, 혹은 휴가를 내서 그냥 쉬는 것도 좋다. 휴식은 몸과 마음을 이완시켜 다시 해볼 수 있게 하는 힘으로 작용한다. 무엇이든 편하게 생각하면 된다. 절실한 마음을 지녀야 하지만, 너무 절실하면 오히려 좋지 않은 결과가 나올 수 있다. 부담이 되기 때문이다.

삶에 대한 근본적인 회의감이 든다면 6개월 정도는 작정하고 쉬어도 좋다. 그렇게 해도 삶은 망하지 않는다. 그렇게 6개월 동안 쉬면서 충전을 하면 된다. 6개월 동안 해외여행을 해도 된다.

국내여행을 해도 된다. 산으로 가서 쉴 수도 있다. 절로 갈 수도 있다. 암자로 갈 수도 있다. 바다로 갈 수도 있다. 도서관에 가서 책을 볼 수도 있다. 크게 보면 1년 정도는 그렇게 보내도 삶을 허투루 보낸 것이 결코 아니다. 삶의 근본을 바로 세우는 시간이 될 것이기 때문이다. 지쳐 있는 삶에 생기를 불어넣고, 무엇 때문에 살아가는지를 발견하는 시간이 될 것이기 때문이다. 혼자라면 혼자서, 가족이 있다면 가족과 함께 오랜 동안 여행을 하는 것도 좋다. 삶이란 그런 여유를 부려도 죽는 것이 아니다. 그런 사치를 부려도 된다. 삶이란 오직 자기 자신을 위한 것이기 때문이다. 남을 위한 삶, 남에게 보여주기 위한 삶이 아니기 때문이다. 지금 죽고 싶다는 생각이 드는 것보다, 일에 대한 근본적인 회의가 드는 것보다 위험한 삶의 징조는 없다. 자칫 잘못하면 자살을 할 수도 있기 때문이다. 그럴 때는 모든 것을 놓는 것도 좋다. 어쩌면 가장 필요할 수도 있다. 그래서 오랜 동안 쉬면서 삶의 근본을 정리해야 한다. 급할수록 돌아가야 한다. 급할수록 천천히 해야 한다. 급할수록 기본으로 돌아가야 한다.

1등을 안 해도 좋은 것이다. 자식이 해외 명문대에 입학하지 않아도 좋은 것이다. 기러기 아빠로 사는 것이 싫다면 그렇게 안 살면 되는 것이다. 일에 대한 근본적인 회의감이 든다면 찬찬히 생각을 정리하는 시간을 가져야 한다. 다른 대안이 없다면 그 일을 사랑해야 한다. 다른 대안이 있다면 가면 된다. 다른 대안도 없는데 그 일을 사랑하지 않는다면 문제고, 지금 그 일을 싫고 다른 대안이 있는데도 안 가고 있는 것도 문제다. 마음을 먹고 행동하면 된다.

　그 일과 평생을 함께 해야 한다면 그 일을 사랑해야 한다. 그리고 그 일이 남들이 보기에 하찮은 일이라면 헌신한다는 마음으로 일하면 된다. 호텔의 청소부로 일하는 아줌마도 호텔의 임원으로 승진한 사례가 있다. 그것은 청소를 너무 잘했고, 그 결과 호텔의 업무 효율성이 높아졌기 때문이다. 어떤 일을 해도 기회는 온다. 인생의 기회란 청소부를 한다고 해서 안 오고, 변호사를 한다고 해서 오고 그런 것이 아니다. 농사를 짓더라도 최선을 다하면 대기업 임원 못지않은 돈을 벌 수 있고, 건강해지고 보람도 느낄 수 있다. 성공은 어떤 일을 하느냐보다는 어떤 자세로 하느냐에 달려 있다. 'What'이 아니라 'How'이다. 열심히 하면 된다. 그러면 어떤 일을 하든 미래는 달라질 수 있다. 하는 일이 즐거우면 즐거움과 성공 모두를 얻게 된다.

　열심히 일해야 한다. 다만 너무 혹사하지는 말아야 한다. 몸이 너무 피곤하게 되면 우울증이 올 수도 있기 때문이다. 그리고 결과를 반드시 내야 한다. 작은 결과든, 큰 결과든 결과를 내면서 앞으로 가야 한다. 결과를 얻는 즐거움은 만만치 않게 크기 때문이다. 열심히 하면 잘하게 되기 때문에 재미를 느끼고, 그래서 더 열심히 하게 되어 더 나은 경지로 나아가게 된다.

일이 싫어진다는 것은 삶에 대한 의욕을 잃었다는 표현이기도 하고, 지금 삶을 열심히 살고 있지 않다는 의미도 된다. 왜냐하면 일이 재미있는 사람은 일을 하고 싶어서 못 견딜 정도로 의욕적이고, 지금 삶도 열심히 살고 있기 때문이다. 그래서 일에 대한 위기는 곧 삶에 대한 위기로 볼 수 있다. 이때는 회의감을 떨쳐버리고, 다시 열심히 살아가는 기본으로 돌아가야 한다. 지금 남들이 볼 때 아무 것도 아닌 일이라도 괜찮다. 커피를 타는 일도 괜찮다. 복사하는 일도 괜찮다. 전화응대만 하는 일도 괜찮다. 그것만 잘 해도 기회는 온다. 어떤 일이라도 좋다. 아무리 하찮은 일이라도 멋지게 하는 사람은 결국 기회를 잡는다. 청소라도 열심히 하면 기회가 온다. 안내방송을 잘 해도 기회가 온다. 그러니 그것을 믿고 열심히 살아가야 한다. 그러면 인생은 달라진다. 일은 영혼을 담아서 진지하게 할 때 인생을 변화시킨다.

PART 09

차라리 죽는 것이
편하지 않겠느냐고
느껴질 때

♨   살다 보면 죽고 싶을 때가 있다. 아무 말로도 설명할 수 없는, 남에게는 이유를 말하고 싶지 않은, 혼자서만 감당해야 할 어려움도 있다. 죽는 것이 편해지는 것이란 생각이 드는 것이다. 특히 가족이 없는 경우라면 부담도 없기 때문에 죽고 싶어진다. 이 세상을 떠나면 모든 어려움은 사라지고, 피곤한 일은 더 이상 없을 테니 얼마나 좋겠는가라는 생각을 하고 자살을 결심하게 되는 것이다. 때로는 자식이 있어도 스스로 목숨을 끊을 결심을 하기도 하고, 부모님이 있어도 자살을 결심하기도 한다.

이 세상에 자살 한번 생각해보지 않은 사람이 있겠는가? 누구나 자살은 한 번씩은 생각해본다. 이 세상에는 참기 힘든 일들도 많고, 고통스러운 일들도 많기 때문이다. 그러나 그럴 때 죽는 것이 바람직한 것일까? 도대체 내가 죽어야 하는 이유는 무엇일까? 내가 다른 사람을 죽였는가? 내가 강도질을 했는가? 내가 강간을 했는가? 나는 도대체 왜 죽어야 하는가? 왜 내가 나를 죽이는 선택을 해야만 하는가? 내가 나를 죽여야 할 이유는 어디에도 없다. 다만 내가 세상을 넓게 보고 있지 못할 뿐이다.

사람은 누구나 미래에 불안을 안고 있고, 삶에 대한 애착이 있다. 그래서 때로는 불안에 쓰러지기도 하고, 때로는 삶이 마음대로 되지 않으면 좌절하기도 한다. 그러나 그것을 이유로 죽어선 안 된다. 힘들면, 잠시 앉았다 가면 되기 때문이다. 아니, 필요하면 침대에 누워 있으면 되기 때문이다. 아니, 찜질방에서 땀 쭉 빼고 얼큰한 설렁탕 한 그릇 먹으면 되기 때문이다. 아니, 설악산으로 여행을 가서 산천을 구경한 후에 오면 되기 때문이다. 아니, 제주도에 가서 멋진 경치를 구경하고 돔베고기에 성게국을 먹고 오면 되기 때문이다. 제주도만 가보아도 전혀 다른 세상이 펼쳐진다. 곧바로 그런 생각이 든다. "아! 죽고 싶지 않다! 살고 싶다!"

나는 2007년에 제주도를 처음 가보았다. 그때 나는 아는 형님과 함께 5월에 제주로 갔는데, 그때 나는 스트레스가 극심했다. 미래에 대한 불안, 진로에 대한 고민이 많았기 때문이다. 그래서 때때로 죽고 싶다는 생각이 들기도 했다. 정신적, 경제적, 육체적으로 힘든 때였기 때문이었다. 그런데 제주도에 도착하고 자동차로 중문관광단지를 통과하는 순간 정말 "죽고 싶지 않다! 이렇게 좋은 곳이 있는데 죽다니 말도 안 된다!"는 생각을 하게 되었다. 그러면서 열심히 여행을 했다. 일주일 동안 여행하면서 제주도 곳곳을 샅샅이 뒤지듯이 다녔고, 저녁에 숙소를 잡은 뒤에는 그 근처를 산책하며 보냈다. 그러면서 삶이란 역시 살아볼만 한 것이라는 것을 깨달을 수 있었다. 그리고 내가 조용한 곳에서 조용히 지내는 것을 좋아한다는 것도 알 수 있었다. 조용한 자연에서 조용히 지내는 삶을 좋아한다는 것을 알 수 있었던 것이다. 그래서 나는 그때의 경험으로 제주가 마음에 들어 실제로 2008년 초에 3개월 정도는 중문관광단지에 있는 한 기업에서 일하기도 했었다. 3개월 신나게 뛰어다니며 일했더니 너무 좋았다. 그곳의 H 팀장님은 내게 정말 잘 대해주었는데 나는 그분과 매일 즐거운 시간을 보냈다. 밤마다 맛있는 음식을 먹으러 돌아다녔고, 중문관광단지 내에 있는 호텔 산책로를 걸었다.

　죽고 싶다는 생각이 들 때가 누구나 있다. 그때는 여행을 떠나는 것도 좋다. 좋은 경치를 보고 나면 내가 어떻게 그런 어리석은 생각을 했는가라는 생각이 들 것이다. 그리고 어디든 자연환경이 좋은 곳에서 일해 보는 경험도 권해보고 싶다. 아니면, 그곳에서 3개월 정도 머물러서 여행을 적극적으로 하는 것도 권하고 싶다. 그렇게 열심히 여행을 하고 나면 온 몸이 제 페이스로 돌아오고, 삶의 활력소도 생기게 된다. 그러나 어지간하면 혼자 여행을 하는 것보다 사람들과 함께 부대낄 수 있는 직장에 취업하는 것이 좋다. 힘들 때는 혼자 고립되어 지내는 것보다 어찌 되었든 간에 사람들과 부대끼면서 이야기도 하고, 칭찬도 듣고, 야단도 맞으면서 긴장을 해야 제 페이스가 되돌아오기 때문이다. 그리고 사람들과 부대끼면서 맛있는 음식도 먹고, 잘 생기고 예쁜 이성(異性)도 보면 삶의 자극이 되기 때문이다. 그러면 죽고 싶다는 생각은커녕 "연애하고 싶다"는 의욕적인 생각이 들기도 하고, "좋은 곳을 많이 다니고 싶다"는 들어서 삶의 의욕은 저절로 생기게 될 것이다. 그런 생각이 들면, 곧바로 자신의 본래 페이스로 돌아가, 자신이 원하는 삶을 뚜렷하게 그리게 되고, 그에 합당한 선택을 내리게 된다.

인생이 무슨 장난이냐고 물을 수도 있겠다. 갑자기 제주도로 여행가서, 그곳에 3개월 살거나 그곳에서 3개월 일하라니! 그러나 죽고 싶을 때 그렇게 가만히 있으면 죽고 만다. 3개월 동안 집안에 있으면 죽는다. 3개월 같은 곳에서 놀고 있어도 큰 자극이 없다. 혼자 떨어져 타지에서 사람들과 일하는 체험이나 여행을 하는 체험은 긴장을 불러오고, 새로운 자극도 많기 때문에 삶의 의욕을 되살릴 수 있는 기회를 준다. 그러니 그것은 인생의 낭비가 결코 아니다. 내 인생을 살리는 선택이다. 나는 왜 사는가? 살맛나게 살고 잘 살기 위함이 아닌가? 나는 지금 죽을 고비를 넘기고 있는데, 나는 지금 내 목숨마저 버리려고 하는데, 그 3개월이 무슨 대수인가? 자신을 위해서 과감히 투자하라. 그 누구도 자기 자신을 위한 삶을 살아야 한다.

일이 너무 안 된다면 정리를 하는 것도 좋다. 완전히 포기를 하는 것도 필요하다. 안 되는 것은 노력해도 안 될 수 있다. 그것을 인정하고, 다음을 시작하는 것이다. 그래야 할 때는 그래야 한다.

너무 안 되면 정리하는 것이 좋다. 그 다음, 새로운 일을 하면 된다. 어떤 것이든 새로 시작하면 된다. 죽을 필요는 없다. 아니, 그래선 안 된다.

내게 대학 4년 간 등록금 전액과 생활비 전액을 지원해주신 전한길 선생님은 학원사업 실패로 빚을 10억 원 가까이 졌다. (참고로 전한길 선생님은 한때 메가스터디 CEO 손주은 씨와 쌍벽을 이루었던 대한민국 최고의 사회탐구 강사였다.) 전한길 선생님은 지금도 아직 빚이 거의 그대로 있다. 그러나 희망을 포기하지 않고 사신다. 통화를 해보면 언제나 자신감이 넘치신다. 현재 학원 강의수입이 좋냐 하면 그렇게 썩 좋은 것도 아닌 것으로 안다. 그래도 절대 주눅 들지 않으신다. 그것은 선생님 본인이 그만한 노력을 하기 때문이고, 그것으로 인해 자신을 믿기 때문일 것이다. 그래서 내게 언제나 확신한 찬 목소리로 "나는 성공한데이. 두고 봐래이"라고 말씀하신다. 빚이 거의 10억 원 가까이 있음에도 흔들리지 않는 것이다. 선생님은 늘 내게 말씀하신다. "빚이 10억 원이 있다는 것은 다시 그만큼 벌 수 있다는 것도 의미하지 않겠느냐?" 나는 선생님의 재기를 믿는다. 그리고 뜨겁게 응원한다.

빚이 10억 원이 있어도 씩씩하게, 자신감 넘치게, 압도적인 카리스마를 자랑하며 사는데 당신은 왜 죽으려고 하는가? 전한길 선생님의 네이버 카페에 가면 강의 중에 눈물을 흘렸다는 내용도 있다. 선생님 본인이 직접 적은 글에서 나오는 내용이다. 즉 당신도 힘든 일이 있고, 그것 때문에 밤새도록 한잠도 못 이루며, 너무 힘들고 슬퍼서 수업시간에 수백 명의 학생들 앞에서 눈물을 흘린 것이다. 그러나 그렇게 눈물을 흘리지만, 다시 일어서서 강의한다. 다시 일어서서 "나는 성공한데이. 두고봐래이"라고 말한다. 다시 힘차게 전진한다.

당신이 빚이 도대체 얼마나 있는가? 기껏해야 장사가 안 된다고 죽으려고 한다고? 기껏해야 취업이 안 되어서 죽겠다고? 기껏해야 성적이 안 올라서 죽겠다고? 기껏해야 직장에서 승진이 늦다고 죽겠다고? 기껏해야 40대 이후에 새로운 삶을 시작하는 것이 불안해 죽겠다고? 그런 나약한 소리가 어디 있는가? 그것은 나약한 말이고, 자신에 대한 예의가 아닌 말이다.

힘들면 잠시 쉬어도 좋다. 일주일 정도 강원도로 여행가도 좋다. 해외로 여행을 가도 좋다. 혼자서 떠나도 좋다. 노트북이나 노트를 한권을 들고 가라. 가거든 생각을 찬찬히 정리해보라. 노트북이나 노트에 찬찬히 적어보라. 자신의 생각을. 분명히 그곳에 가면 새롭고 멋진 풍경을 보면 새로운 생각이 들 것이다. 어떻게든 일어서야 한다는, 어떻게든 극복하고 나가야 한다는 다짐이 떠오를 것이다. 그러면서 투지가 샘솟고, 다시 해보는 마음을 얻게 될 것이다.

인간이 죽어야 할 일은 없다. 인간은 죽을 때 죽더라도 마지막까지 최선을 다해야 한다. 인간은 생의 마지막 순간까지 최선을 다해 마지막 한 걸음을 걸어야 한다. 그 걸음이 곧 나 자신에 대한 예의이고, 그 걸음을 걷는 것이 곧 인간의 본질이다. 죽을 필요까지 있는 일이란 없다. 살인을 저지르지 않은 한 죽을 필요는 없다. 그 외에는 적어도 죽을 필요까지는 없다. 아무리 힘든 일이 있더라도 다시 시작하면 된다. 열심히 살아가면 다 수가 생기게 되어 있다. 인생에서 늦은 때도 없다. 나이 40대 중반이 되어도 의대를 갈 수 있다. 그때 로스쿨에 갈 수도 있다. 그때 사업을 시작해도 된다. 그때 결혼을 할 수도 있다. 빚이 있더라도 열심히 일하면 갚을 수 있다. 지금 무일푼이더라도 빚이 없으니 얼마나 감사한가. 하면 되게 되어 있다. 부모님께 물려받은 것이 없다고? 빚을 물려받지 않은 것을 감사하게 생각해야 한다. 장애인으로 태어나지 않은 것을 감사해야 한다. 정신박약아가 아닌 것을 감사하게 생각해야 한다. 지금 당신은 삶의 조건을 대부분 갖추고 있다. 지금부터 열심히 하면 된다. 무엇도 문제가 되지 않는다. 모든 것은 하기 나름이다. 대학까지 나왔다면 더 좋은 것이다. 지금 직장에서 근무하고 있다면, 취업을 할 수 있는 직장이 있다면, 하고 있는 장사가 있다면 완벽한 것이다. 지금 이곳에서 시작하면 되기 때문이다. 잘 안 된다고? 기준치를 높여서 더 열심히 하면 된다. 상대방에서 기준치를 높여서 요구하니 힘들다고? 그 힘듦을 뛰어넘어야 안락이 보장된다. 무조건 해야 한다. 무조건 상대를 만족시켜야 한다. 좀 더 노력하는 길로 가야 한다. 그러면 궁극의 편안함이 보장된다. 궁극의 안정은 끊임없는 노력과 눈물로 얻어질 수 있다.

나 역시 죽고 싶은 생각이 들 때가 많았다. 차라리 다 버리고 이 세상을 떠나고 싶다는 생각이 든 것이다. 그러나 그때마다 죽을 수 없는 이유가 있었다. 바로 어머니였다. 나를 위해 평생을 고생하신 어머니를 두고 떠나는 것은 있을 수 없는 일이었다. 어머니는 내게 엄청난 버팀목이었다. 나는 지금 마음을 비우고 살고 있다. 거대한 성공을 기대하지 않는다. 그저 한 사람에게라도 도움을 줄 수 있다면 그것으로 된 것이라는 생각을 가지고 있다. 그리고 결국 느리지만 한 걸음씩 걸어가면 천재도 따라잡을 수도 있을 것이라는 생각을 가지고 걷고 있다. 그런 희망, 믿음, 각오가 있다. 그래서 나는 느리지만 꾸준히 노력하는 삶을 살고 있다. 나는 평범한 누구라도 느리게 한 걸음씩 전진하면 결국 위대한 일을 이룰 수 있다고 생각한다. 중요한 것은 끝까지 포기하지 않는 것이고, 좌절하지 않는 것이다. 그리고 마음을 비우는 일도 필요하다. 지금 당장 결과를 보지 못할 수도, 나이가 꽤 들어서도 못 볼 수도 있기 때문이다. 그래서 비우고 가야 한다. 과정에서 즐기고, 재미있게 살아야 한다. 그리고 좀 더 노력해야 한다. 그리고 꾸준히 전진해야 한다. 그러면 결국 길은 만들어질 것이다. 우리는 욕심을 버리고 꾸준히 걸어가야 한다. 그렇게 가다 보면 결국 누구보다 앞서가고 있는 모습을 발견할 수 있지 않을까? 왜냐하면 10년, 20년씩 한결 같은 페이스로 걸어가는 사람은 드물기 때문이다.

자신의 삶이 힘들고 죽고 싶다면, 죽는 것이 편하다고 느껴진다면 죽지 않을 수 있는 이유를 찾아라. 그리고 다시 제정신으로 돌아오라. 어디론가 떠나도 좋다. 거기에 다녀오면 새로운 정신을 가질 수 있게 된다. 또, 자신보다 더 힘든 상황에 있는 사람도 열심히 살고 있다는 것도 알 필요가 있다. 그것을 보면 자신은 어리광을 너무 많이 부리고 있다는 것을 알게 되기 때문이다. 삶에서 죽을 이유는 없다. 최선을 다해서 살아가면 나도 성공할 수 있다. 그러나 성공을 하지 못하더라도 나는 노력하는 삶을 살았으므로 부끄럽지 않는 삶을 산 것이다. 또, 그 과정에서 즐거웠기 때문에 모든 것을 얻은 것이다. 그렇지 않은가? 우리들은 모두 이 세상의 주인공이다. 우리는 하늘로부터 내 삶을 행복하게 누릴 권리를 타고 태어났다. 우리는 지금부터 그것을 온 마음으로 누리며 살면 된다. 그것은 전적으로 나의 적극적인 노력에 달려 있다.

PART 10

내가 원하는 대로
되는 것은
하나도 없다고 느껴질 때

☕   세상을 살다보면 마음대로 되는 건 하나도 없이
느껴진다. 열심히 노력했는데 아무런 결과가 없을 때 느끼는 감정
이란 말로 표현할 수조차 없다. 소화도 안 되고, 잠을 자도 개운
하지 않고, 항상 불안하고, 화가 나고, 어떻게 살아야 할까에 대
한 생각마저 든다. 삶에 대한 근본적인 불안이 엄습하고, 모든 것
을 다 때려치우고 끝내고 싶다는 생각마저 든다.

그러나 누구나 아무리 열심히 노력해도 성취가 되는 건 10개
중 1~2개에 불과하다. 10개 중 8~9개는 실패다. 그것은 대부분
의 사람들의 삶이 그렇다. 그래서 우리들은 대부분 자신은 무능
력하다고 생각한다. 그러나 10개 중 8~9개가 실패하는 것은 삶
의 진실이다. 우리가 무능력한 것이 아니다. 가끔 가다가 도저히
납득할 수 없는 수재를 만나게 된다. 그러나 그런 수재는 드물
다. 대부분의 사람들은 평범하다. 따라서 안 되는 것이 당연하다

고 생각해야 한다.

사실 세상을 보고 있으면 원망 드는 일이 어디 한 둘이겠는가. 온갖 좋은 것들이 넘쳐나고 그것이 모두 인터넷을 통해 공개되고 있는 세상이 아닌가. 오히려 모른다면 속이 덜 쓰릴 텐데 알기 때문에 더 참기 힘든 것이다. 아는 것이 오히려 병으로 작용하고 있는 셈이다.

이 세상은 가지고 싶은 것들이 너무나 많이 있다. 특히 세계화가 되는 바람에 해외에서 들어온 좋은 것들도 너무 많다. 가만히 컴퓨터를 보고 있으면 허무한 마음마저 든다. 어떨 때는 밤새도록 잠이 안 오기도 한다. 나는 뼈가 아프도록 일하며 살고 있는데, 코피 흘리면서 일하고 있음에도 겨우 밥만 먹고 살 수밖에 없기 때문이다. 좋은 것들은 아무 것도 가질 수 없기 때문이다. 행여나 길을 걷다가 룸살롱 앞에 서 있는 고급 외제차를 보면 화가 난다. 솔직히 룸살롱으로 들어가 어떻게 돈을 벌었냐고 묻고 마음도 생긴다. 그만큼 열이 받고 답답한 것이다. 60층이 넘는 마천루와 같은 아파트를 보면 마치 오를 수 없는 바벨탑처럼 느껴진다. '나는 60살이 되어야 들어갈 수 있을까?'라는 생각이 들고, 자신이 못났다고 느끼게 된다.

그런 생각도 든다. '누구는 저렇게 큰 아파트를 지어서 파는데, 나는 평생 벌어서 아파트 한 채 밖에 살 수 없는가'라는 생각 말이다. 그래서 멘붕에 빠지고, 한밤중에 고래고래 과음을 친다. 인생이 풀리지 않았을 때 소설가 이외수는 월세 들어 사는 집의 지붕에 올라가 술을 마시면서 소리를 질렀다고 하는데, 바로 내가 그 심정이 되는 것이다.

30대는 피 끓는 청춘인데, 아직 결혼을 못한 남성이 서울 기준으로 절반에 가깝다고 한다. 그들은 항상 그런 것은 아니지만 한 번씩 밤에 혼자 자는 자신이 한심하게 느껴지고, 때로는 그런 현실을 목격하는 것이 답답하기 때문에 잠을 못 이룬다. 요즘 화려한 싱글은 없다. 여자는 예외더라도 남자는 대개 그렇다. 남자는 경제적인 여건이 되면 대부분 결혼을 하기 때문이다. 요즘 싱글은 화려하지 않은 싱글이다. 그래서 많은 싱글도 답답하고, 화가 난 상태이다.

특히 요즘은 공부를 잘하는 모범생들도 힘들다. 의사, 변호사들도 죽을 지경이다. 실제로 의사, 변호사도 자살을 하는 사람들이 나오고 있다. 요즘에는 스타 의사, 스타 변호사가 아니면 그렇게 대단하지 않은 삶을 산다. 그리고 상당수는 위기의식을 느끼거나 실제로 많은 어려움을 겪고 있다. 나름대로 공부를 열심히 해서 수능 상위 5퍼센트 안에 들어도, 사회에 나오면 평범함 그 이상은 어렵다. 대기업에 가도 그렇고, 어디를 가도 마찬가지다. 과거에는 공부를 잘 하면 무조건 성공했다면 요즘에는 수험생 60만 명 중 1년에 문과기준으로 100명, 이과기준 100명 정도만 확실한 성공을 보장받을 수 있지, 그 외에는 큰 차별성을 지니기 어려운 시대가 되었다. 그래서 공부를 잘 하는 사람들도, 좋은 대학을 졸업하고 사회에서 열심히 살아가고 있는 사람들도 원하는 대로 되는 것은 하나도 없다는 것을 느끼고 있다.

그렇다면 박지성, 기성용, 추신수, 이대호와 같은 스포츠 선수는 좋을까? 위의 선수 4명은 한국의 축구와 야구를 대표하는 선수들이다. 이 뒤에는 수천 명의 아마추어 선수가 있고, 수백 명 이상의 프로선수들이 있다. 그들 중 대부분은 국가대표가 되지 않고 무명으로 선수생활을 마감하고, 힘든 삶을 살아간다. 그렇다면 그들이 열심히 살지 않았을까? 기본적으로 프로선수로 데뷔하는 선수들은 실력이 있다. 고등학교 혹은 대학시절에 열심히 훈련한 사람들이다. 그런데도 대부분은 무명으로 선수생활을 마감한다. 위험부담이 매우 크고, 항상 스트레스를 받을 수밖에 없다. 우리나라에서 타격의 달인으로 불린 장효조 선수도 "네가 한번 살아봐라. 마음대로 되는 건 하나도 없다"고 말했으니, 선수생활의 어려움을 어느 정도 쉽게 가늠해볼 수 있다. 실제로 장효조 선수는 선수생활은 탁월했으나, 이후 감독생활은 순탄치 못했다.

이 세상에서 마음대로 되는 사람은 아무도 없다. 일본의 일왕마저도 마음대로 살 수는 없다. 이 세상에서 자기 마음대로 사는 사람은 아무도 없다. 무엇도 마음대로 되지 않는다. 그것이 현실이다. 그것을 인정해야 한다. 인정한 다음, 노력을 해야 한다. 도전하는 것 10개 중 8~9개는 실패한다고 생각해야 한다. 그렇게 되게 되어 있는 것이 세상이므로 편안하게 그렇게 생각해야 한다. 그래서 실패해도 실망하지 말아야 한다. 끊임없이 정진해야 한다. 그런 겸손한 마음으로 최선을 다해 살아갈 때 밖에서 볼 때는 작지만 내게는 귀한 무언가를 얻을 수 있다.

　마음을 다 비워야 한다. 인생은 그런 자세로 살아야 한다. 그런 자세로 살지 않다간 화병으로 죽는다. 남들보다 더 많이 시도하고, 더 많이 도전하고, 더 많이 행동하고, 더 열심히 해야 한다. 그럴 때 평범한 내가 무언가를 하나 얻을 수 있다. 내가 글을 쓰는 일도 그렇다. 책을 쓰려면 박사학위 하나는 있어야 하는 것은 상식이다. 기본적으로 서울대는 나와 줘야 하는 것이고, 이왕이면 하버드대를 나와야 한다. 그러나 나는 동아대 법대를 졸업했다. 결국 나는 더 많이 노력할 수밖에 없다. 그래서 책을 3,000권 이상을 보았다. 그리고 다른 작가들과의 차별성을 기하기 위해선 책만으로는 안 된다고 보았다. 그래서 다큐멘터리를 3,000편 이상 보았다. 그러면서 책을 통해서는 깊이를, 다큐멘터리를 이해도를 갖출 수 있었다. 그리고 원고를 투고할 때는 기본적으로 100~200곳의 출판사에 투고한다. 그러면 다수의 출판사에서 연락이 온다. 만약 10곳을 투고한다면? 50곳을 투고한다면? 연락이 한 곳도 오지 않을 수도 있다. 나는 평범한 사람이라면 남들보다 훨씬 더 노력하는 것 외에는 대안이 없다는 것을 알고, 그것을 실천하고 있다. 그리고 항상 마음을 비우고 있다. 베스트셀러가 된다는 생각이 아니라 그런 것은 상관하지 않고 내 페이스대로 열심히 하고 있다. 과한 결과를 기대를 하면 글을 쓸 수가 없다. 매번 실망을 하기 때문이다. 나는 내 페이스대로 10년이고 20년이고 30년이고 꾸준히 가다보면 내 삶 그 자체가 하나의 업적이 되어 결국은 나의 때는 올 것이라 믿고 있다.

기본적으로 실망할 일이 많은 것이 인생이다. 그때에도 '아! 그런가 보다! 실패했구나!' 라고 덤덤하게 받아들이면 된다. 내가 열심히 일했고 도전했으니 큰 배움이 되었고, 그것은 내 실력으로 남게 되었으니 그것으로 감사하면 된다. 그리고 다음에는 똑같은 실수를 반복하지 않도록 해야 한다. 어떤 도전이 실패했다면 분명 실패한 이유가 수면 위로 떠오른다. 그것을 놓치지 말고, 다음에는 똑같은 실수를 반복하지 말아야 한다. 그러면 다음에는 똑같은 실패를 하지 않게 되고, 그만큼 성공확률은 높아지게 된다. 그렇게 살아가면 된다.

그러나 실패를 덤덤하게 받아들이는 것을 말했는데, 이것은 결코 쉬운 일이 아니다. 왜냐하면 잠 안 자고 일하고, 힘든 것을 참고 하루 16시간씩 일했는데 아무런 성과가 없으면 힘이 빠져도 너무 빠지기 때문이다. 그래서 말은 쉽지만 실패를 덤덤하게 받아들이는 것은 쉬운 일이 아니다. 따라서 담담하게 받아들일 수 있도록 노력해야 한다. 실패한 후에 실패한 것을 계속 생각하면 화가 나서 견디지 못한다. 좋은 배움을 얻은 것이고, 다음에는 같은 실수를 하지 않을 것이니 그 대가는 받았다고 생각해야 한다. 그러면서 다음의 성공확률을 높여야 한다. 그러면 그 값은 한 것이다. 어떤 것이든 모든 노력이 빛을 보는 것은 아니다. 전혀 빛을 보지 못할 수도 있다. 오히려 손해를 볼 수도 있다. 이 세상은 어처구니없는 일도 일어나기 때문이다. 그래서 모든 일을 덤덤하게 받아들이면서 내 페이스대로만 꾸준히 걸어가면 된다.

실제로 나의 어머니는 제 2금융권에 거의 전 재산을 투자한 적이 있었고, 결국 그 돈을 몽땅 잃고 말았다. 그리고 회수를 하지 못하셨다. 그때 많은 사람들은 전 재산을 잃었고, 어떤 사람들은 남의 돈까지 끌어 들여 많은 빚을 지기도 했다. 그때 빚을 진 사람들의 상당수는 자살을 선택했다. 그리고 상당수의 사람들은 알콜중독자가 되었다. 그리고 상당수의 사람들은 삶의 희망을 잃어버리고 무려 10년이 지났지만 재기를 하지 못했다. 거의 빈털터리로 사는 것이다. 그러나 나의 어머니는 일을 가리시지 않고 열심히 하셨다. 그래서 결국에는 일어서셨다. 물론 큰 부자가 된 것은 아니지만, 그래도 원래 잃어버렸던 재산을 상당 부분 회복하셨다.

이 세상은 원하는 대로 되지 않는다. 어떨 때는 어처구니없는 일도 일어난다. 그러나 그럴 때에도 삶의 희망을 버리지 말아야 한다. 내 재산, 극단적으로 내 통장잔고가 0원이더라도, 그래서 이번 달 전기세와 수도세를 낼 돈이 없더라도 자살을 해선 안 된다. 그럴 때는 어디라도 일을 하러 가야 한다. 젊고 건강하다면 어

떤 직장이라도 가야 한다. 당장 전기세, 수도세가 없다면 오늘 당
장 생산직에라도 취업해야 한다. 그 생산직은 창피한 직업이 아
니라, 나를 살리는 구세주이다. 그렇지 않은가? 일주일 동안 굶
을 수는 없는 노릇이다. 당장 취업해야 한다. 버스 탈 돈이 없다
면 그냥 버스를 타고, 기사님께 사정을 말해야 한다. 그때 부끄
럽다고 안타면 망한다. 무조건 타고 가야 한다. 그런 뒤에 취업을
해야 한다. 정말 배가 고프다면 식당에 가서 그냥 밥 시켜서 먹고
돈 내야 될 때 사정을 이야기하고 외상으로 달아두어야 한다. 물
론 식당 사장님이 화를 낼 수도 있을 것이다. 그러나 기껏해야 몇
대 맞거나, 심한 욕설을 듣는 것뿐이다. 어쩔 수 없는 일이니 해야
하고, 이후에 반드시 돈을 지불하면 된다. 이것은 절도도 아니고
강도도 아니고 살인도 아니다. 어쩔 수 없으므로 몇 대 맞고 심
한 욕설을 듣더라도 감수해야 한다. 그럴 때는 그렇게 하면서 앞
으로 치고나가야지, 삶을 포기해서는 안 된다. 부끄럽다고 창피
하다고 피해선 안 된다. 현실도피를 하기 위해 술을 마시면서 보
내서도 안 된다. 알콜 중독자나 자살자는 근본적으로 다르지 않
다. 맨 정신으로 살아도 힘든데 알콜 중독자가 되어서 어떻게 삶
을 바꿀 수 있겠는가? 그것은 죽은 삶과 같다. 그런 삶을 살면
안 된다.

분명히 말하지만 삶은 원하는 대로 되지 않는다. 그것을 인정
해야 한다. 그래서 마음을 비워야 한다. 그런 뒤에 노력해야 한
다. 남들보다 더 많이 해야 한다. 남들보다 3배 이상 해야 하고,

항상 차별화를 고민해야 한다. 평범한 내가 그렇게 하지 않는다면 어떻게 살아갈 수 있겠는가? 노력해야 한다. 진하게 노력해야 한다. 어떤 상황에서라도 포기해선 안 된다.

우리는 원하는 대로 되지 않을 때 죽음을 생각해선 안 된다. 당연하다고 생각해야 한다. '당연한 일이 일어났구나'라고 생각해야 한다. 그런 다음, 더 노력해야 한다. 더 기준치를 높여서 노력하는 것으로써 대응해야 한다. 그냥 물러서면 안 된다. 비록 몸과 마음이 힘들더라도 더 빡세게 해야 한다. 힘들면 맛있는 음식으로 영양을 보충하고, 이빨을 꽉 깨물고 일해야 한다. 물러서면 안 된다. 어떻게든 앞으로 치고나가야 하는 것이 삶이기 때문이다.

마음을 완전히 비워야 한다. 안 되면 택시운전이라도 하겠다고 마음을 굳게 먹고 있어야 한다. 안 되면 외국에 이민을 가서라도 일해야 한다. 안 되면 뭐라도 해야 한다. 앞으로 이 말을 명심하라. "남에게 부끄러운 것은 하루이지만 그 삶을 견뎌야 하는 것은 평생이다." 남은 내 인생을 책임지지 않는다. 관심도 없다. 내 인생은 모두 내가 감당해야 한다. 그래서 남이 뭐라고 하든, 부끄럽든 관계치 말고 해야 한다면 해야 한다. 어떤 일이든 닥치면 하겠다고 마음을 먹고 사는 사람은 강하다. 흔들릴 일이 없기 때문이다. 이미 어떤 어려움이 있더라도 기꺼이 맞겠다는 자세가 되어 있기 때문이다. 이렇게 살면 된다. 그러면 죽을 일은 사라진다.

우리는 힘들수록 더 강해져야 한다. 힘든 일에 쓰러지는 것이 아니라, 그때마다 나를 단련하는 좋은 수단으로, 좋은 공부로 여겨야 한다. 그래서 나를 더 강하게 만들어야 한다. 그래서 어떤 고통에도 흔들리지 않는 진정한 철인으로 다시 태어나야 한다. 삶은 마음대로 되지 않지만, 내 마음은 마음대로 가질 수 있다. 그 마음만 다르게 가지면 삶의 모든 어려움은 대수롭지 않게 다가오게 된다. 결국 인생은 마음의 힘으로 모든 것을 극복할 수 있기 때문이다.

PART 1L

내가 왜 사는지
모를 때

♨   사람은 살다 보면 출구가 보이지 않을 때가 있다. 그래서 좌절하고 또 좌절한다. 마치 '출구 없는 미로'에 갇힌 것 같고, 우울해서 죽을 것만 같은, 오히려 죽는 것만이 편안해질 수 있는 유일한 길인 것처럼 느껴질 때가 있다. 나 역시 그런 기분을 느낀 적이 있다. 아니, 많다. 나의 삶 역시 전업 작가로 불안의 한 복판에 서 있기 때문이다. 그래서 나는 늘 힘들다는 느낌을 가질 때가 많다. 그래서 이 책을 정말 잘 쓸 수 있겠다 싶었다. 내 마음을 그대로 드러내면 그것이 곧 『죽고 싶은 마음이 들 때 읽는 책』이 될 것이기 때문이다. 그러나 요 며칠은 기분이 정말 좋았다. 왜냐하면 열심히 한 결과들을 볼 수 있겠다는 희망이 보였기 때문이다. 나는 그 동안 15권의 책을 출간했거나 계약했는데, 지금까지 출판사로부터 출간 거절을 당한 적이 한 번도 없었다. 물론 300곳 가까이 되는 출판사에 투고를 해서 겨우 1~2곳에서 출간을 하자고 연락이 온 적도 있었다. 그러나 대부분은 5~10곳 이

상의 출판사에서 연락이 왔다. 그래서 희망을 느낄 수 있었다. 열심히 하면 된다는 느낌을 가질 수 있었기 때문이다. 그래서 요 며칠은 기분이 좋았다. 그랬더니 이 책을 쓸 수 없는 상태가 되었다. 이 책은 내가 죽고 싶은 상태의 마음에서 죽고 싶은 사람의 손을 잡고 힘든 기분을 충분히 느끼면서 힘을 내는 쪽으로 방향성을 틀면서 강력하게 올라가는 글을 써야 하는데 그런 상태가 아니게 된 것이었다. 요 며칠은 책상에 앉아 있어도 한 문장의 글도 쓸 수가 없었다. 그래서 의도적으로 몸을 힘들게 만들기도 하고, 밤샘도 하고, 이런저런 생각들을 하면서 다시 힘든 모드의 기분으로 돌아왔다.

삶은 누구나 힘들다. 나도 힘들고, 당신도 힘들다. 나도 현재 진행형의 삶을 살고 있고, 재산은 거의 제로의 상태이다. 그러나 열심히 하면서 희망을 만들어가는 중이다. 나는 당신이 제로의 상태더라도, 정말로 힘든 상태더라도 다시 시작할 수 있다고 생각한다. 그것은 단지 열심히 하면 되기 때문이다. 그러면 희망은 저절로 만들어지기 때문이다.

살면서 가장 곤란할 때는 왜 사는지 모를 때이다. 왜 사는지를 모르면 열심히 살 의욕이 나오지 않는다. 의욕이 없으면 금세 삶은 피폐해진다. 아무렇게나 살면 금세 망가지는 것이 삶이다. 나역시 요 며칠을 밤샘을 하고, 의도적으로 몸을 피곤하게 하며, 미래에 대한 이런저런 생각을 하면서 힘든 상태로 돌아왔다. 이 말은 무슨 뜻일까? 열심히 일하지 않고 몸을 피곤하게 하면서 미래를 생각하면서 살면, 그것도 며칠만 그렇게 살면, 곧바로 힘든 마음이 된다는 것이다. 그것은 왜 일까? 잘 될 수 있는 희망이 사라지기 때문이다. 시간이 지나는데, 일은 진행이 되지 않기 때문이다. 무언가를 해내고 싶은 마음과는 달리, 무언가가가 달아나는 것이 눈에 보이기 때문이다. 미래를 생각을 해보면 모든 것이 위험요소로 다가오기 때문이다. 그래서 자신감을 잃게 되고, 목표는 너무나 먼 대상이 되어버리는 것을 느낄 수 있기 때문이다.

사람은 조금만 열심히 살지 않아도 망가진다. 아니, 완전히 망가진다. 한 달 정도 아무렇게 살면 자칫 잘못하면 미쳐버릴 수도 있다. 정신병이 올 수도 있다. 자살을 할 수도 있다. 한 달도 길다. 한 일주일만 열심히 살지 않아도 엄청난 위기감을 느끼게 된다. 그러면 모든 것이 흐트러지게 된다. 내 삶의 뿌리, 내 삶의 근간이 흔들리게 되는 것이다.

왜 사는지 모른다는 것은 삶의 희망도, 존재이유도 없는 삶을 말한다. 이 삶은 어디로 튈지 모르는 럭비공과 같은 삶이다. 왜 사는지 모르면, 자신을 이끄는 나침반이 없기 때문에 쾌락이나 유혹에 흔들리게 된다. 그래서 범죄도 쉽게 하게 된다. 흉악 범죄자들을 분석해보면 그것을 알 수 있다. 흉악 범죄자들은 매일매일 열심히 살지 않아서 왜 사는지 모르는 상태가 되었고, 그래서 삶의 희망도 삶의 존재의미도 잃은 상태에서 하루하루 대충 살다가

충동적으로 성범죄를 저지르거나 우발적으로 살인까지 저지르는 경우를 볼 수 있다. 많은 경우가 그렇다. 그 사람들은 본래 악한 사람이 아니라, 자신을 바로 잡아주는 삶의 나침반을 잃어버린 상태에서 단순한 감정에 의해 즉흥적으로 움직인 결과, 그 같은 일을 하게 되었다. 사람은 열심히 살면, 매일 온 정성을 다해서 뜨겁고 진지하게 살면, 범죄에는 결코 빠지지 않는다.

그렇다면 어떻게 살아야 할까? 가장 중요한 것은 그것이 무엇이 되었든 "그냥 하라"는 것이다. 새벽에 신문배달이라도 해라는 말이다. 새벽에 찬바람을 맞으면서 죽기 살기로 뛰어다니면서 신문배달을 하라는 것이다. 그러면 땀을 비 오듯이 흘리면서 온 몸이 개운해지는 기분을 느끼게 될 것이다. 몸도 건강해지고, 용돈도 벌게 됨으로써 보람을 느낄 수 있을 것이다. 신문배달은 하나의 예다. 깔끔한 곳에서 일하고 싶다면, 카페에서 아르바이트를 해라. 그곳에서 하루 종일 서빙을 하고, 청소를 하고, 친절하게 사람들에게 인사를 해라. 그러면 생각이 바뀌게 될 것이다. 나도 지금 카페에서 글을 쓰고 있는데, 카페의 깔끔함은 내 정신을 맑게 하고 있다. 내가 누누이 말하는 바이지만, 공간은 사유를 압도한다. 좋고 쾌적한 곳에 있으면 마음이 편안해진다. 힘들 때는 카페에 가서 하루 종일 차를 마시면서 책을 읽는 것도 좋다. 그러면 마음이 달라질 것이다. 카페에서 취업에 필요한 자기소개서를 쓰고 이력서를 쓰는 것도 좋다.

왜 사는지 모르겠다는 말은 인생을 적극적으로 살지 않고 있을 때 나오는 말이다. 영업을 해도 열심히 하는 사람은 눈빛부터 다르다. 아니, 오히려 영업맨이 사무실에서 일하는 사람보다 눈빛이 살아 있다. 열심히 땅을 밟고 있기 때문이다. 아니, 온 몸으로 바람을 헤치며 이 세상을 누비고 다니기 때문이다. 사람들을 만나고 뜨거운 감정을 온 몸으로 느끼기 때문이다.

왜 사는지 모를 때는 당장 과자와 음료수, 김밥을 준비한 다음, 산으로 가는 것도 좋다. 아침 일찍 일어나 산으로 가서 땀을 흠뻑 흘리고 오는 것도 좋다. 같이 갈 사람이 없다면 혼자 가면 된다. 멀리 갈 필요도 없다. 집 근처에 있는 산에 가거나, 집에서 버스로 1~2시간 정도 거리에 있는 산에 가면 된다. 그래서 등산을 하라. 등산을 하면서 땀을 흘려라. 등산을 하면서 이 세상의 아름다움을 경험하라. 최고의 경치를 마음 속 깊이 담아라. 맑은 산소를 마시듯 산 속에 있는 아름다움과 경이로움도 마셔라. 그래서 왜 사는지에 대한 이유를 발견하라.

나도 힘들 때는 집 근처에 있는 수성못에 간다. 대구에 있는 저수지인데, 둘레는 2~3Km 정도 되는 곳으로 경치가 아주 좋은 곳이다. 나는 그곳에 있으면서 왜 사는지에 대한 이유를 발견하곤 한다. 힘들 때는 저수지 난관에 팔을 대고 턱을 괴고 있으면서 저수지를 바라본다. 그러면 햇빛에 비친 물빛이 황금빛이 되어 내 눈으로 들어온다. 또, 그 옆에는 청둥오리가 유유히 헤엄치고 있고, 한쪽에서는 거위가 한가로이 먹이를 먹고 있다. 그렇게 턱을 괴고 20분이고 30분이고 가만히 있는다. 그러면 시원한 바람은 내게로 불어오고 내 마음까지 시원해진다.

나는 그 속에서 왜 사는지에 대한 이유를 발견하곤 한다. 그러면서 '너무 잘 하려고 할 필요는 없다. 1등이 되려고 나 자신을 너무 괴롭힐 필요는 없다. 그저 최선을 다하면 되고, 밥 먹고 살면 그것으로 된 것이다. 자연처럼 평화롭게 살면 되는 것 아니겠는가.'라는 생각을 하게 된다. 나는 나를 가혹하게 대하는 편이다. 나는 삶을 대충 살고 싶지 않은 마음이 많다. 사실 나는 참 게으른 편이고, 너무 낙천적이며, 항상 밝다. 그런데 나는 나에 대해 가혹한 요구를 한다. 노력도 너무 하려고 하고, 너무 잘 하려고 한다. 왜냐하면 삶에 대한 욕심이 있기 때문이다. 만약 나의 집이 부유했더라면 나는 대충 살았을 수도 있었을 것이다. 그러나 나는 고등학교 시절을 생활보호대상자로 보낼 만큼 가난했고, 재산도 한 푼도 물려받지 못했다. 자수성가를 해야 할 운명이었던 것이다. 거기다 나는 작은 성취에 만족하는 스타일도 아니다. 그래서 나는 과도한 노력을 해왔다. 그래서 독서도 많이 하게 되고, 자신감도 가지게 되었다. 그러나 극단은 좋지 않다. 나는 그 동안 너무 극단적으로 살았다. 그러면서 피곤을 경험하게 되었다. 그래서 요즘은 재미와 즐거움이 무엇보다 중요하다는 것을 알고 실천하는 중이다.

삶은 본질적으로 힘든 면이 많다. 지금 우리들의 삶은 전쟁이다. 경쟁이 너무 치열하고, 먹고 살기도 너무 힘들어졌다. 20대 젊은이들의 취업이 어렵다는 것은 사회가 극단으로 치달았다는 징표이기도 하다. 힘들다. 직장에 들어간 사람들도 힘들고, 고용 불안정 때문에 항상 마음이 붕 뜬 것처럼 사는 것이 현대인의 모습이다. 마음의 안정이 안 되는 것이다. 거기다가 집안에 우환까지 있으면 죽는 것이 낫지 않겠느냐는 생각이 드는 것은 당연할 수도 있는 것이다.

그러나 힘을 내야 한다. 내 삶이기 때문이다. 내 삶이니까, 내가 사랑해야 하는 것이다. 생각보다 당신의 삶이 훨씬 더 비참할 수도 있을 것이다. 세상에 내세울 것이 아무 것도 없을 수도 있을 것이다. 너무 막막할 수도 있을 것이다. 그래서 생각을 계속 하지만, 생각의 결론을 보지 못할 수도 있을 것이다. 끝내는 내가 왜 사는지는 모르겠다고 스스로 말할 수도 있을 것이다. 그러나 모든 사람들은 아픔이 있고, 막막함이 있고, 불안을 가지고 있다. 대부분의 사람들은 힘들고, 세상의 일은 대부분 마음대로 되지 않는다. 누구나 삶의 문제를 가지고 있고, 집안에 우환이 없는 집은 사실상 거의 없다고 해도 과언이 아니다. 궁금하면 찾아보라. 우환이 없는 집이 있는지를……. 이 세상의 모든 사람들은 똑같은 문제들을 가지고 살고 있다.

그럼, 잘 사는 사람들은 어떻게 문제를 극복한 것일까? 다른 것 없다. 그냥 열심히 살면 된다. 스펙이 없다고? 식당 서빙을 하면 되지 않는가? 식당 서빙도 열심히 하다 보면 돈을 모으게 되고, 그 속에 있으면 요리 등의 기술을 익힐 기회도 생길 것이다. 그리고 열심히 하면 사장이 눈여겨보고 무언가를 가르쳐줄 수도 있고, 그것이 기회가 될 수도 있다. 그러니 절망 할 필요는 없다. 왜 사는지를 모를 때는 그저 열심히 살면 된다. 그러면 삶이 자신에게 왜 사는지에 대한 이유를 말해줄 것이다. 왜 사는지에 대한 이유는 내 머리로 생각하고 입으로 말할 수도 있지만, 자신의 인생이 자신에게 말해줄 때가 참된 말이다. 그래서 자신의 삶과의 대화는 입으로 나누는 것이 아니라, 자신의 삶 그 자체와 나누는 것이 되어야 한다. 왜냐하면 열심히 살아가는 속에서 얻는 깨달음과 성찰, 보람과 희열, 눈물과 상처가 내게 존재의미를 말해줄 것이기 때문이다. 그리고 그 말은 내 가슴에 큰 울림을 주면서 다가오기 때문이다.

삶의 진실은 어렵지 않다. 왜 사는지 모를 때 답을 찾는 것 또한 어렵지 않다. 그저 열심히 살면 된다. 다른 생각은 할 필요가 없다. 답은 생각만으로는 나오지 않는다. 몸을 움직여 땀을 흘리고 그로써 건강해야 나오는 것이 답이다. 열심히 살아감으로써 삶을 변화시킬 때 나오는 것이 답이다. 세상과 자연을 온 몸으로 느낌으로써 온 몸이 뜨겁게 반응할 때 나오는 것이 답이다. 그렇기 때문에 가장 중요한 것은 열심이다.

나는 당신에게 열심을 권하고 싶다. 누구나 왜 사는지를 모를 때가 있다. 그러나 그들은 열심히 살아감으로써 그 답을 찾아낼 수 있었다. 나는 당신도 그 답을 열심히 살아감으로써 세상과 자연을 온 몸으로 느끼고, 삶의 변화를 목격함으로써 찾을 수 있기를 바란다.

PART 12

오랫동안 사랑을
하지 않고 지내서
슬픈 느낌이 들 때

요즘은 솔로들이 부쩍 늘었다. 경기불황의 직격탄으로 결혼은 물론 연애까지 하지 못하는 사람들도 늘었다. 흔히 '삼포세대'라고 해서 연애, 결혼, 육아를 포기한 세대를 말하는데, 요즘은 남의 이야기 아니다. 실제로 요즘은 40대 솔로들도 늘고 있는 상황이다. 그래서 때로는 우울한 마음이 들기도 하고, 화가 나기도 할 것이다.

남녀 간의 사랑이란 이 세상에서 가장 아름다운 유혹이다. 남녀 간의 사랑은 우리들을 떨리게 하고, 설레게 한다. 삶에 큰 힘을 제공해주기도 한다. 무엇보다 혼자 지내면 외롭다. 잘못하면 우울증이 올 수도 있다. 밤에 잠을 이루지 못할 수도 있다. 외롭기 때문이다.

자신이 열심히 일하는 이유를 잃을 수도 있다. 사람은 자기 자신을 위해서 음식을 할 때는 열심히 하지 않는 경향이 있다. 그러나 남을 위해서 할 때는, 특히 사랑하는 사람을 위해서 할 때는 정말 열심히 한다. 일도 어떤 동기부여가 되지 않으면 열심히 하지 않게 되는데, 사랑하는 사람이 없을 때, 자식이 없을 때, 가족이 없을 때는 동기부여가 잘 되지 않는다.

그래서 연애도 해야 하고, 결혼도 해야 한다. 그러나 결혼은 현실이다. 사랑하는 사람을 만드는 것도 마음에 여유가 있어야 할 수 있다. 자기 자신도 감당할 수 없을 때 사랑은 사치로 다가오게 된다. 도저히 그럴 여유가 없는 것이다. 지금 우리들 대부분은 그런 현실에 있다.

흔히 결혼할 때 평균 비용이 등장한다. 남자나 여자나 비용이 적지 않다. 그 비용을 감당하려면 부모님께 기댈 수밖에 없는데, 부모님 사정이 충분하지 않으면, 결국 자신의 힘으로 그 비용을 감당해야 한다. 그러나 현실적으로 그 비용을 감당하기는 만만치 않고, 빚을 내서 결혼을 하게 되면 자칫 빚쟁이 인생으로 전락할 수도 있다. 그러나 상당수의 부모님들은 자녀들의 결혼비용을 감당할 여력이 되지 않는다. 결국 결혼을 미룰 수밖에 없는 상황이 된다.

준비되지 않은 결혼은 불행할 수 있다. 결혼을 한 후에 이혼할 가능성이 높다. 결혼은 현실이기 때문이다. 아무리 그가, 그녀가 착한 사람이라고 해도 참는 것도 하루 이틀이다. 특히 남자는 집안의 기둥이다. 기둥이 흔들리면 그 밑에 있는 사람들은 불안해서 살 수가 없다. 기둥이 흔들리면 가정은 붕괴될 수밖에 없다. 그래서 우리는 먼저 우리 자신에게 집중할 수밖에 없는 상황이다. 그러나 그것도 해보면 만만치 않음을 쉽게 목격할 수 있다.

그렇다면 우리는 어떻게 살아야 할까? 우리는 힘이 들더라도 안정을 먼저 이루어야 한다. 그리고 열심히 살아야 한다. 그런데 만약 연봉 1,800만원을 받고 있다면 어떻게 살아야 할까? 왜냐하면 월 저축액이 50만원 미만이기 때문이다. 이럴 경우에는 '이해를 해줄 수 있는 사람'을 만나야 한다. 그리고 '삶의 비전'을 통해서 상대를 설득하고, 최선을 다해 노력함으로써 가능성을 현실로 만들어야 한다. 목숨을 걸고 노력함으로써 희망을 만들어야 한다.

인생에서 가장 위험한 것은 문제를 해결할 수 있는 대책이 없다고 하면서, 포기하며 사는 것이다. 체념하며 사는 것이다. 그래서 건전하고 건강한, 진취적인 노력을 하지 않으며 사는 것이다. 그래서 삶이 변화될 수 있는 여지를 만들지 않고 사는 것이다. 그래서 시간이 무의미하게 지나버리는 것이다. 그래서 삶을 아무런 의미도 만들지 못한 채 살다가 죽는 것이다. 그런 삶이 삶 중에서 가장 위험하다.

누구나 지금은 힘들게 살 수도 있고, 가난하게 살 수도 있다. 나이가 서른이고, 마흔이고, 쉰 이든 간에 그럴 수 있다. 그렇다면, 지금부터가 중요하다. 지금부터 100M 달리기를 열심히 하는 것이 중요하다. 여기서 멈추지 않겠다는, 쓰러지지 않겠다는 의지를 가지고 사는 것이다. 그런 의지를 갖고 살면, 그렇게 최선을 다해서 살면 결국은 뜻을 이룰 수 있게 된다.

지금 가난하게 살고 있는 사람이라면, 지금 월 저축액이 50만 원을 넘지 못한다면, 그래서 재산이 3,000만원도 되지 않는다면 앞으로가 중요하다. 그리고 지금과 같은 상태에서도 결혼은 할 수 있다. 가능한 일이다. 다만 전제가 있다. 목숨을 걸고 노력함으로써 현실을 반드시 바꾸어내야 한다는 것이다. 체념하면서 살지 않아야 한다. 상대는 나의 가능성을 믿고 미래에 배팅한 것이기 때문이다. 그 믿음에 확실한 보상을 해야만 하는 것이다.

지금 당분간은 노력하면서 홀로 지내야 할 수도 있다. 왜냐하면 지금 당장 사랑하는 사람이 생기지 않을 가능성이 높기 때문이다. 그래서 이 시간 동안은 열심히 노력해서 가능성을 현실로 만들도록 해야 한다. 물론 성과는 미약할 것이다. 그러나 독하게 노력해야 한다. 왜냐하면 지금은 그 노력이 미약하게 보일지라도, 시간이 지나면 큰 힘을 발휘할 것이기 때문이다.

혼자서 지낼 때는 정서불안에 걸리기 쉽다. 혼자서 무엇을 하면서 지내야 할지를 모르기 때문이다. 그래서 정서안정이 안 된다. 그래서 무의미하게 시간을 보낼 때도 많다. 혼자서 지낼 때는 열심히 사는 것이 중요하다. 스스로와의 약속을 만들고 엄격하게 지켜야 한다. 그렇게 해야만 일이 되고, 무의미하게 시간을 보내는 것을 막을 수 있다. 또, 일이 되어감으로써 보람을 느낄 수 있다. 휴식을 하더라도 적극적으로 쉬어야 한다. 아무렇게나 쉬면 안 된다. 사랑하는 애인과 함께 시간을 보낼 때 이상으로 멋지게 시간을 보내야 한다. 그것이 자신에 대한 예의다. 그렇게 시간을 보내야만, 우울한 마음이 들지 않는다. 그렇게 시간을 보내야만, 외롭다는 생각이 들지 않는다. 인생을 낭비하고 있다는 생각이 들지 않는다.

생각해보면 지금 이 순간은 무척 소중하다. 내 인생의 오늘은 다시는 되돌아오지 않는다. 그대의 인생에서 오늘은 오늘 하루뿐이다. 그대는 조만간 나이를 먹을 것이며, 조만간 늙을 것이다. 지금을 잘 보내야 한다. 물론 사랑하는 사람과 함께 시간을 보내면 좋겠지만, 그럴 수 없다면 혼자서라도 잘 보내야 한다. 누구보다도 멋지게, 아름답게, 신나게 보내야 한다.

우리들의 시간은 다시는 되돌아오지 않는다. 지금을 잘 보내야 한다. 일도 열심히 하고, 노는 것도 잘 놀아야 한다. 그래서 후회를 남기지 말아야 한다. 화려한 솔로의 전형을 보여주어야 한다. 화려한 솔로란 반드시 부유해야 하는가? 아니다. 인생 그 자체를 행복하게 보내면 가장 화려하기 때문이다. 멋지고 아름다운 공원에 가서 시원한 바람을 맞을 수 있다면 이미 최고다. 가장 열정적으로 일을 하고 있다면 이미 최고다. 우리는 바로 그런 시간을 보내야 한다.

사랑을 하지 않고 있을 때는 오히려 사랑에 대해 깊이 배울 때이다. 사랑은 하면서도 배우지만 하지 않으면서도 배운다. 사랑을 할 때는 사랑 그 자체에 빠져서 사랑을 배우지만, 사랑을 하지 않을 때는 사랑에 대해 관조적으로 바라보면서 깊이 생각한다. 자신의 인생과 사랑에 대해서 보다 넓고 깊이 생각해볼 시간을 가지게 되는 것이다. 그러면서 자신의 인생에서 사랑이란 무엇이며, 사랑을 어떻게 받아들일지, 그리고 어떤 사랑을 원하는지를 보다 깊이 생각해볼 시간을 갖게 되는 것이다. 그러면서 사랑에 대한 철학을 보다 확실하게 세우게 되는 것이다. 20대의 나이에 사랑을 하면 그저 좋아서 사랑하는 경우가 있지만, 30대를 솔로로 보내면서 스스로 사랑에 대한 생각을 많이 한 사람은 그 깊이가 남다른 것이다. 그래서 사랑하지 않고 있는 지금은 오히려 축복의 시간일 수도 있다. 사랑이 무엇인지에 대해 깊은 숙고를 통해, 사랑의 본질에 다다르고, 그로써 더 행복하게 사랑할 방법을 알게 되기 때문이다.

인생의 모든 면은 양면성이 있다. 좋은 것이 있으면 나쁜 것이 있다. 항상 빛과 어둠이 공존한다. 사랑하지 않으면 사랑하지 않는 슬픔이 있지만, 사랑하지 않는 기쁨도 있는 것이다. 홀로 지내는 슬픔도 있지만, 홀로 지내는 기쁨도 있는 것이다. 사랑도 하면 좋은 점도 있겠지만, 모든 면이 좋다고는 할 수 없다. 모두 일장일단(一長一短)이 있기 때문이다.

지금 사랑을 하지 않고 있다면, 이 시간 동안 스스로 시간을 잘 보낼 수 있는 방법을 익혀보는 건 어떨까? 실제로 혼자 시간을 잘 보낼 수 있는 사람만이 사랑도 잘 할 수 있다. 사랑을 하면서도 사랑하는 대상에 의지하지 않고 독립적으로 지낼 수 있는 힘이 있기 때문이다. 실제로 사랑은 상대에게 의지하는 것이 아니라, 각자 독립적인 주체가 만나 공존하는 것이다. 상대에게 의지하고 기대하고 상대만 바라보며 사는 삶은 아니다. 그런 삶은 건강하지 못하다. 지금 혼자 있다면 혼자 있을 수 있는 힘을 기를 시간으로 활용해야 한다. 그래서 혼자서 일을 열심히 하고, 혼자서 여행을 재미있게 다녀야 한다. 휴식을 하더라도 애인과 함께 할 때보다 더 재미있고 즐겁게 쉬어야 한다. 놀이에 있어서 일종의 연구자가 되어야 한다. 그래서 최고로 잘 놀아야 한다. 그래야 애인과 함께 할 때도 잘 놀 수 있다. 대학시절 자취를 하면 요리를 잘 하게 되는 것처럼, 솔로시절을 보낸 사람은 누구보다도 자립적이고 건강하게, 행복하게 살아갈 수 있는 법이다. 그러니 솔로인 지금을 사랑하라. 지금을 환영하라.

지금 혼자 지낸다면, 사랑에 대한 철학을 확립해야 한다. 자신이 무엇 때문에 사랑을 하려고 하는지, 나는 상대에게 무엇을 제공해줄 수 있으며, 나는 상대에게 무엇을 얻으려고 하는지 분명히 알아야 한다. 그래서 사랑의 본질을 통찰해야 한다. 그래서 사랑을 심플하게 해야 한다. 무엇이든 복잡하면 정리가 안 된다. 사랑도 정리해야 한다. 하는 이유가 분명하고, 기대하는 것이 분명하며, 제공해주는 것이 분명해야 한다. 그래야 깔끔하고 시원하다. 상대에게 많은 것을 바라면 안 된다. 상대는 신(神)이 아니기 때문이다. 그것은 나도 그렇다. 나도 내가 제공해줄 수 있는 것이 무엇인지 정확하게 알아야 한다. 그래서 상대가 실망해서 떠나는 일이 없도록 사전에 충분한 대화를 하도록 해야 한다. 지금은 사랑에 대한 철학을 확립하는 시간으로 활용해야 한다. 그래서 사랑에 관한 철학자가 되어야 한다. 사랑이 무엇인지 아는 사람, 사랑에 대해서 이야기할 수 있는 사람, 사랑할 준비가 완벽하게 된 사람이 되어야 한다.

인생은 결국에는 시간을 어떻게 보내느냐로 결정된다. 지금 가지고 있는 시간도 조만간 끝난다. 나나 당신이나 나이 80, 90이 되면 이 세상과 작별을 해야만 한다. 내 몸과도 작별을 해야 한다. 부모님도 30년, 길어도 40년이 지나면 떠난다. 결국은 모든 것을 다 놓고 떠나게 된다. 지금 내 상황이 어떻든 지금을 잘 보내야 한다. 지금 내가 가지고 있는 시간을 사랑해야 한다. 지금 내가 보내는 시간을 재미있고 즐겁게 보내면 잘 살고 있는 것이다.

솔로는 슬픈 것이 아니다. 솔로는 좋은 것이다. 얼마든지 지금 내 삶을 유쾌하고 재미있게 보낼 수 있다. 누구보다 사랑에 대한 생각이 깊어질 수 있다. 누구보다 재미있게 사는 방법을 알 수 있다. 누구보다 열정적으로 일할 수 있다. 애인이 있든 없든 재미있게 살아갈 수 있는 사람이 되게 된다. 열심히 일하고, 열심히 여행하고, 열심히 쉬고, 열심히 사색하는 생활을 한다면, 솔로는 가장 건강하고, 가장 아름다운 삶이다. 우리는 지금 이 순간을 사랑해야 한다.

PART 13

열심히 노력하며
살았는데도
아무 것도 얻지 못해
삶이 허무하다는
생각이 들 때

✮ 　　　　　이 세상을 둘러보면 열심히 살지 않는 사람이 드물다. 다들 열심히 산다. 숯불갈비 집을 하는 사장님은 가게의 주차장에 그런 말도 적어놓았다. "여기에 주차하지 마세요. 저도 먹고 살려고 몇 억 들여서 가게 얻고 장사하는 겁니다." 이 문장을 플랜카드로 해서 가게 주차장에 걸어놓았는데, 나는 그것을 한참 동안 쳐다보았다. '숯불갈비 집을 창업하려면 몇 억이 들고 망하면 인생이 끝나는, 실제로 벼랑 끝의 승부를 하고 있구나!' 라는 생각이 들었고, '먹고 살려고 몇 억 들여서 장사하는 겁니다'에서 어떤 뜨거움과 절박감, 뭉클함을 느꼈기 때문이다.

　삶은 치열하다. 누구나 치열하고 힘들다. 직장생활을 하는 사람들도 힘들고, 자영업을 하는 사람들도 힘들다. 요즘은 직장에서도 하루 14시간 정도 근무하는 사람들이 적지 않다. 일부러 아침 8시까지 출근하고, 퇴근은 저녁 10시쯤에 하라고 시키는 직장도 있다. 대기업의 경우, 토요일, 일요일에 일하는 경우도 있다. 회사에서 시켜서 한다기보다는, 평일에 밀린 일이 많아서 토요일과 일요일에 하지 않으면 도저히 업무를 따라갈 수 없기 때문이다. 서울에 집이 없는 직장인의 경우, 방을 얻고 식사를 해결해야 하는데, 그러면 저축금액도 크게 줄어든다. 일도 하루 14시간 이상, 저축도 1년에 1,000~1,500만 원, 토요일~일요일도 근무, 거기에다가 고용 불안정이 겹친 것이 직장인의 오늘이므로 직장인들의 한숨이 날이 갈수록 높아지고 있다.

부장이나 임원이 아닌 신입사원들도 이렇게 살아간다. 한마디로 말하면 평범한 직장인들도 이렇게 살아간다. 특별한 성과를 거두는 것이 아니라, 평범하게 살아가는 것 자체가 힘든 것이다. 중소기업을 다니는 경우에는 저축금액이 더 적고, 일을 적게 하는 것도 아니다. 중소기업 역시 고용 불안정이 있고, 언제 망할지 모르는 위험성도 안고 있다. 또한, 오너의 입김이 강하게 작용하기 때문에 불합리한 인사도 심심치 않게 있는 편이다. 또, 야근수당도 제대로 지급하지 않는 기업이 전체의 절반을 넘는 상황이다. 중소기업은 더 힘든 것이다.

그렇다고 자영업은 쉬우냐 하면, 그것도 아니다. 프랜차이즈 빵집을 창업하는데도 4~5억 원의 돈이 필요하다. 이 돈은 서민이 모으기란 쉬운 돈이 아니다. 객관적으로 말하면 서민의 재산이 아니다. 이미 프랜차이즈 빵집을 하는 사람들은 대한민국에서 서민이 아니다. 그러나 그렇다고 해서 그들이 많은 돈을 버는 것도 아니다. 15시간 가까이 일하기도 한다. 치킨 집의 경우도 망하는 비율이 70퍼센트 가까이 된다. 식당도 대부분은 망한다. 슈퍼마켓, 편의점은 날이 갈수록 한숨이 높아진다. 올해 벌써 편의점 주인은 3명이나 자살을 했다. 카페 창업도 기본 투자비용이 많이 들고, 망할 확률이 적지 않다. 고기 집도 성공은 쉬운 일이 아니다. 지나가다 보면 간판이 계속 바뀐다.

직장에서 임원이 되지 않은 사람들과 창업해서 성공하지 못하는 사람들은 열심히 살지 않았을까? 아니, 어쩌면 더 열심히 살았을 수도 있다. 그러나 성공하지 못했고, 오히려 실패했다. 그래서 허무한 생각이 많이 들고, 삶 자체에 지쳐버린 사람들이 많다.

한국 사람들은 열심히 산다. 무엇을 하든 그렇다. 공부도 열심히 하고, 일도 열심히 한다. 중국에서 유학 온 중국인들에게 물어보면 그들도 이렇게 말한다. "중국인보다 한국인들이 훨씬 열심히 산다." 우리나라는 무엇을 하든 힘들다. 대기업에서 임원이 1퍼센트 정도라고 하는데, 실제로 대기업에 입사하는 것도 만만한 일이 아니다. 음식점을 창업해서 성공할 확률도 적은데, 대부분의 사람들은 사활을 걸고 한다. 자신의 전 재산을 걸고 하는 인생의 승부이기 때문이다. 목숨 걸고 한다는 표현이 맞으며, 대부분 긴장감이 대단히 높다. 나는 식당에 가면 한 번씩 사장님들하고 이야기를 나누는 편인데, 이야기를 나눠보면 모두들 하나 같이 긴장이 넘친다. 물론 성공을 하는 사장님들은 자신의 입장보다 고객의 입장을 먼저 생각하는 분들이다. 내가 이익 볼 것을 먼저 생각하는 것이 아니라, 상대의 입장부터 배려하는 것이다. 그래서 양을 많이 제공하고, 신선함에 대해서는 절대로 타협하지 않는 고집을 지키는 것이다. 그것은 고객에게 웃으며 음식을 제공하는 친절함을 넘어 마음 속 깊숙이 가지고 있는 삶에 대한 긴장과 현실인식, 그리고 낮은 현실과 타협하지 않는 자세에서 나오는 것이다.

성공은 상대에 대한 깊은 배려에서 나온다. 상대가 원하는 것을 제공할 때 가장 큰 반응이 나오기 때문이다. 따라서 성공이란 "상대방이 정한 룰을 따르는 것"이라고 할 수 있다. 내 기준이 아닌 것이다. 내가 볼 때 이 정도면 된 것이라는 것이 아니라, 상대방의 입장에서 모든 것을 생각하는 것이다. 이것은 표현이 어려운데, '객관적'으로 표현할 수도 있겠지만, 이것만으로는 부족하다. 이것은 다른 경쟁자들이 제공하는 제품과의 비교에서 나올 수도 있겠지만, 그것만으로는 부족하다. 모든 것을 뛰어넘어서, 모든 것을 사람에게 가장 적합하고 유용하게 제공할 수 있을 때 가장 큰 반응을 이끌어낼 수 있다. 이것은 단순히 양을 많이 준다고, 단순히 신선한 재료를 쓴다고, 단순히 친절하다고 될 수 있는 것은 아니다. 모든 것들의 조화가 중요하다. 무엇보다도 인간에게 가장 유용해야 한다. 이론적으로 볼 때 최첨단 과학기술을 접목하면 최고의 제품이 탄생할 것 같지만, 그것이 아니다. 인간에게 가장 좋은 것은 과학기술이 아니라, 그 자체로 인간이 가장 좋아할 수 있는 것이어야 하기 때문이다. 그래서 낮은 가격도 중요하고, 편리함도 중요하고, 무엇보다도 사용하기 좋아야 한다. 음식도 마찬가지다. 무조건 신선하고, 최고급 재료를 넣는다고 될 문제는 아니다. 가격도 적당해야 하고, 무엇보다도 전체적으로 맛이 있어야 한다. 또, 영양가도 중요하다. 그래서 성공이란 결론적으로 살펴보면, '인간에 대한 깊은 이해'에서 나온다. 그것에 모든 것을 걸고 깊은 노력을 한 사람만이 성공을 할 수 있다. 그리고 이것은 오랜 시간 동안 노력하면 빛을 볼 수 있게 된다.

그러나 대부분의 사람들은 성공을 못한다. 왜 일까? 나는 성공에 대한 정의부터 바꾸어야 한다고 생각한다. 상위 1퍼센트가 하는 하나로 줄을 세우는 성공이 아니라, 노력하면 100퍼센트가 성공하는 성공을 말하고 싶다. 실제로 가능하기 때문이다. 수천억, 수백억을 벌어야 성공하는 것이 아니고, 1년에 수천만 원이라도 안정적으로 벌 수 있다면 성공한 것이 아닐까? 그런 안정적인 시스템을 만들고, 그 시스템을 유지할 수 있는 사람은 성공한 것이 아닐까? 나는 그런 생각을 해본다. 그래서 상위 1퍼센트만 하는 성공이 아니라, 우리 모두가 할 수 있는 성공을 이야기하고 싶다. 그리고 우리 모두가 할 수 있는 성공, 단 한명의 낙오자도 없이 할 수 있는 "모두가 성공의 대열에 들 수 있는 낙오자 없는 성공"을 이야기하고 싶다.

나는 내가 정의하는 성공에는 모든 사람들이 들 수 있다고 생각한다. 노력을 하면 말이다. 그러나 많은 사람들은 내가 정의하는 성공에 들지 못한다. 왜 일까? 그것은 조금 힘들다고 계속 피하고 도망가기 때문이다. 즉 하나에서 끝장을 보아야 하는데, 조금 힘든 난관이 나오자 도망을 가는 것이다. 그래서 전혀 새로운 곳에 가는 것이다. 그래서 3년 정도 다시 새로운 것을 배우느라 시간을 보내는 것이다. 그런 뒤에, 어느 정도 수준으로 올라오고 나서 다시 어려운 난관이 나오니, 또 다시 다른 곳으로 도망을 가는 것이다. 그리고 인생을 그런 식으로 계속 사는 것이다. 즉 결정적인 승부수를 볼 타이밍마다 계속 도망만 다니는 인생을 사는 것이다. 이런 인생은 절대로 성공을 못한다. 어디에 가더라도 힘든 고비는 있게 마련이기 때문이다. 여기에 적(敵)이 무섭다고 도망가면 안 된다. 다른 곳에 가면 더 무서운 적이 나타나는 것이 인생의 진실이기 때문이다. 어디나 넘어야 할 적은 있다. 그 적을 쓰러뜨려야 한다.

대부분의 사람들은 능력이 비슷하다. 그것은 서울대를 졸업한 사람이라고 해도 마찬가지다. 서울대 입학생도 법대나 의대에 한해서 그 중 상위 10퍼센트 정도만 우수하지, 나머지는 평범하다고 보아야 한다. 실제 한국인들은 99.99퍼센트 다 평범하다. 결국에는 노력으로 결정된다. 수능점수 몇 점으로 능력이 크게 차이가 난다고 어떻게 단언할 수 있겠는가? 보통 한 단계 차이가 나는 대학은 수능 2~3문제로 결정이 되고, 3단계 정도 차이가 나는 대학은 수능 10문제 정도로 결정이 된다. 그것은 그날의 컨디션이

나 실수 등도 큰 영향을 미친다. 즉 그 정도로 작은 차이는 수십 년이라는 인생을 살아가면서 노력으로 충분히 만회할 수 있다는 말이다.

실패하는 사람들의 특징이 있다. 이것도 잘하고, 저것도 잘한다는 것이다. 팔방미인이다. 그러나 똑 부러지게 잘하는 것은 없다. 그래서 변변치 않은 인생을 살아간다. 그러나 최고의 프로들은 특징이 있다. 하나를 똑 부러지게 잘한다는 것이다. 나머지는 잘하는 것이 별로 없다는 것이다. 그러나 그들은 하나를 매우 잘하기 때문에 특별한 인생을 살아간다.

나이 마흔이 넘으면, 대학을 졸업한지 10년이 지난 때이다. 성과를 거두기에는 충분한 때이다. 만약 미약한 성과를 거두고 있다면, 본인의 잘못이다. 한 곳으로 에너지를 집중하지 못한 본인의 잘못이다. 지금도 늦지 않았다. 어떤 분야든 3년만 죽을 듯이 하면 최고의 실력을 갖출 수 있기 때문이다. 식당이든, 공부든, 음악이든 3년이면 최고의 실력을 갖출 수 있다.

3년 동안 하루 14~16시간 가까이 일하면, 체력적인 부담이 따른다면 하루 12~13시간 정도만 미치면 반드시 실력을 드러낼 수 있게 된다. 그러니 지금도 늦지 않은 셈이다. 3년만 참으면서 하면 되기 때문이다. 모든 일은 하다보면 어려운 일이 나타나게 마련이다. 그때 절대로 물러서지 말아야 한다. 조금만 더 고생하면 된다. 조금만 더 노력하면 된다. 그런 고생과 노력을 두려워해선 안 된다. 몸이 피곤해도 참고 해야 한다. 나도 오늘 몸이 이상하게 아팠다. 온 몸에서 나오는 뼈마디의 피곤함이 있었다. 그래서 어머니는 쉬고 다음날 일을 하라고 했다. 그러나 나는 쉴 수 없다고 했다. 그렇게 타협할 수는 없는 것이 삶임을 알기 때문이었다. 힘들더라도 이겨내면서 가는 것을 습관으로 삼아야 한다는 것을 알았기 때문이다. 나는 어머니에게 이런 말도 했다: "제 마음은 저 앞을 달리고 있는데, 저는 지금 바로 앞밖에 달리고 있지 못합니다. 그래서 쉴 수가 없습니다. 힘들더라도 일을 하면서 나가야 합니다." 우리 모두는 그래야 한다. 몸이 피곤하면 운동을 하고, 좋은 음식을 먹고, 보약을 먹으면서 해나가야 한다.

성공이란 그럴 때 얻을 수 있는 것이다. 식당을 하더라도 치열하게 해야 한다. 고생을 하는 것을 두려워해선 안 된다. 아침마다 시장에 가서 신선한 채소를 구해 와야 한다. 고기 집을 한다면 내가 도축장에 직접 가서 고기를 구해 와야 한다. 전국적으로 유명한 고기 집이 있다면 가서 고기를 먹어보고 배워야 한다. 성공할 수 있다고 생각하고, 열심히 노력해야 한다. 본질에 집중하면서 일을 해야 한다. 식당이라면 고기와 채소, 불, 청결함이다. 직장인이라면 성과를 낼 수 있는 부분에 집중해야 한다. 다양한 자료를 취득하고, 많은 생각을 해보아야 한다. 어디에 가나 열심히 하는 사람은, 드러나게 마련이다. 따라서 좌절은 절대금물이다.

현재 1등은 너무 멀게 느껴질 것이다. 지금은 욕심은 완전히 버리고 그저 최선을 다하면 된다. 그러면서 자기만의 성공공식을 만들어 가면 된다. 그래서 소기의 성과를 거두면 된다. 그러면 희망이 생긴다. 그 희망이 생기는 순간, 사람은 더 열심히 하게 된다. 삶은 죽을 때까지 도전을 놓아선 안 된다. 포기를 해선 안 된다. 있는 힘을 다해서 전진해야 한다. 그것이 자신에 대한 예의이고, 세상에 대한 궁극의 사랑이다. 노력해야 한다. 하면 된다. 1등이 될 각오로 하지만, 꼭 1등이 되지 않아도 좋다. 본질에 집중하면서 작은 성공을 해도 충분하기 때문이다. 장사는 망하지 않는 것만 해도 대단한 것이다. 직장인도 마찬가지다. 해고되지 않고 쓰임을 받으면서 다니는 것만 해도 대단한 것이다. 노력하면 다 된다. 결정적 고비를 넘겨야 한다. 조금 힘들더라도 더 노력하는 것을 습관으로 삼아야 한다. 아무리 적게 일하더라도 하루 12~13시간은 일해야 한다. 움직이는 동선을 최대한 짧게 하면서 집중적으로 일해야 한다. 정신을 차리고 살아야 한다. 그러면 다 되게 되어 있는 것이 인생이다.

나는 나 스스로에게 늘 말한다. "나는 되게 되어 있다." 어떨 때는 하루에도 몇 번씩 말한다. 이것은 자기암시가 아니라, 내 스스로 진짜로 그렇게 느끼기 때문이다. 왜냐하면 노력을 진하게 하고 있기 때문이다. 그러면서 되게 되어 있다는 느낌이 오기 때문이다. 자기 스스로 "나는 되게 되어 있다"는 말을 저절로 할 수 있다면 좋은 것이다. 나는 "나는 되게 되어 있다"는 말을 큰 소리로 하면서 양 팔을 45도 각도로 해서 하늘 위로 뻗는 액션을 동시에 한다. 그러면서 힘을 낸다. 열심히 노력하면 되게 되어 있다.

　삶은 결국에는 고비를 넘겨야 한다. 성공이라는 지점을 도달하기 위해서는 결정적 고비를 넘어야 한다. 그것은 누구에게나 다른 형태로 다가올 것이다. 작은 식당의 경우에는 월 매출 1억 원이 고비일 수도 있고, 영업사원의 경우에는 월 계약체결 건수가 고비일 수도 있다. 누구나 그 고비가 있다. 그것을 넘겨야 한다. 힘들다고 피하면 안 된다. 피하는 순간 끝난다. 성공은 끝난다. 무조건 끝을 보아야 한다. 마지막까지 버텨야 한다. 힘을 내야 한다. 성공이 힘들다고 느껴진다면, 좀 더 노력하는 것으로, 좀 더 수준을 높여서 대응해서 움직여야 한다. 그러면 결국에는 성공에 이를 수 있을 것이다. 성공이란 결국은 정직한 것이기 때문이다.

PART 14

같은 학교를 나온
친구들보다 내 삶이
초라하다고 느껴질 때

☆　　　　　인간은 비교심리를 먹고 산다. 모든 것에서 비교가 이루어진다. 왜 그런가? 사람을 만나면서 살면 옆 사람이 눈에 보이기 때문이다. 우리나라는 좁다. 누가 무엇을 하고 사는지 다 알고, 도시에 산다면 조금만 집 밖으로 나가도 좋은 것들이 펼쳐진다. 외제차가 보이고, 최고급 브랜드들이 즐비하다. 특히 사람은 친구와 만나면서 자극을 받게 된다. 특히 같은 학교를 졸업한 친구라면 더 그렇다. 자극을 받지 않으래야 받을 수 없다. 끊임없이 비교가 이루어진다.

공부를 잘해서 좋은 학교를 졸업한 사람의 경우, 비교심리는 더욱 커진다. 비교심리는 주로 같은 학교를 졸업한 친구들 사이에서 이루어지거나, 비슷한 조건에 있던 사람들끼리 이루어지기 때문에, 좋은 학교를 졸업하게 되면 상대적 박탈감은 더 커지게 된다. 그래서 우울감을 느끼게 되고, 사람들을 회피하게 되며, 자신은 아무 것도 할 수 없다는 자괴감에 빠지게 된다. 그 결과 우울증은 커지고, 현실도피적인 생각도 나오게 되는 것이다.

사람은 비교하는 순간 죽고 만다. 삶의 모든 것이 의미를 잃고 말기 때문이다. 나는 지금 깔끔한 카페에서 글을 쓰고 있는데, 이곳에 오는 사람들 중에는 외제차를 끌고 오는 젊은이들도 있다. 그러면 외제차가 없는 나는 비교를 하면 하찮은 인간이 되게 된다. 나는 이미 인간 그 자체로 최고로 잘 살고 있는데도 말이다. 본질적으로 무엇을 가지고 비교를 하면 안 된다.

대부분의 사람들은 열등감을 가지고 산다. 그것은 그 사람이 최고의 조건을 가지고 있는 것처럼 보여도 그렇다. 왜 그럴까? 사람은 가진 것은 하찮게 여기는 반면, 가지지 못한 것은 끊임없이 동경하며 지내기 때문이다. 이 세상을 둘러보면 내가 가지고 있지 않은 것들을 가지고 있는 사람들이 있다. 내가 키가 작다면, 나보다 키가 큰 사람이 있는 것이다. 내가 가난하다면, 나보다 부자인 사람이 있는 것이다. 내가 비명문대를 졸업했다면, 나보다 더 좋은 대학을 졸업한 사람이 있는 것이다. 내가 대기업에서 근무하고 있다면, 나의 상사가 있는 것이다. 내가 변호사라면, 스타 변호사가 있는 것이다. 내가 열심히 일해서 아파트를 구입했다면, 수백~수천억대의 큰 빌딩을 소유한 사람이 있는 것이다. 이 세상의 모든 것은 비교가 가능하다. 그리고 비교를 하는 순간, 오바마 대통령도 주눅 들고 살 수밖에 없다. 아인슈타인도, 에디슨도, 뉴턴도 모두 패배자가 되게 된다. 비교에서 살아남을 수 있는 사람은 아무도 없기 때문이다.

자기 자신에 대한 자부심이 중요하다. 자기 자신에 대한 믿음이 중요하다. 가난하게 살고 있더라도 이 세상 모든 것을 뒤덮고 남을 자부심이 있어야 한다. 키가 작고 뚱뚱하더라도 내 속에 가득 찬 자신감이 있어야 한다. 누구를 만나든 당당해야 한다. 당당한 모습을 보여주기 위해 당당한 것이 아니라, 자기 안에 든 자신감이 자연스럽게 은은하게 풍겨져 나와야 한다.

사람은 자기 자신에 대한 믿음을 가지고 살아가야 한다. 나는 할 수 있다는, 나는 그 누구와 비교하더라도 무엇도 떨어지지 않는다는 "절대 믿음"을 가지고 살아야 한다. 절대 믿음이란 무엇인가? 나는 이 세상에서 최고라는 것이다. 그런 강력한 자부심을 가지고 살아야 한다. 객관적인 비교를 했을 때 부족할 수는 있을 것이다. 구체적으로 하나씩 들어갔을 때 부족할 수도 있을 것이다. 그러나 괜찮다. 앞으로가 중요하기 때문이다. 내가 자신감을 가지고 노력하면 얼마든지 상황은 바뀔 수 있기 때문이다. 자신에 대한 믿음이 있는 사람과 없는 사람은 20년이 지나면 전혀 다른 삶을 살게 될 확률이 높다. 그런 믿음을 가지고 있으면 그에 합당한 노력을 하며 살 것이기 때문이다. 그래서 중요한 것은 절대적 믿음, 절대적 자신감이다.

사람은 누구나 열등감을 가지고 있다. 그것이 무엇이 되었든 열등감이 없는 사람이란 이 세상에 존재하지 않는다고 해도 과언이 아니다. 완벽하게 보이는 미인은 열등감이 없을까? 아마도 열등 감 투성이일 것이다. 오히려 외모에 민감하기 때문에 자신의 외모 에 대한 비교가 섬세하게 이루어져 외모가 떨어진다고 느낄 수도 있다. 그래서 오히려 성형을 할 수도 있을 것이다. 실제로 수백만 원대의 명품을 가지고 있다는 것은, 자신의 인생이 명품 인생이 아 니라는 것을 다른 수단을 통해 만회해보려는 비겁한 행동일 수도 있다(물론, 월수입이 1,000만 원 이상이 된다면 수백원대의 명품을 가질 수도 있을 것이다). 공부를 잘 하는 사람도 열등감이 있고, 부자도 열등감이 있다. 부족한 점 이 없는 사람이란 아무도 없기 때문이다.

그러나 열등감은 소중한 재산이다. 열심히 노력할 근거를 마련 해주기 때문이다. 열등감이 없으면 사람은 노력하지 않는다. 열등 하기 때문에 노력하는 것이다. 이미 충분하다면 노력은 필요가 없 는 것이다. 가만히 있어도 잘 되는데 왜 노력을 하겠는가? 완벽 한 위치에 오르게 되면 사람은 노력을 안 하게 된다. 가만히 있어 도 술술 풀리고, 주위에서도 알아서 모시기 때문이다. 그래서 실 제로 성공한 기업들은, 승승장구하고 있는 기업들은 노력을 하지 않는다. 그래서 큰 위기를 맞이하게 되는 모습을 많이 보이고 있 다. 항룡유회(亢龍有悔), 그래서 올라가면 내려갈 일만 남게 된다. 배 가 불러서 그만한 노력을 하지 않는 경향이 뚜렷해지기 때문이다.

열등감을 열심히 노력하는 것으로 활용해야 한다. 비교하고 거 기에 좌절하는 것이 아니라, 더 노력해야 한다. 자기 자신에 대한 자신감, 믿음, 자부심을 가지되 노력해야 한다. 그런 노력으로 인생을 바꾸어야 한다. 열등감을 긍정적인 방향으로 활용해야 한다.

가장 좋지 않은 것은 비교를 하여 주눅이 들고, 열심히 노력하지 않는 것이다. 그러면 망한다. 체념하고, 좌절한 상태에서 머물면 망한다. 어떻게든 노력을 해서 상황을 바꾸어야 한다. 비교를 하면서 자극을 받고, 그것을 노력으로 승화시켜야 한다. 부족하다면 메꾸면 된다. 상승시키면 된다. 그런 기회로 삼으면 된다. 그것이 중요하다.

마쓰시타 고노스케도 열등감이 있었다. 그러나 노력으로써 삶을 바꾸어내는 데 성공했다. 최고의 천재라고 할 수 있는 에디슨은 초등학교에서도 쫓겨났다. 아인슈타인은 최고의 과학자이지만 수학을 제외한 거의 모든 과목에서 낙제를 했다. 일본에서 가장 존경받는 인물 1위인 사카모토 료마도 어린 시절에는 울보에 오줌싸개였고, 공부를 못해 사립학원에서도 쫓겨났다.

비교에서 자유로울 수 있는 사람은 아무도 없다. 하버드대 졸업장 위에는 노벨상이 있다. 미스코리아 위에는 연예인이 있다. 에쿠스 위에는 BMW, 벤츠가 있다. 모든 것은 비교하는 순간 끝이다. 최고의 장점도 희석되고 만다. 모든 것은 장점이 있다. 그러나 비교는 그 장점마저 없애 버린다. 따라서 비교는 금물이다. 우울감은 금물이다.

자기에 대한 자존감을 가지고 살아야 한다. 자기를 믿고 살아야 한다. 풀빵을 팔더라도, 지금 뚱뚱하더라도, 지금 자동차가 없더라도, 지금 월세로 살고 있더라도, 지금 전문대를 졸업했더라도, 지금 장애인이더라도, 지금 키가 작더라도, 지금 친구들에 비해 보수를 적게 받더라도, 지금 직장이 유명하지 않더라도, 지금 초라한 곳에서 장사를 하더라도, 지금 그 무엇도 자랑할 것이 없더라도 절대로 기죽지 말아야 한다. 절대로 초라하다고 생각해선 안 된다. 절대로 자신의 대한 믿음을 잃어버려선 안 된다. 다른 사람들보다 내가 못하다고 생각해선 안 된다. 그것이 무엇이더라도, 그것이 어떤 것이든 나보다 위는 없으며, 내가 최고라고 생각해야 한다. 그렇게 생각해야 한다는 것이 아니라, 자연스럽게 그런 생각이 흘러나와야 한다. 실제로 진실이 그러하기 때문이다. 나는 이미 최고이고, 최선을 다해서 살면 내 삶도 어디에 가더라도 꿀리지 않을 수 있는 삶이 될 것이기 때문이다. 나는 얼마든지 할 수 있기 때문이다.

어쩌면 이것은 "자기만의 착각 속에서 사는 것"일 수도 있다. "자기의 생각 속에서 사는 것"일 수도 있다. "객관을 주관으로 뛰어넘으며 사는 것"일 수도 있다. 그러나 삶은 이런 삶이 건강하고 좋다. 실제로 삶은 자기만의 생각으로 사는 것이다. 자기의 눈으로 이 세상을 해석하며 사는 것이다. 이것이 바로 "인문학의 본질"이기도 하다. 자기의 프레임으로 인간과 사회를 해석하고, 그로써 자신의 인생과 세상을 변화시키는 것이 인문학의 본질이기 때문이다.

지금 내 삶이 시궁창 속에 있다고 해보자. 그렇다면 이것은 객관이다. 그러나 나는 이것을 얼마든지 뛰어넘을 수 있고, 나아가 세상까지 변화시킬 수 있다고 생각한다고 해보자. 그렇다면 이것은 주관이다. 실제로 우리는 시궁창이라는 현실에 지배당하며 사는 것이 아니라, 비록 현실은 시궁창이더라도 파라다이스를 보고 최선을 다하며 사는 삶을 살아야 한다. 그래서 끝내는 시궁창을 파라다이스로 변화시키는 진정한 혁명가로 살아야 한다. 그래서 우리는 삶을 현실을 있는 그대로 그리는 것이 아니라, 내 생각대로 현실을 재창조할 수 있는 혁신가가 되어야 한다. 우리는 나와 모두를 위해 내 인생의 혁명가이자 혁신가가 되어야 한다.

삶은 결국은 내 생각대로 결정된다. 왜 그럴까? 생각이 바뀌면 행동이 바뀌고, 행동이 바뀌면 인생이 바뀌기 때문이다. 결국 인생은 생각이 결정한다. 내가 비교라는 프레임에 갇혀 항상 우울하고 최선을 다하지 않고 살 때, 나는 끝내는 패배자가 되고 만다. 세상의 변화는커녕 내 인생도 변화시킬 수 없게 된다. 그런 삶은 실패한 삶이다. 그리고 그런 생각으로 살면 결국에는 실패할 수밖에 없다. 자신에 대한 확신을 가지지 못한 삶을 살 것이고, 그러면 그에 합당한 노력도 하지 않을 것이기 때문이다.

인간은 신(神)이 아니다. 그래서 누구나 실수를 한다. 실패도 한다. 비교도 마찬가지다. 누구나 비교심리를 가질 수 있고, 우울감을 경험할 수 있으며, 죽고 싶다는 생각을 할 수 있다. 누구나 세상 앞에 한없이 주눅 들기도 한다. 사람은 누구나 그렇다. 그래서 가슴이 무너지기도 하고, 세상 앞에 겁이 나서 쓰러지기도 한다. 그러나 이제부터는 달라져야 한다. 그리고 달라질 수 있다. 내가 나를 확고하게 믿는 순간, 나에 대한 확신을 가지는 순간, 나는 달라지기 때문이다. 그리고 그런 생각을 가지는 순간, 최선을 다해서 노력하게 되고, 그 결과 내 인생도 달라지기 때문이다.

이 세상에 완벽한 사람은 없다. 누구나 부족하며, 열등감을 가지고 있다. 문제는 그것을 어떻게 받아들이는가이다. 열등감이 있다면 더 노력하면 된다. 훨씬 더 강한 강도로 노력하면 된다. 그러면 그 단점들도 장점으로 변화된다. 그런 예들은 아주 많다. 열등감을 가진 결과 강력한 노력으로 더 좋은 결과를 얻은 경우는 많고, 단점을 극복하려고 노력한 결과 더 나은 결과를 얻은 경우도 많다. 인생은 노력 앞에 정직하다.

자신에 대한 믿음을 가지고 열심히 살면 된다. 나는 할 수 있다는, 그가 누구라도 뛰어넘을 수 있다는 생각을 가지고 살면 된다. 그래서 그만한 노력을 하면 된다. 그렇게 10년 이상 살아가면 된다. 그러면 어느 순간 내가 열등감을 느끼던 그 대상들을 훌쩍 뛰어넘어 있는 그날을 발견하게 될 것이다. 그리고 그것은 당연했음을 알게 될 것이다. 나를 믿었고, 그만한 노력을 했기 때문에 말이다. 인생은 결국에는 정직한 것이다. 하면 되게 되어 있다. 하늘에 감동 할 정도로 정성을 쏟으면 최고의 결과를 얻을 수 있는 것이 인생이다. 그러므로 좌절은 금물이다. 내 페이스대로 나를 믿고 살아가면, 나는 최고의 역사를 반드시 쓸 수 있을 것이다.

PART 15

내가 너무 초라해
세상의 모든 것에
화가 날 때

☆ 　　　　살다 보면 초라하다는 생각이 들 때가 많이 할 때가 있다. 초라하기 때문에 화가 나고, 때로는 눈앞이 캄캄해 아무 것도 보이지 않을 때가 있다. 그것이 어떤 이유든 죽고 싶은 순간이 오고, 가슴이 무너져내려버릴 것 같을 때가 오는 것이 삶이다. 그럴 때는 어떻게 해야 할까?

그럴 때는 그 순간을 넘기는 것이 중요하다. 그 순간만 넘기면, 그 감정은 사라진다. 가슴이 무너져버릴 것만 같고, 희망은 없어 보이며, 너무 초라해서 견딜 수가 없을 때는, 우선 그 순간을 넘겨야 한다. 그럴 때는 친한 사람과 이야기를 나누면서 힘든 사연을 털어놓으면 좋다. 아니면, 밖으로 나가서 산책을 하면 좋다. 한 5Km 이상만 걸어도 좋다. 그렇게 걷고 나면 풀린다. 그 순간만 넘기면 평상심으로 되돌아오게 된다. 초라함을 극단적으로 경험할 때는 그렇게 그 순간을 넘기도록 해야 한다. 지금은 그것이 전부라고 느껴지더라도, 그 순간만 넘기면 평온해진다. 이내 평온해진다.

사람은 누구나 완벽하지 않다. 누구나 흔들린다. 어떤 자극만 주어지면 극심하게 흔들린다. 그것은 왜 인가? 그것은 인간의 정신과 몸이 분리되어 있지 않기 때문이다. 내가 정신적인 성숙을 위해서 많은 노력을 하더라도, 몸이 정신에 엄청난 영향을 주기 때문이다. 그래서 아무리 정신 수양을 많이 했더라도 몸이 힘들면, 힘든 상황에 처하면, 유혹적 상황에 처하면 견디기 어려워진다. 무시하는 말이나 눈빛을 겪으면 사람은 흔들린다. 멋진 외모의 사람이 지나가면 눈이 가고, 그 사람이 내 앞에 오랫동안 앉아 있으면 일이 되지 않는다. 그저 멀리 떨어져 있는 대상이면 눈에 보이지 않으므로 마음은 흔들리지 않는다. 그래서 나는 내가 완벽한 수양을 이루어내었다고 착각을 한다. 왜냐하면 마음의 흔들림을 경험하지 않기 때문이다. 그러나 그것이 무엇이든 막상 내 앞으로 다가오게 되면 극심한 흔들림을 경험하게 된다.

막상 10억 원에 육박하는 외제차를 주겠다고 하거나, 혹은 50평의 신축 아파트를 주겠다고 제시하면서 접근하면 마음이 크게 흔들린다. 어쩌면 며칠을 잠을 이루지 못할 수도 있다. 왜냐하면 실제로 평생 동안 벌어야 할 돈에 근접하기 때문이다. 그래서 그런 유혹을 받으면 잠을 이루지 못하고, 자기의 모든 것을 잃어버릴 수도 있다. 실제로 이것은 누구나 그렇다.

지금 내 앞에 화려한 미인 혹은 미남이 있다면, 그가 나를 유혹한다면 나는 넘어가게 되어 있다. 넘어가지 않을 것이라고 생각하지만, 실제로 100이면 100 모두 넘어갈 가능성이 높다. 그것은 인간이기 때문이다. 또, 그런 사람이 가까이 있으면 그런 애인이 없는 현재를 초라하다고 생각할 수 있으며, 그런 대상에게 이야기도 건네지 못하는 자신이 초라하게 느껴질 수도 있다. 그런 초라함은 의외로 엄청나게 강한 초라함일 수도 있다.

이 세상의 모든 것은 경험하면 경험할수록 더 그 맛을 알게 된다. 그래서 오히려 산속보다는 도시에서 사는 삶이 흔들림이 크다. 오히려 그냥 방안에서 사는 것보다 적극적으로 모든 것을 경험하며 사는 삶이 흔들림이 크다. 왜냐하면 좋아하는 것을 보기 때문이다. 보았는데도 그것을 가질 수 없는 괴로움을 온 몸으로 느끼기 때문이다. 흔들림이 없는 사람은, 나를 흔드는 그 대상이 눈에 보일 때 눈을 아예 감아버리는 사람이다. 나의 자극기관을 아예 열어버리지 않는 것이다. 이것이 사실은 가장 현명하다. 그것을 본 이상 마음의 힘으로 극복하기 어렵기 때문이다. 그것이 진실이다. 노력은 한계를 명백하게 드러낸다.

우리가 이 세상의 모든 것을 가질 수 있다면, 흔들릴 일은 존재하지 않을지도 모른다. 내가 원하는 것을 생각하는 순간, 그것이 내 것이 된다면, 세상의 고민은 없을지도 모른다. 그러나 이 세상의 거의 전부는 내가 가지고 싶다고 해서 가질 수 있는 것이 아니다. 엄청난 노력을 하더라도 그것을 가진다는 것은 장담하기 어렵다. 목표도 그렇고, 사랑하는 사람도 그렇고, 돈도 그렇고, 사람들과의 관계도 그렇다. 대부분이 다 그렇다. 그래서 어려움이 존재한다.

우리가 초라함을 경험하는 것은 자신의 무능력을 목격하기 때문이다. 그래서 자신이 아무 것도 할 수 없다고 생각하기 때문이다. 그러나 누구나 무능력하다. 또, 그것을 감당할 정도의 힘이 없으면 현실은 감당할 수가 없는 것이다. 만약 그것을 요행으로 얻었다 하더라도 그것을 지킬 수는 없게 된다. 왜냐하면 그것을 계속해서 지킬 수 있는 힘이 없기 때문이다. 예를 들어 성공을 하고 싶다고 해보자. 그래서 성공을 했다고 해보자. 그렇다면 성공을 유지하는 것이 관건이 된다. 이때부터 진짜 실력이 나온다고 해도 과언이 아니다. 그러나 만약 진짜 실력이 없다면 어떻게 될까? 곧바로 그 성공은 사라지게 될 것이다. 그것을 유지할 수 있는 힘, 지킬 수 있는 힘이 없는 상태에서의 성공은 결국은 떠나가는 수순을 밟게 되어 있는 것이다.

그것은 사랑도 마찬가지다. 화려하고 멋진 외모를 지닌, 그러나 씀씀이는 큰 애인을 사귀는 데 성공했다고 해보자. 한 달에 100~200만원 가까이 그녀 혹은 그가 쓰는 돈은 현재는 그(녀)의 부모가 뒷바라지하겠지만, 나중에는 본인이 감당해야 할 것이다. 혹은 분담해야 할 것이다. 결국 그럴 만한 여건이 되지 않으면,

유지가 안 되는 것이다. 지금 한국에는 이혼이 많은데, 전 세계적으로도 최고의 이혼율을 자랑하는데, 그것 중에는 이런 큰 씀씀이도 분명 포함이 될 것이다. 결혼 전에 외제차를 타고 다니고, 좋은 옷과 음식은 다 먹고 다녔는데, 결혼 후에는 한계가 드러나고, 그것에 대해 견디지를 못하는 것이다. 그 결과 이혼이 많은 건 아닐까? 분명, 그런 점도 이혼에 있어 한 몫 할 것이다. 그것이 이혼의 숨어 있는 이유일 수도 있다.

이 세상의 모든 것은 내가 감당할 힘이 되지 않는다면, 나서면 안 된다. 나서보아야 성과를 거둘 수 없기 때문이다. 지금 초라하다면, 힘을 갖추어야 한다. 노력해야 한다. 지금 그것을 갖고 싶다고 해도 전혀 가질 수가 없다. 신입사원 시절에 자동차를 가진다면, 돈 모으는 것은 물 건너 간 것이라고 보아야 한다. 실제로 주유비, 보험료, 수리비 등을 포함해서 자동차를 타고 다니면 음식을 먹거나 좋은 곳의 입장료를 내는 등 부수적인 비용이 많이 들기 때문이다. 지금은 가지고 싶은 것을 못 가질 수도 있다. 지금은 애인이 없을 수도 있다. 지금은 자동차가 없을 수도 있고, 월세에서 살 수도 있다. 지금은 모든 면에서 초라할 수도 있다. 그러나 초라해야 한다면, 초라해야 한다. 우리는 현실을 감당할 수 있는 무게만큼만 감당하며 나가야 한다.

가령, 가게를 하더라도 그렇다. 감당할 수 있는 평수의 가게를 오픈해야 한다. 보수적으로 해야 한다. 폼 나는 것은 뒷문제다.

조금씩 해서 알차게 운영을 해야 하고, 그런 뒤에 확장을 해야한다. 이것은 인생살이 전반에 있어 적용된다. 집도 처음에는 월세에서 전세로 가야하고, 나중에 때가 되었을 때 구입을 해야 한다. 자동차도 천천히 사도된다. 소비를 줄일 때는 줄여야 한다. 필요없는 소비는 최대한으로 줄여야 한다. 그런 자세가 필요하다.

물론 이렇게 살면 평소에는 괜찮다가도, 갑자기 우울해서 죽고 싶을 때가 있을 것이다. 갑자기 삶이 초라해서 견딜 수가 없을 때도 있을 것이다. 기분 좋게 시간을 보내려고 카페에서 책을 읽고 있는데, 외제차를 타고 온 사람을 볼 때, 멋진 애인을 대동하고 온 사람을 볼 때 초라하게 느껴질 수 있다. 지금 50대이고 친구들은 모두 집을 갖고 있는데, 나 혼자만 집을 갖고 있지 못할 때 초라함이 느껴질 수 있다. 교회의 사람들과 모임을 갖는데, 모두들 집을 돌아다니면서 모임을 갖는데, 나는 집이 너무 좁아서 사람들을 초대하지 못할 때, 초라할 수 있다. 그러나 그런 기분을 이겨내야 한다. 그런 기분을 유쾌하게 날려버려야 한다. 지금은 어쩔 수 없는 일이기 때문이다. 그렇다고 해서 지금 외제차를 사고, 애인을 사귀며, 넓은 집을 살 수는 없기 때문이다. 꼭 하려고 하면 하겠지만, 무엇보다 중요한 것은 내실 있게 사는 것이다.

실속 있게 사는 것, 내실 있게 사는 것이 중요하다. 속을 꽉 채워가면서 안전하게 사는 것이 중요하다. 삶을 기업을 경영하듯이 신중하게 살아가는 것이 필요하다. 항상 안전하고, 내실을 최우선적으로 생각해야 한다. 지금 기반을 잡아야 할 때라면, 무엇보다도 기반을 잡는데 집중해야 한다. 다른 것은 모두 잊어야 한다. 가질 수 없기 때문이다. 생각하면 괜히 지금 일에 방해만 되고, 마음만 괴롭기 때문이다. 그리고 그것을 가지면 실제로 내실은 약해지기 때문이다. 어쩌면 삶의 진실이란 이렇게 잔인한 면도 있다. 하고 싶은 대로 못 하니까 말이다.

이렇게 살면 때때로 화가 날 때도 있을 것이다. 그러나 지금 내가 해야 할 일에 집중해야 한다. 지금 그렇게 하지 않으면 내 인생은 계속 시궁창일 것이기 때문이다. 계속 별 볼일 없을 것이기 때문이다. 노력에 모든 것을 걸어야 한다. 그것이 지금은 필요하다.

나도 삶이란 모든 것을 즐기면서 사는 것이 좋다고 생각한다. 좋아하는 차도 사고, 애인도 사귀고, 넓은 집도 사고, 해외여행도 자주 가고, 맛집 투어를 하는 것이 필요하다고 생각한다. 그러나 적어도 지금은 때는 아니다. 그럴 때가 아니기 때문이다. 그런 것을 할 수 있는 여건이 되지 않기 때문이다. 지금 초라하다면, 모든 것을 다 잊고, 최선을 다하는 수밖에 없다. 주변에서 무슨 일이 있든 말든 신경 쓰지 말고, 내 길만 가는 태도가 절대적으로 필요하다. 주위를 보면 속이 쓰려서 견딜 수 없을 것이기 때문이다. 오랜 기간 동안 자신의 길만 간 사람이라도 옆으로 눈을 돌리는 순간 멘탈 붕괴를 경험하게 된다. 왜냐하면 사람이란 모두 좋은 것을 가지고 싶기 때문이다. 그래서 초라할 때는 옆을 지나치게 보지 않도록 하는 것이 필요하다. 그러면서, 지금 해야 할 일을 무조건 해야 하다. 나의 일을 기반 위에 올리도록 하고, 저축을 열심히 해야 한다. 그런 희망을 만들어갈 때, 만들 때에만 내 삶은 달라질 수 있다.

때로는 이성이 마비될 정도의 엄청난 흔들림을 경험할 때도 있을 것이다. 그럴 때는 자살을 하는 것이 유일한 선택으로 느껴질 것이다. 그때는 범죄라도 하고 싶은 생각이 들 것이다. 그때는 내마음대로 내 하고 싶은 대로 하고 싶을 것이다. 그러나 그 순간만 넘기면 된다. 그때는 밖으로 나가서 몸을 움직이면 된다. 사우나에 가서 땀을 빼면 된다. 운동을 하면 된다. 산책을 하면 된다. 친한 친구와 열심히 떠들면 된다. 그러면 다 풀린다. 그러니 절대로 악한 유혹에 빠져서는 안 된다. 그 순간만 넘기면 평온함을 되찾게 되기 때문이다. 그 순간이다.

인간은 강하면서도 약한 존재다. 평소에 강하다가도 갑자기한없이 약해지는 존재가 인간이다. 그래서 순식간에 약한 생각을하게 된다. 자살도 우발적인 경우도 많다. 충동적인 자살인 것이다. 살인도 우발적으로 일어나는 경우가 대부분이다. 그 순간만참으면 된다. 힘들 때는 몸을 풀면서 적극적으로 치고 나가도록해야 한다. 나를 흔드는 유혹에서 멀리 떨어져서 바라보면 혹은생각해보면 아무 것도 아니라는 것을 알게 된다.

인생은 살만한 가치가 있는 것이다. 인생에는 좋은 것이 많다.

아름다운 대자연이 멋지게 펼쳐지고 있다. 태평양에 가면 지금도 엄청난 풍광이 있다. 로키 산맥에 가면 장엄한 아름다움이 펼쳐진다. 캐나다 벤쿠버의 나무들을 보면 마음이 넓어진다. 지금 우리가 있는 이곳에서도 제주도에 가면, 설악산에 가면, 아니 가까운 산에만 가도 새로운 세계가 펼쳐진다. 이 세상에서 스스로 목숨을 끊는 것보다 어리석은 선택은 없다. 더 넓은 곳을 보아야 한다. 지금이 전부가 아니라는 것, 지금 느끼는 내 감정이 전부가 아니라는 것을 알아야 한다. 그래서 더 넓은 곳으로 가야하고, 지금의 기분에서 깨어나도록 해야 한다. 그것이 중요하다.

초라하다고 느낄 때는 적극적인 노력을 해야 한다. 그래서 삶의 희망을 만들어가야 한다. 누구를 탓하더라도 상황은 바뀌지 않는다. 그것을 가지고 싶다고 해도 세상에 공짜는 없다. 그것을 감당할 힘과 능력이 없으면 결국에는 사라지고 마는 것이 이 세상의 모든 것이다. 결국에는 내 노력으로 모든 것을 만들어가야 한다. 도달할 수 없는 그곳을 쳐다보느라 초라함을 느끼지 마라. 가질 수 없는 그것 때문에 초라함을 느끼지 마라. 그 대신, 지금 내가 할 수 있는 일에 모든 노력을 쏟아 부음으로써 내 삶의 희망을 만들어라. 그것이 지금 나와 당신이 선택할 수 있는 유일한 대안이다. 우리들은 모두 우리 스스로 삶의 희망을 만들어나가야 한다.

PART 16

부자들의 삶이
오를 수 없는 산처럼
느껴질 때

☆　　　　　우리들은 흔들리며 산다. 흔들리지 않고 사는 사람은 없다. 모두 흔들린다. 특히 경제적으로 가난하면 많이 흔들린다. 우리들은 건강하다는 전제 하에 대부분을 돈을 생각하며 보낸다. 먹고 사는 걱정에서 한시도 떠날 날이 없다. 이것은 개인 사업을 하는 사람들은 특히 심한데, 많은 사람들이 일요일에도 일을 한다. 일요일에 일을 하지는 않지만, 일 생각을 하며 보낸다. 실제로는 일하는 꿈도 꾼다. 꿈속에서도 일을 하는 것이다. 나도 그런 경험이 있다.

그러나 그런 노력을 해도 부자가 된다는 생각은 품기 어려워진 사회가 지금이다. 100억 원 정도 벌기는 거의 꿈에 가까워졌다. 실제로 서민들은 10억 원의 재산도 멀게 느껴진다. 현실을 말하면, 10억이 아니라 먹고 사는 것도 어려워졌다. 1년에 3,000만원을 30년 간 저축해야 이자를 포함해 10억 원 안팎이 되는데, 연봉도

3,000만원이 되지 않는 사람들이 대부분이다. 더군다나 고용 불안정까지 겪고 있기 때문에, 항상 먹고 사는 문제를 떠날 수 없다. 결국 부자는커녕 먹고 사는 것까지도 할 수 없는 현실에 직면해 있고, 그것도 열심히 해야 겨우 가능한 현실에서 많은 사람들은 절망하고 있다. 그래서 자살을 하는 사람이 계속 늘어나고 있다.

자살은 현실을 도피할 때 나오는 행동이다. 현실을 적극적으로 극복하지 않고 도망가는 행동이 바로 자살이다. 가장 편하게 선택할 수 있는 길이라고 생각하는 것이다. 그러나 현실을 극복하려는 자세가 중요하다. 그런 적극적인 자세로 살아야 달라지는 것이 삶이기 때문이다.

물려받은 것이 없다면 현실적으로 큰 부자가 되기는 어렵다고 인정하는 것이 편하다. 그리고 평생 화려하고 좋은 것은 안 가져도 상관없다는 마음을 가지는 것이 좋다. 그런 자세로 살지 않으면 살 수가 없기 때문이다. 자신이 감당할 수 있는 범위 내에서 소비를 하겠다고 생각하고 살아야 한다. 물론, 남들이 부러울 수도 있고, 박탈감을 느낄 수도 있으며, 자신이 한심하다고 생각들 때도 있을 것이다. 그럴 때 자살이 화를 다스릴 수 있는 길이라고 생각되기도 할 것이다. 또, 좋은 것을 못 누릴 바에야 목숨을 끊는 것이 좋다고 생각할 수도 있을 것이다. 그러나 삶이란 작은 것에서도 감동을 누릴 수 있는 것이다.

당신이 부러워하는 부자들의 삶의 실체는 무엇인가? 기껏해야 큰 아파트, 외제차, 해외여행, 명품, 골프회원권, 잦은 외식, 가사도우미 정도일 것이다. 물론 이 외에도 더 있을 것이나, 생활을 좀 더 편리하게 하는 것일 것이다. 그러나 이것은 모두 있으면 편하고 기분이 좋겠지만, 없다고 해서 혹은 안 한다고 해서 기분이 나쁜 것만은 아니다. 비 피할 집이 있으면 되는 것이고, 이동수단이 있으면 되는 것이며, 해외여행은 가까운 곳은 가볼 수도 있는 것이다. 명품은 사용하지 않아도 아무 문제가 없고, 골프 대신 산책을 하면 되며, 소박한 외식을 하면 되고, 집에서 해먹는 것도 맛이 있다. 가사도우미 대신 집에서 자기가 모든 것을 다 하는 것이 건강에도 좋다. 그 외에도 다양한 것들이 있을 수 있겠지만, 없어도 큰 문제는 없는 것이다. 또, 없다고 해서 불행한 것도 아니다. 그것이 없더라도 소박하게 그것을 대신할 수 있는 것들은 많으며, 그 속에서도 충분히 행복을 경험할 수 있다.

가족들과 함께 앉아서 먹는 된장찌개가 가장 맛있는 음식이다. 모델이 아니더라도 나를 이해해주는 착한 마음을 지닌 여자 친구가 내 마음에 감동을 불러일으킨다. 반드시 유럽을 여행하지 않더라도 우리나라에도 좋은 곳은 많다. 돈을 쓰면서 얻는 행복이란 생각보다 크지 않다. 없을 때는 그것이 있으면 모든 것을 얻은 것처럼 느껴지지만, 실제로 그것은 가지는 순간 아무 것도 아니게 느껴지기 때문이다. 즉 그것에 익숙해져버리는 것이다. 사람이 행복을 느낄 때란 계속 변화할 때이다. 계속 발전할 때이다. 처음부터 모든 승부가 끝나버린 삶은 싱겁다. 그런 삶은 묘미가 없다.

행복이 없다. 그런 삶보다 하나씩 일구어가는 기쁨, 승진하는 기쁨, 창업 이후 조금씩 성장하는 기쁨이 제대로 된 기쁨이고, 행복이다. 변화를 경험하기 때문이다.

사람은 누구나 부자가 되고 싶어 한다. 당연한 일이다. 그러나 대부분의 사람들은 부자가 되지 못할 것이다. 앞으로 디플레이션이 심화되면 부자가 아니라 그저 먹고 사는 것만도 감사해야 하는 일이 현실이 될 것이다. 결국은 현실에 대한 만족과 감사가 필요해지는 것이다.

그러나 진취적으로 사는 것은 필요한 일이다. 도전적으로 사는 것 또한 필요한 일이다. 그런 정신이 있어야만 결국에는 상황을 변화시킬 수 있기 때문이다. 그러나 마음을 비우고 떠나야 한다. 그래야 더 멀리갈 수 있다. 또, 편안할 수 있다. 오히려 마음을 비우고 부담감을 완전히 떨쳐버린 뒤에 일을 하면 편안하기 때문에 더 잘할 수 있게 된다.

우리들은 부자들의 삶을 부러워하거나, 부자들의 삶을 보며 괴로워할 필요가 없다. 그저 편안하게 삶을 살아가면 된다. 그것으로 충분한 것이다. 가질 수 없는 것을 가지려고 애써보아야 달라지는 것은 없다. 오히려 내 마음만 괴롭다. 그저 편하게 살면, 그것으로 충분하다.

어제 밤에 자기계발의 작가 구본형씨가 별세하셨다. 향년 59세로 너무 젊은 나이에 떠나셨다. 나는 구본형 작가님의 책을 한 권도 빠짐없이 모두 읽었다. 나의 페이스북 친구이기도 하셨다. 그러나 인사를 건네지 않았다. 언젠가 만날 기회가 있을 것이라고 생각하고 있었기 때문이다. 그러나 어제 갑자기 떠나셨다. 59세면 아직 한창인 나이인데, 떠나신 것이다. 나는 지금까지 그런 경험이 많다. 강아지가 어느 날 갑자기 죽고 말았다. 10년이고, 20년이고 함께 살 것처럼 생각했는데, 어느 날 갑자기 죽어버린 것이다. 예고도 없이 말이다. 결혼하고 싶은 여자도 그때를 놓치면 다른 사람과 결혼을 하고 없는 경우가 많다. 지금이 아니면 내일이면 어떻게 될지 모르는 것이 삶이다. 그가 떠날 수도 있지만, 내가 이 세상을 떠날 수도 있다. 이별이란 갑자기 예고도 없이 이루어지는 것이기 때문이다. 그래서 오늘을 충분히 누려야 한다.

그러나 우리들 대부분은 도달할 수 없는 그곳을 보며 오늘을 낭비하고 있다. 오늘은 오직 오늘 하루뿐이다. 내일은 어떻게 될지도 모른다. 죽음이 멀게 느껴지는가? 결코 멀지 않다. 조만간 죽는다. 40대에 떠날 수도 있고, 50대에 떠날 수도 있다. 내일 갑자기 교통사고로 떠날 수도 있다. 그때도 살아 있다고 100퍼센트 장담할 수 있는 사람은 아무도 없다. 그것은 불가항력의 영역이기 때문이다. 오늘을 잘 보내야 한다. 떠나고 나서 후회하면 아무 소용없다. 오늘의 삶을 아끼고 사랑해야 한다.

구본형 작가님이 떠난 것을 보면서 미처 인사를 건네지 못한 아쉬움이 진하게 남았다. 그리고 50대에 떠나시는 모습을 보면서, 내 삶을 보다 충실히 살아야겠다는 다짐을 하게 되었다. 언제 떠날지 모르기 때문이다. 지금 내 삶은 무엇보다 소중하다. 지금 잘나가건 초라하건 그것은 중요한 것이 아니다. 지금 내 삶이 내 삶의 전부다. 무엇을 이루어놓았느냐는 중요한 것이 아니다. 떠나면 모든 것이 허물어지기 때문이다. 그것은 의미가 없기 때문이다. 구본형 작가님의 명복을 가슴 깊이 기원한다.

오늘의 삶을 낭비해선 안 된다. 도달할 수 없는 그곳을 보면서 괴로워하고 있다면 지금 당장 멈추어야 한다. 그렇게 살아선 안 되기 때문이다. 나나 당신이나 조만간 이 세상을 떠날 것이기 때문이다. 오늘이 삶의 전부이기 때문이다. 초라하더라도 오늘 길을 걸으면 푸른 나무를 볼 수 있고 맑은 하늘을 볼 수 있으며 시원한 바람을 마음껏 맞을 수 있다. 얼마든지 행복한 마음을 경험할 수 있다. 내 일을 열심히 하면 단 한 사람에게도 도움을 줄 수 있게 된다. 짜장면을 만들어 팔아도, 환경미화원으로 새벽에 청소를 해도 도움을 줄 수 있게 된다. 그래서 지금 삶은 의미를 지니게 된다. 삶의 위치나 그런 것은 중요한 것이 아닌 것이다.

현실이 힘들 때는 오히려 현실을 떠나야 한다. 그리고 모든 것을 버린다고 생각하고 죽음을 생각해보아야 한다. 죽음 앞에서는 모든 것이 진실을 드러내기 때문이다. 내가 하고 싶은 것, 가고 싶은 곳, 기대하는 것, 소중한 것이 그 모습을 뚜렷하게 드러내기 때문이다. 인생에서 돈은 중요하지만, 부자가 되는 것도 좋겠지만, 그것은 정말로 중요한 것은 아니다. 내 가슴이 살아 있는 삶, 내가 행복한 삶, 내 마음이 편안한 삶이 내가 원하는 삶이 아닐까? 지금 통장에 100억 원이 들어 있는 삶이 아니라, 그저 길을 걸으며 사람들의 온화한 미소를 보고, 지저귀는 새를 보고, 푸르디푸른 나무들을 바라보는 것 아닐까? 그저 내 마음을 이해해주는 사람과 함께 이야기를 나눌 수 있는 것 아닐까? 성공이 아니더라도 책상에 앉아서 내 일을 열심히 하는 것 아닐까? 부족하면 부족한대로 최선을 다하면서 노력하는 삶이 아닐까?

인생은 달콤하다. 생각보다 훨씬 달콤하다. 실제로 북극곰과는 악수를 할 수는 없겠지만, 내 생각으로는 얼마든지 악수를 할 수 있다. 내 마음을 그렇게 가지면 그렇게 생각된다. 한강변을 산책한 뒤 오뎅을 두어 개 먹으면서 하늘을 보면 어떨까? 기분이 아주 좋지 않을까? 호텔에서 랍스타를 먹지 않더라도 충분하지 않을까? 아름답게 살아갈 수 있지 않을까? 느티나무 아래서 사랑하는 사람과 이야기를 나누면 얼마나 행복할까? 그러면서 얼굴을 손으로 만지면 기분이 어떨까? 그러면서 눈을 지그시 보는 것만 해도 행복하지 않을까? 사랑하는 사람과는 버스를 타고 여행해도 너무 기쁘고 즐겁게 마련이다. 그저 그 순간이 아름답게 느껴진다.

삶은 지금으로 충분하지 않을까? 건강한 두 다리로 산책을 할 수 있다는 것은 얼마나 큰 행복인가? 두 눈이 보이기 때문에 일을 할 수 있다는 것은 얼마나 큰 행복인가? 건강해서 음식을 맛있게 먹을 수 있다는 것은 얼마나 큰 행복인가? 귀가 먹지 않았기 때문에 감미로운 음악을 감상할 수 있다는 것은 얼마나 큰 행복인가? 삶의 행복은 일상에 있다. 내 마음 속에 있다. 이미 행복은 내 곁에 있고, 이미 가질 수 있는 것이다. 행복은 이미 내 안에 있는 것이다.

인간은 흔들리며 살게 되어 있다. 완벽한 사람은 없기 때문이다. 그래서 괴로움을 때때로 경험한다. 그러나 다시 되돌아오면 된다. 다시 평상시대로, 평온한 마음으로 되돌아오면 된다. 누구나 항상 좋을 때는 없다. 괴로울 때도 있고, 그럴 때도 있어야 마음공부가 된다.

우리는 지금 이 순간을 살자. 멀리 있는 것을 보며 소중한 지금을 놓치지 말자. 오늘이 지나면 내일은 어떻게 될지 알 수 없다. 조금만 시간이 지나면 소중한 사람이 떠난다. 그리고 어느 날은 그 사람이 나 자신이 될 것이다. 지금을 후회 없이 보내야 한다. 지금을 모두 누리며 살아야 한다. 이미 나는 모든 것을 가지고 있다. 나는 행복할 조건을 모두 가지고 있다. 조금 부족하더라도 얼마든지 행복할 수 있는 것이 삶이다. 얼마든지 가능하다. 우리는 이제부터 삶을 즐길 일만 남았다. 이 세상의 모든 것을 누리겠다는 마음을 가지는 순간 행복은 이미 내 것이 된다. 중요한 것은 마음의 결단이다. 이미 행복은 내 곁에, 내 안에 있기 때문이다.

PART 17

갑자기 병원으로부터
암에 걸렸다는 소식을
들었을 때

☆   병원으로부터 암이라는 판정을 받으면, 특히 말기암이라는 판정을 받으면 이제 사는 날이 얼마 남지 않았다는 말이 된다. 그럴 때 사람이 느끼는 절망감이란 상상할 수 없을 정도일 것이다. 너무 슬플 것이고, 너무 큰 충격일 것이다. 암이 아니더라도 백혈병에 걸리거나, 실명이 되거나 하면 인간은 큰 좌절감을 경험할 것이다. 특히 병원 측으로부터 '6개월 사형선고'를 받으면 막막함이 더 해질 것이다. 그래서 스스로 목숨을 끊으려고도 할 것이다.

나의 부친도 내가 3살 때 재생불량성 빈혈로 경북대 병원 측으로부터 '6개월 사형선고'를 받으셨다. 그때 아버지는 33살이셨다. 아버지는 당시 어떤 기분이셨을까? 아마도 막막했을 것이다. 지금 내 나이와 비슷한 나이인데, 이것은 감당하기가 쉬운 일이 아니다. 팔팔한 30대 초반인데, 6개월 후에 죽는다니, 그것도 최고의료기관인 대학병원에서 그런 말을 하다니, 어떤 심정일까? 아마도 모든 것을 포기하고픈 심정일 것이다. 대부분의 사람은 삶의 희망을 잃고 말 것이다.

그러나 나의 부친은 죽을 때 죽더라도 무언가를 해놓고 떠나야 한다고 생각하셨다. 그래서 새마을금고를 창립하셨다. 출자금을 모으러 사방팔방으로 뛰어다니셨고, 전국 최연소로 직선에 의한 새마을금고 이사장이 되셨다. '6개월 사형선고'를 받은 몸으로 말이다. 아버지는 죽도록 뛰어다니셨다. 코피를 막고 돌아다니셨으니 말이다. 이미 6개월 후에 죽을 몸이었으므로, 돌아다니다 죽어도 상관없다는 마음이셨으리라. 그래서 죽을 각오를 돌아다니셨으리라. 그렇게 부친은 목숨을 걸고 뛰어다니셨다. 그랬더니 6개월 후에도 살아 있을 수 있으셨다. 결국 아버지는 14년 정도를 더 사시다 돌아가셨다. 대학병원으로부터 사형선고를 받았는데 말이다.

그러나 당신(아버지)이라고 좌절이 없었을까? 죽고 싶지 않았을까? 6개월 후에 죽는다는데 쓰러지지 않았을까? 당연히 쓰러지셨을 것이다. 더군다나 노력으로 나을 수 있는 병이 아니었기 때문에, 사실상 언제든 죽는 것은 예정되어 있는 것이었다. 거기다가 합병증이 심했다. 당뇨병이 왔고, 백내장이 왔으며, 관절염도 왔다. 설사와 가려움은 매일 겪는 일상이었다. 관절염이 있으니 온 뼈마디가 아플 수밖에 없었다. 심한 당뇨병으로 인해 매일 인슐린 주사를 맞아야 했다. 인슐린 주사 값도 만만치 않았기 때문에 한 번 놓았던 주사를 몇 번이곤 사용했는데, 그러면 주사바늘이 무 뎌져 바늘로 찔러도 피부로 파고들지 않았다. 들어가지 않는 무 딘 바늘을 찌르면 예리한 바늘로 찌를 때보다 훨씬 더 아프다. 아 버지는 아픔을 참고 주사를 놓으셨다. 문제는 코피가 사흘에 한 번 이상 난다는 점이었고, 코피가 나면 며칠이나 멈추지 않는다는 점이었다. 몸에 혈소판이 부족했기 때문이다. 그래서 코피가 한번 나면 한밤중에도 응급실로 가야만 했다. 새벽 3시고 4시고 가릴 수 없었다. 응급실에서 응급처치를 하지 않으면 죽을 수밖에 없었 기 때문이다. 그래서 새벽 3시라도 코피가 나면 즉시 대학병원으 로 갈 수밖에 없었다. 새벽 3시와 같은 한밤중에는 택시를 타고 갔다. 아버지가 대학병원에 도착하면 며칠을 수혈을 하는 수밖에 없었다. 아버지는 수혈을 달고 살았다. 결국 아버지의 마지막은 남의 피를 너무 많이 맞아서 자신의 몸속의 피가 썩어 버리는 패 혈증으로 돌아가시게 되었다.

아버지라고 이 모든 상황 속에서 좌절하지 않을 수 있었을까? 아버지라고 언제나 용기 있고 씩씩하게 살 수 있었을까? 절대 아 니었을 것이다. 아버지는 온 몸이 아프다고 하셨고, 매일 아픈 인 슐린 주사를 맞았으며, 코피를 달고 살았고, 당뇨가 있을 때는 저혈당으로 식은땀을 흘릴 때도 많았다. 그때는 무조건 설탕을 막 퍼먹는 수밖에 없었다. 그것은 일종의 사투(死鬪)였다.

결국 아버지는 자살을 결심하셨다. 이대로 살아도 병이 낫는 것도 아니고, 가족들도 할 짓이 아닌 것을 보고 자살만이 유일한 구원이라고 생각하셨던 것이다. 그래서 새벽에 몰래 넥타이 하나를 들고 밭으로 갔다. 목을 매서 자살하려던 생각이었던 것이다. 그러나 할아버지는 넥타이를 들고 아들이 나가자, 자살을 직감하고 아버지를 따라나섰다. 그래서 아버지의 자살을 막으셨다. 할아버지는 아버지에게 이런 말을 했다. "내가 살아 있을 때 그런 일(아들의 자살)은 못 본다. 아무리 힘들어도 너는 내가 지킨다." 그렇게 이야기를 하셨다고 한다.

아버지는 그 말을 듣고 자살을 하지 않으셨다. 그리고 할아버지, 할머니도 아버지를 간병하느라 고생을 많이 하셨다. 대학병원에 입원하면 할아버지는 새우잠을 자며 아버지를 간병하셨다. 대학병원에서 수술을 하고 한 달 정도 입원하면 병원비가 1,000만 원 정도 나온다. 나의 아버지는 경북대 병원이 생긴 지 역대 두 번째로 입원을 많이 하였다. 당연히 병원비가 많았다. 할아버지는 조금이라도 돈을 아껴보고자 식사를 굶기도 많이 굶으셨다. 모든 식사를 사 먹으려면 돈이 많이 들기 때문이었다. 병원의 간이침대에서 잠을 자고, 식사도 부실하니 할아버지 눈이 푹 꺼져 있을 때도 있었다. 할머니도 고생을 많이 하셨고, 할아버지도 힘드셨다.

그러나 모두 최선을 다해서 사셨다. 절대로 생명을 포기하지 않으셨다. 누구에게 하소연도 하지 않으셨다. 그저 꿋꿋하게 열심히 사셨다. 항상 열심히 사셨다. 아버지도 최선을 다했고, 할아버지, 할머니도 그러셨다. 마지막 날까지 그러셨다. 그러면서 힘든 날도 있었지만 그 속에서 즐거움을 느끼며 사셨다. 재미를 느끼고 보람 있는 삶을 사셨다.

6개월 사형선고를 받으면 죽고 싶을지도 모른다. 희망이 없다고 느껴지기 때문이다. 그러나 그 6개월이라도 충실하게 살면 지나온 삶보다 훨씬 더 많은 일을 할 수 있을지도 모른다. 그 6개월이 내 삶의 가치를 바꾸어놓을지도 모른다. 그래서 그 6개월 동안 하고 싶은 일을 하는 것도 좋고 가보고 싶은 곳에 가보는 것도 좋으며 만나고 싶은 사람을 만나는 것도 좋다. 그래서 남은 6개월을 밀도 있게 보내야 한다. 그러면 내 삶의 후회는 남지 않을지도 모른다.

삶은 오랜 시간을 산다고 해서 반드시 좋은 것이 아니다. 짧은 생(生)을 살더라도 밀도 있게 산 사람이 더 나은 경우가 있기 때문이다. 행복도 오래 산다고 행복한 것이 아니라, 하루를 살더라도 행복하게 산 사람이 잘 산 사람이다. 일도 그렇다. 밀도 있게 하는 사람이 더 많이 한다. 어영부영하느라 시간을 보내는 사람들이 많다. 그저 시간만 보내는 사람들도 많다. 이제 내게 남은 시간이 6개월이라면, 계획을 세워서 하고 싶은 일, 해야 할 일을 해보는 건 어떨까? 그래서 내 인생을 알차게, 후회 없이 보내는 건 어떨까? 어차피 아무 일을 안 해도 6개월은 지나간다. 그래서 가만히 있으면 6개월이 지나고, 결국 의미 없이 죽게 된다. 그러나 내가 내게 남은 시간이 6개월이라는 것을 알고, 그 6개월을 불태우듯이 보내면, 새로운 의미를 낳을 수 있게 된다. 그것이 무엇이든 좋다. 뜨거움을 가지는 순간 전혀 다른 삶을 살게 된다.

아무 생각 없이 살면 10년을 살아도 어영부영하게 된다. 열정 없이 살면 10년도 허송세월이 된다. 아무 것도 못 만든다. 의미도 못 만들고, 항상 불평불만하게 된다. 행복도 없다. 그러나 내가 확고한 뜻과 의지를 가지고 살면, 6개월을 살더라도 혁명적으로 살 수 있다. 뜻이 없으면 10년을 살아도 가보고 싶은 곳에는 가지 못한다. 뜻이 없으면 일을 하더라도 목숨을 걸고 하지 않는다. 이 일을 하다가 죽더라도 하고야 만다는 의지가 없다. 그래서 죽도 밥도 안 된 인생을 살고 만다. 그러나 단 6개월을 살더라도 뜨거움이 있으면 의미를 만들어낸다.

지금 내 삶이 6개월 밖에 남지 않았다면 지금 이 순간을 온전히 내 것으로 만들면서 치열하게 보내야 한다. 하루를 누구보다도 뜨겁고 치열하게 보내야 한다. 낭비를 절대 하지 말아야 한다. 열심히 살아야 한다. 하고 싶은 일을 해야 한다. 가보고 싶은 곳에 가야 한다. 만나고 싶은 사람을 만나야 한다. 할 말을 전부 다 해야 한다. 눈치 볼 필요는 없다. 어차피 6개월 뒤에는 떠난다. 다 털어놓고, 다 쏟아 붓고 가야 한다. 그래야 후회가 남지 않는다. 그래야 의미를 만들 수 있다. 그래야 죽을 때도 원통함이 없게 된다.

사람들은 죽는 것을 두려워한다. 죽어서 모든 것을 버리게 되는 것을 싫어한다. 그러나 사람은 누구나 죽는다. 병에 걸리든, 교통사고가 나든, 80세가 넘게 살다가 죽든 결국은 죽는다. 결국은 모든 것을 놓고 이 세상을 떠난다. 죽는다는 점에서는 차이가 없다. 단지 빠르고 느림의 차이가 있을 뿐이다. 결국은 크게보면 다 같은 입장이다. 그래서 아까워 할 필요가 없다. 그저 받아들이고 지금을 모두 누리며 사는 것, 그것만 필요하다.

병에 걸리지 않은 사람도 이 진실을 깨달아야 한다. 우리는 결국 죽는다. 그리고 이것이 6개월 사형선고의 형태로 다가올 수도 있다. 그러면 이 6개월을 누구보다도 뜨겁게 살아야 한다. 그러나 가장 좋기는 지금 내 삶이 6개월 뒤에 끝난다고 생각하고 사는 것이다. 그러면 누구보다도 밀도 있는 삶을 살 수 있다. 극단적으로 그 6개월만 산다고 해도 누구보다 많은 일을 할 수 있다. 실제로 죽음이 확정되어 있는 삶 속에서의 6개월은 그렇게 되기 때문이다. 그래서 평소에 이미 정해진 죽음을 내 앞으로 가지고 와야한다. 어차피 죽을 삶인데, 그 시기를 의도적으로 내 앞으로 당겨와서 뜨겁게 내 삶을 사는 것이다. 그렇게 살면 삶이 달라진다.

우리가 좌절할 일은 본질적으로 없다. 그것이 죽음이더라도 받아들이면 된다. 그러면 편안해진다. 그렇게 현실을 인정하고 받아들이고 나면, 어떻게 행동해야 할지가 정해지게 된다. 그러면 그 행동을 하면 된다. 최선을 다해서 살면 된다. 그러면 모든 것을

153

바꾸어낼 수 있다.

우리를 괴롭게 하는 일은 없다. 그것이 '6개월 사형선고'라고 하는 극단적인 경우라고 해도 그렇다. 그러나 이 일은 만만한 일이 아니다. 6개월 뒤에 죽는다니, 하늘이 무너질 일이다. 대부분의 사람들은 이 6개월 사형선고를 받으면 정신을 못 차린다. 당신도, 나도 예외가 아니다. 모두 극심한 괴로움에 떨게 된다. 그러나 어차피 죽는 것은 정해진 것이다. 그렇다면, 마음을 차분하게 가지고 열심히 살면 된다. 남은 시간을 최선을 다해서 보내면 된다. 하고 싶은 일을 하는 것이다. 가고 싶은 곳에 가는 것이다. 만날 사람을 만나는 것이다. 할 말을 하고, 하고 싶은 행동을 하는 것이다. 그것이 6개월 밖에 남지 않았으므로 더 열심히 하는 것이다.

본래 6개월 뒤에 하고 싶은 일이 진짜로 내가 하고 싶은 일이기도 하다. 그것이 내 마음 깊숙한 곳에 든 진심이기 때문이다. 6개월이 남았으면 그것을 따르면 된다. 그것을 따르면서 삶을 바꾸면 된다. 모든 것은 열정으로 달라진다. 6개월이 남았으면 더 열심히 살면 된다. 다른 것은 없다. 그저 최선을 다하면서 살면, 내 인생은 더 값지게 된다. 더 가치 있게 된다. 또 다른 큰 의미를 낳을 수 있게 된다. 실제로 일본에는 30대에 말기암 선고를 받고 나서 책을 쓴 사람(이이지마 나츠키)도 있다. 그가 쓴 책은 초대형 베스트셀러가 되었고, 많은 사람들에게 긍정적인 영향을 주었다. 그는 비록 일찍 죽었지만, 많은 사람들의 삶에 도움을 주는 삶을 살게 된 것이다. 말기암 선고를 받고 책을 쓰면서, 그는 또 다른 의미를 낳게 된 것이다. 모든 삶이 그렇다. 6개월이 남더라도, 할 일은 많다. 할 수 있는 일도 많다. 그것을 믿고 적극적으로 살아야 한다. 절대로 스스로 목숨을 끊어선 안 된다. 최선을 다하는 삶 속에서, 마지막 순간까지 최선을 다해서 걸음을 걷는 삶 속에서 의미가 나온다. 우리는 마지막 한 걸음까지 혼신의 노력을 다하는 삶을 살아야 한다. 그렇게 자신을 사랑하는 삶을 살 때, 자신은 물론 이 세상까지 변화시킬 수 있기 때문이다. 우리는 어떤 상황에서도 삶의 희망을 발견할 수 있다.

PART 18

성공도 놓치고 있고
행복도 놓치고 있는
자신을 발견했을 때

☆ 　　　　자기 삶을 돌아보면 문득 자신이 가진 것이 하나
도 없다는 것을 깨달을 때가 있다. 성공도 못했고, 사랑하는 사
람도 없고, 친구도 많지 않고, 효도를 하고 있는 것도 아니고…….
그리고 결정적으로 행복하다는 생각이 들지 않을 때가 있다. 자신
이 모든 면에서 패배자라는 생각이 드는 것이다. 만약 열심히 살지
않았다면 억울하지도 않을 텐데 열심히 살고도 그런 결과이니, 너
무 한심하고, 너무 화가 나서 견딜 수가 없는 것이다. 그래서 우울
한 것이다.

우리는 경쟁을 일상생활처럼 받아들이고 있다. 그러나 삶은 경
쟁에서 이기지 않더라도 살아갈 수 있다. 반드시 1등이 될 필요는
없다. 우리는 1등 지상주의를 삶의 규칙으로 받아들이고 있다. 그
러나 1등이 아니어도 잘 살 수 있다. 만약 1등만 살아남는다면, 1
등이 아닌 모든 사람들은 사라졌어야 옳다. 그러나 경쟁에서 패

배한, 소위 1등이 아닌 사람들도 이 세상을 잘 살아가고 있다. 현재 일을 하고 있고, 생활을 하고 있으며, 부자는 아니더라도 큰 부족함을 느끼지 않고 살고 있다. 일이 힘들어서 피곤할 때도 많지만, 그렇다고 해서 죽은 것은 아니다. 병에 걸린 것도 아니다. 비록 1등은 아니지만, 회사에도 잘 다니고 있고, 사람들과도 사이좋게 지내고 있으며, 가족들과도 화목하다. 이미 모든 것을 가진 것이다.

우리들은 경쟁에서 패하면 인생이 끝난 것으로 생각한다. 그래서 낙담한다. 실망한다. 그래서 어떻게든 경쟁에서 이기려고 한다. 그러나 경쟁에서 이기지 않아도 충분하다. 최저 수준만 아니면 삶은 유지할 수 있다. 자식들을 키울 수 있다. 풍족하지는 않아도 부족하지 않을 정도로 살아갈 수 있다. 그렇기 때문에 경쟁에 대해서 지나친 강박관념을 가지는 것은 좋지 않다.

물론 성공지상주의 사회에 살고 있기 때문에, 우리는 경쟁에 이기고 싶어 하고, 어떻게든 성공을 하려고 한다. 성공을 하고, 1등이 되는 것은 나쁜 것이 아니다. 잘못 사는 것도 아니다. 열심히 살고 있는 것이고, 잘 하고 있는 것이다. 그러나 본질적으로 열심히 노력하는 사람은 잘 하고 있는 것이다. 결과를 떠나서 자신의 모든 것을 걸고 최선을 다해서 사는 사람은 승리여부와 관계없이 잘 살고 있는 것이다. 그 삶은 후회를 남기지 않는다. 자기 자신에게 부끄러움을 느끼지 않는다. 어디에 가나 당당하다. 무엇보다

도 자기 자신에게 떳떳하다. 그래서 생활수준과는 관계없이 자존
감을 느끼고, 자기 자신에 대해 강력한 프라이드를 느낀다.

자신이 성공도 못하고, 행복도 하지 않다고 느낄 때는 누구에
게나 있다. 누구나 그런 기분이 든다. 성공은 쉬운 것이 아니다.
대기업에 입사하더라도 전무 이상이 되는 데는 20년 가까운 시간
이 걸린다. 즉 전무가 되기 전인 20년 동안은 자신이 성공하지 못
했다는 것을 느낄 수도 있는 것이다. 자신이 최선을 다해서 살고
있음에도 그런 것이다. 전무가 될 사람도 그런 것이다. 의사로 일
하는 사람들과 이야기를 나누어보아도, 대부분은 성공하지 못했
다고 느낀다. 의사는 의사와 비교를 하기 때문이다. 즉 스타 의
사가 아닌 이상 평범하다고 느끼는 것이다. 이것은 변호사를 해도
마찬가지다. 변호사를 해도, 스타 변호사가 아닌 한 평범하다고
느낄 수 있는 것이다. 왜냐하면 변호사의 비교대상은 변호사이지,
평범한 샐러리맨이 아니기 때문이다. 그래서 자신이 성공하지 못했
다고 느낄 수 있다. 또, 행복하지 않다고 느낄 수 있다. 그래서 이
감정은 실제로는 누구나가 한번 이상은 경험해보는 감정이다.

인생이란 어떤 것인가? 단번에 성공할 수 있는 것인가? 아니다.
인생이란 최소한 10년에서 20년 정도는 우직하게 한 우물을 파고
묵묵하게 노력할 때에만 빛을 볼 수 있는 게임이다. 단번에 성공하
는 경우란 거의 없다. 물론 특별한 사람들이 없는 것은 아니다. 이
세상에는 특별한 사람들이 있으며, 70억 명의 인구 중에는 그런 사

람들이 10,000명 이상은 된다. 그러나 대부분의 사람들은 사실상 69억 9,999만 명 이상은 특별한 길을 걷지 못한다. 대부분 그렇다.

결국 오랜 시간 동안 노력하면서 가는 수밖에 없다. 자신을 믿고, 초라하지만 앞으로 크게 빛날 길을 우직하고 묵묵하게 걸어가는 것이다. 그러면서 항상 최선을 다하는 것이다. 그렇게 할 때 거둘 수 있는 것이 성공이고, 그렇게 내공이 뒷받침될 때에는 성공을 한 뒤에도 그 성공을 지킬 수 있게 된다. 따라서 지금 내가 성공하지 못했다고 느끼더라도, 노력을 해야 한다. 초라하다고 생각하지 말고, 자신이 아무 것도 가지지 못했다고 생각하지 말고, 노력해야 한다.

그렇다면 행복이란 무엇인가? 행복이란 성공과 관계없이 가질 수 있는 것이다. 지금 내가 가난하게 살고 있더라도 행복을 경험할 수 있다. 열심히 노력하는 속에서도 행복을 경험할 수 있다. 앞으로 잘 될 수 있다는 희망을 느낄 수 있기 때문이다. 예를 들어 생산직 사원으로 일한다고 해보자. 물론, 일은 힘들고, 주위에서도 크게 인정하지 않을 것이다. 그러나 내가 열심히 노력하면 저축을 할 수 있다. 그 금액이 어느 정도만 모이면, 길게 잡아도 5년만 모아도 장사를 해볼 수 있는 돈이 된다. 그러면 나중에 회사를 나와서 기술을 배워서 창업을 하고, 그 창업으로 성공할 수도 있다. 그러니까 생산직 사원으로 일해도 내가 열심히 일하고, 열심히 저축해가면 희망을 느낄 수 있고, 행복을 경험할 수 있다.

행복이란 우리들의 일상생활이다. 건강한 상태로 길을 걸을 수 있다는 것이 바로 행복이기 때문이다. 온 자연을 마음껏 경험할 수 있다는 것이 행복하기 때문이다. 사람들과 대화를 나누는 것 자체가 행복이기 때문이다. 이 세상은 지켜보면 누릴 수 있는 것들이 참 많다. 내가 강아지를 가지고 있지 않더라도 길을 지나가다가 귀여운 강아지를 보면 만져볼 수 있다. 그러면 행복을 느끼게 된다. 내가 수만 평의 정원을 가지고 있지 않더라도 국가 혹은 도시 소유의 공원에 가면 마치 내 정원처럼 누릴 수 있다. 거기에는 많은 사람들이 있으므로 덤으로 사람 구경도 할 수 있다. 사람구경도 재미있고, 행복을 선사한다. 비싼 음식이 아니더라도 사 먹으면 맛이 있고, 그러면 행복을 느끼게 된다. 가족들과 함께 이야기하면 행복을 느낄 수 있다. 비싼 옷이나 신발이 아니더라도 사서 나에게 선물하면 행복할 수 있다.

행복은 인생을 잘 살 수 있는 길이고, 자기 인생에 대한 권리이다. 행복은 충분히 누려야 한다. 누리지 않으면 잘못 살고 있는 것이다. 경제적으로 잘 사는 것은 좋다. 그래서 열심히 사는 것은 필요한 일이다. 그러나 자기 자신을 지나치게 혹사하는 것은 바람직하지 않다. 열심히 살면서도 휴식을 해야 한다. 자기 자신에게 포상을 해야 한다. 그런 일이 꼭 필요하다.

생활문제에 치여서 정신없이 살다보면 갑자기 회의감이 들 수 있다. 내가 왜 사는지 모를 수도 있고, 너무 힘들어서 죽고 싶다는 생각이 들 수도 있다. 괴로움에 치를 떨 때도 있다. 세상의 모든 것이 거짓말처럼 느껴질 때도 있다. 그럴 때는 한걸음 뒤로 물러나야 한다. 자기 자신을 풀어야 한다. 하는 일을 잠시 멈추고 쉬어야 한다. 필요하다면 여행을 떠나야 한다. 좋은 음식을 먹어야 한다. 그래서 삶을 재조정해야 한다.

조금 일을 덜 하더라도 괜찮은 것이 삶이다. 그러면서 가족들과 즐거운 시간을 보내도 된다. 피곤하면 잠을 자도 괜찮다. 며칠 가게 문을 닫고 해외여행을 다녀와도 된다. 2~300만 원은 없어도 죽지 않는다. 나중에 보면 아껴도 나가고 없다. 자기 자신을 위해서 써도 된다. 그렇게 누리고 살아야 하고, 삶의 모든 것을 즐겨야 한다. 그래서 행복을 느껴야 한다.

우리는 성공과 행복 모두를 가져야 한다. 그렇게 하기 위해선 어떻게 살아야 할까? 열심히 일하되 순간순간 자기의 모든 것에서 행복할 수 있도록 노력해야 한다. 충분한 휴식을 해야 하고, 때때로 자기 자신에게 포상해야 한다. 일도 재미있고 즐겁게 해야 한다. 재미없으면 하지 말아야 한다. 잠시 쉬면서 하고 싶은 기분이 들 때까지 기다려야 한다. 일이란 무엇인가? 무조건 10시간, 20시간 한다고 효율이 좋을까? 아니다. 시간이란 절대적으로 필요하지만, 무엇보다 중요한 것은 집중력이다. 폭발적으로 밀어붙여야 한다. 그래야 일이 된다. 그래서 일이 될 때 활화산이 폭발하듯 일해야 한다. 그래서 큰 성과를 거두어야 한다. 일이 안 될 때

어영부영하며 10시간, 20시간 하며 보낸 것보다 5시간을 하더라
도 제대로 하는 것이 결과가 더 낫다.

　일을 하다가 한 번씩 하늘을 보는 시간을 가지길 바란다. 커피
를 마시면서 쉬는 시간을 가지길 바란다. 그러면서 내가 왜 일하
는지를 떠올리는 시간을 가지길 바란다. 그래서 삶의 나침반이 가
리키는 방향대로 살고 있는지 확인하기를 바란다. 삶을 생각 없
이 살다가, 내가 허무하게 살았다고 말하지 말기를 바란다. 삶의
매 순간에서 행복을 느끼고, 항상 노력으로 정진하는 삶을 살면
서 궁극적으로는 성공도 하기를 바란다. 그 모든 것은 가능하다.
자신의 모든 것을 불태우면 꿈은 현실이 되기 때문이다. 자기 자
신을 믿고 20년 이상 우직하게 가면 된다.

　삶에 대한 회의감, 성공과 행복 모두를 놓치고 있다는 생각이
들 때는 재조정이 필요한 시간이다. 그 때는 모든 것을 놓고 정리
를 해보길 바란다. 그러면서 잠시 멈추어 서서 생각을 정리하기를
바란다. 그러면서 경쟁에서 이기지 않아도 잘 살아갈 수 있다는,
행복은 가진다고 얻는 것이 아니라 마음먹기에 따라서 가질 수 있
다는 것을 깨닫기를 바란다. 또, 일을 과도하게 많이 하고 있다면
조금 줄이는 것도 생각해보기를 바란다. 그렇게 하지 않아도 잘
살아갈 수 있기 때문이다. 병 걸려서 죽으면 끝이다. 돈보다 건강
이 우선이다.
　힘이 들 때는 규칙적인 생활을 하면 큰 도움이 된다. 잠자는 시

간과 일어나는 시간을 정하고, 식사시간도 일정하게 해야 한다. 그리고 메뉴도 된장찌개, 비빔밥, 김치찌개 등 건강식으로 정해서 먹고, 적당한 양을 먹으면 도움이 된다. 그렇게 열심히 살면 제 페이스가 회복된다. 그리고 휴식으로 컨디션을 회복한 다음, 열정적으로 일하는 것도 도움이 된다. 그러면 몰입이 일어나 모든 것을 잊게 되기 때문이다. 또, 그렇게 일하면 폭발적인 성과가 나와 삶이 달라지는 것을 목격하기 때문이다. 또, 힘들 때는 한 번씩 여행이나 영화감상 등 본인을 위한 좋은 오락거리를 만드는 것도 좋다. 그래서 삶은 즐거운 것이라는 것을 깨달아야 한다.

노력하는 사람은 결국에는 성공하게 되어 있다. 지금은 비록 성공하지 않았지만, 결국에는 그렇게 될 것이기 때문이다. 그래서 자기 자신에 대한 믿음을 가지고 묵묵하게 노력하면 된다. 다른 사람들이 무시하거나, 혹은 빨리 가고 있는 사람이 있더라도 신경 쓰지 마라. 그저 내 길을 묵묵히 가면 되기 때문이다. 행복은 이미 내 안에 있는 것이다. 내가 그것을 누리겠다고 결심하는 순간, 행복은 이미 오기 때문이다.

초라함은 없다. 불행도 없다. 실패도 없다. 내 자신에 대한 믿음이 있으므로. 노력하는 사람은 성공할 것이므로. 이미 행복의 조건을 다 가지고 있으므로. 나는 그저 나를 믿고 노력하면 된다. 그리고 가면서 모든 것들에서 재미와 즐거움을 누리면 된다. 그럼 되는 것이다.

PART 19

노력해도 안 되고
너무 지쳐서 아무렇게나
되는 대로 살고 싶을 때

　　　　　사람은 노력을 한다. 누구나 노력을 한다. 문제는 노력의 성과를 보는 것은 어렵다는 점이다. 특히 한국은 경쟁이 세계적으로도 치열한 편이다. 한국인은 머리가 세계에서 가장 좋고, 학구열이 세계에서 가장 높은 편이며, 무엇을 하든 열심히 하고자 한다. 그리고 무엇이든 조금 한다 싶으면 세계에서 1등은 한다. 우리나라 사람들은 세계 1등도 당연한 것으로 생각할 정도로 눈도 높다. 국내에서 무언가 조금 한다고 하면 인정도 하지 않는다. 그래서 다들 열심히 산다. 다들 치열하게 살고 있고 평범하게 보이는 사람들도 그 내막을 들여다보면 상당히 치열함을 알 수 있다. 지금 동네에서 빵집을 운영하고 있는 사장님들도 하루 14~16시간 일하는 경우가 허다하고, 편의점을 운영하시는 사장님들도 하루 종일 매달려 있는 경우가 많다. 김밥 집에서 일하시는 아주머니들도 하루 12시간을 일하며, 밤에만 근무하는 경우도 있다. 대기업에서 일하는 신입사원들도 토요일, 일요일에도 근무하는 경우가 심심치 않게 있다. 왜냐하면 평일에 밀린 일을 하려면 어쩔 수 없기 때문이다. 그리고 평일에도 하루 14시간 정도는 근무한다. 어디에서 무슨 일을 하건 하루 12시간 이상 근무는 기본으로 하며, 대체로 14시간 이상 근무하는 경우도 많다. 그러나 그렇게 해도 현상유지도 만만치 않다. 지금 밖에서 자영업을 하시는 분들과 대화를 나누어보면 장사가 잘 된다는 분들이 거의 없는 상황이다. 겨우 현상유지를 하는 분들이 태반 이상이다. 장사가 꽤 잘 되는 집은 수백 곳 중 한 곳에 불과하다. 결국 열심히 일하고도 평범 혹은 평범 그 이하의 삶도 살기가 만만치 않은 것이다. 직장인의 경우도 열심히 일하고도 승진하지 못하거나 고액연봉을 받지 못하는 사람들이 부지기수이다.

우리들의 삶은 왜 이렇게 힘든 걸까? 과연 대안은 없는 걸까? 나는 한번은 목욕탕에서 택시기사를 하시는 분과 이야기를 나눌 기회가 있었다. 사우나에 앉아서 이런저런 이야기를 나누다가 내가 그런 이야기를 했다. "그래도 과거에 택시운전을 하시던 분들은 돈을 많이 버셨다고 하던데, 예전부터 택시운전을 하셨다면 그래도 형편이 괜찮지 않으세요?" 그랬더니, 그 분이 하시는 말씀이 이랬다. "과거에는 택시운전을 하건 뭘 하건 상관이 없었어. 그때는 그냥 가게 문만 열면 장사가 되던 시절이었어. 그래서 택시가 아니라 그냥 아무 장사나 해도 괜찮았어." 나는 이 말을 듣고 지금 우리 시대를 생각해보게 되었다. '그때는 가게 문만 열면 장사가 되던 시절이다? 그래서 무엇을 하건 경제적으로 문제가 없었다? 과거에는 월세방을 얻어서 결혼을 많이 했는데, 그렇다면 그것은 월세부터 시작해도 일어설 수 있는 믿음을 모두가 공유할 수 있었기 때문이 아닐까? 그러나 지금은 월세부터 시작하면 평생 월세일 수도 있기 때문에, 월세에서 살고 있으면 결혼을 하지 못하는 건 아닐까? 그리고 과거에는 가게 문만 열면 돈을 벌었지만 요즘은 가게 문만 열면 잘 되는 것이 아니라, 가게 문을 연 가게 중에 장사가 잘 되는 집은 거의 없는 상황이다. 직장도 고용 불안정을 겪고 있고, 그래서 너도나도 공무원이나 공기업으로 몰려가고 있는 실정이다. 그렇다면 이것은 결국은 시대의 문제이다.'

나는 위와 같은 생각을 하게 되었다. 지금은 시대적으로 성공하기가 힘든 시대다. 과거보다 훨씬 힘든 때이다. 먼저 우리는 그런 점을 인정해야 한다고 생각한다. 왜냐하면 요즘은 양극화가 너무 심하기 때문이다. 양극화란 무엇인가? 양극화는 장사가 되는 집은 더 잘 되고, 안 되는 집은 더 안 된다는 것이다. 그러나 이것을 요즘의 현실에 비추어서 좀 더 정확하게 표현하면, 장사가 되는 집은 예전보다 덜 되며, 안 되는 집은 아예 안 된다는 것이다. 그래서 요즘은 누구나 고민이 많은 때이다. 직장에서의 고용 불안정이란 무엇인가? 기업가의 입장에서 사업이 잘 되지 않기 때문에 고용을 유지할 여력이 안 되기 때문에 나온 것이다. 그렇다면 직장을 나가면 해결될까? 직장을 나가는 순간 의도하건 안 하건 간에 기업가가 되게 된다. 결국 기업가로서의 삶을 살아가야 한다. 그러나 요즘은 그저 평범하게 먹고 사는 자체가 힘들어졌다. 즉 요즘은 먹고 살수만 있다면 대단한 것이다. 그런 현실이 이미 되어버린 것이고, 앞으로는 이런 현실이 더 심해져갈 것이다. 경제가 나아질 가능성이 없기 때문이다.

앞으로 우리 경제가 변화되기 위해서는 제조업의 생산과잉과 소비부진이 해소되어야 한다. 대부분의 일자리, 양질의 일자리는 제조업에서 나오고, 현대 경제의 근간은 제조업이기 때문이다. 지금 우리나라뿐만 아니라 세계가 어려운 것은 제조업의 문제에서 비롯되었다. 즉 제조업의 경기가 살아야 한다. 제조업의 생산과잉과 소비부진이 해소되어야 한다. 그러나 이것은 세계 3차 대전이 일어나거나 세계적인 합의가 없는 한 불가능한 일이다. 따라서 앞으로 우리경제 나아가 세계경제는 점점 더 어려워질 수밖에 없다.

결국 앞으로의 시대는 점점 더 힘들어질 수밖에 없고, 이 속에서는 생활을 할 수 있다면, 먹고 살 수 있다면 그것으로 만족해야 하는 상황이 많아질 수밖에 없다. 물론 과거에 많은 돈을 이미 벌어두었다면 다를 것이나, 지금은 쉽지 않다. 우리들은 그 점을 먼저 인정해야 한다. 그래서 지금 우리의 삶에 감사함을 불러오고, 소박함에 행복을 느껴야만 한다. 너무 많은 돈을 벌려고 하거나, 너무 잘 살려고 하는 마음은 오히려 피곤함을 불러올 수 있기 때문이다.

물론 우리는 도전을 해야 하고, 도약을 해야 한다. 그러나 그것이 쉽지 않을 때는 잠시 놓아도 좋다. 가지지 못하는 것을 가지려고 하는 순간, 모든 것을 잃을 수도 있다. 지금이 너무 초라해서 견딜 수가 없기 때문이다. 그런 삶을 사는 건 고통스러운 일이다. 오히려 놓아버리면 편해진다. 오히려 포기하면 편해진다. 지금 현재에서 최선을 다하면서, 앞으로 전진 하는 것에 의의를 두면 되지 않을까? 그러면 오히려 더 편해지지 않을까? 나는 그렇게 생각한다.

성공적인 기업가들은 어떤 삶을 살았을까? 특히 한국에서는 어떨까? 대부분 목숨을 건 삶을 살았다. 대부분 치열하게 살았고, 5년 내에 결정적인 승부를 만들어냈다. 그 과정에서 갖은 고생을 다 했다. 그 와중에 자살을 결심한 기업가들도 있었다. 삶의 비참함 때문에 눈물을 흘리기도 했고, 온 가족이 울기도 했다. 주위 사람들에게 무시도 당한 적도 있었다. 대기업으로부터 하청업체로서의 굴욕을 겪어야 하기도 했다. 생각대로 기술개발이 되지 않은 적도 있었다. 너무 막막해서 어떻게 해야 할지를 몰라 하기도 했다. 산에 올라가 소주를 마시며 세상을 원망하기도 했다. 왜 나만 빼고 다들 잘 사는지 전쟁이라도 터져라고 외치기도 했다.

그들은 온갖 고생을 겪으며 성공을 이루어냈다. 연간 매출 수백억, 1,000억 원 이상을 이루어냈다. 그리고 확고한 기반을 잡았다. 성공은 바로 이것이다. 온갖 어려운 고비를 넘기고 결정적 고비를 넘긴 뒤 확고한 기반을 잡는 것이다. 그것은 대체로 5년 내에 결정되고, 길면 30년 이상이 걸릴 수도 있다. 중요한 것은 '결정적 고비'를 넘겨야 한다는 것이다.

직장생활을 해도 열심히 해도 왜 인생이 달라지지 않을까? 하루 14시간씩 일하며 열심히 사는 데도 왜 인생이 달라지지 않을까? 그것은 바로 '결정적 고비'를 넘기지 못했기 때문이다. 본사가 깜짝 놀랄 정도의, 뒤집어질 정도의 무언가를 만들어내지 못했기 때문이다. 평소부터 착실하게 공로를 인정받으며 나아가지 못했기 때문이다. 죽을 고생을 다해서 '결정적인 고비'를 넘기면 비로소 성공에 안착하게 된다. 그러나 그 고비를 넘기지 못하면 노력해도 평범함에서 결코 탈출하지 못한다. 노력을 많이 하는 것이 중요한 것이 아니다. 반드시 결정적인 고비를 넘겨야 한다. 그 과정은 매우 터프하다. 때로는 눈물이 날 수도 있고, 비참함에 치를 떨 수도 있으며, 세상의 분노에 화가 나서 벽을 손으로 쳐서 손뼈가 부러질 수도 있다. 심지어 너무 괴롭고 막막한 나머지 자살을 결심할 수도 있다. 그러나 열정적으로 생활하는 에너지로, 끊임없이 몸을 움직이는 행동으로, 끊임없이 실행하는 자세로 모든 것을 실현시켜야 한다. 그래야 성공에 이르게 된다. 성공을 한 사람들은 거의 대부분 결정적인 고비를 넘긴 비하인드 스토리를 갖고 있다.

직장생활을 하든, 장사를 하든 간에 성공은 결정적인 고비를 넘기지 못하면 고만고만한 수준에서 결코 벗어나지 못한다. 노력해도 달라지지 않는다고? 노력을 더 해야 한다. 현실을 바꿀 정도의 노력을 해야 한다. 그 길을 스스로가 찾고 노력해야 한다. 그 길뿐이다. 성공에 이른 사람들, 꿈을 이룬 사람들, 무언가를 이룬 사람들은 대부분 그런 삶을 살아왔다.

지금은 그저 힘 빼면서 노력하면 된다. 그러면 길이 보일 것이다. 지금 성과는 당연히 미약할 수밖에 없다. 성과란 결정적인 고비를 넘기지 못하면 고만고만하기 때문이다. 성공이란 극소수가 하는 것이 현실이며, 그 극소수란 한줄 세우기에서 1등을 하든가, 블루오션으로 진출해 Only One이 되는 것에 있을 뿐이다. 그렇기 때문에, 노력해도 성과가 적은 것은 당연하다. 지금은 힘 빼고 노력하면 된다. 마음을 비우고 노력하면 된다. 인생이란 어떤 결과 이를 테면 30년 동안 고생하고 삶의 끝에 가서 결과를 얻는 것이 아니라, 지금 삶을 살아가는 과정이 전부이다. 지금 가난하든, 부유하든 그것은 중요한 것이 아니다. 어떤 상황이든 내가 하루하루 열심히 살아가는 것, 내 삶을 즐기고 행복하게 살아가는 것이 가장 중요한 것이다.

일은 어떻게 해야 하는가? 1등을 하기 위해서 해야 하는가? 이 세상에는 분명 탁월한 사람도 있다. 그 사람은 마음만 먹으면 1등을 할지도 모른다. 실제로 그럴 수도 있다. 그러나 대부분의 사람들은 그렇지 못하다. 1등은 1명뿐이기 때문이다. 결국 중요한 것은 등수와 관계없이 그 일을 좋아하며 평생 동안 하는 것이다. 내가 좋아서 열심히 하다 보면 1등도 할 수 있는 것이고, 100등도 할 수 있는 것이다. 그리고 때로는 꼴찌도 할 수 있는 것이다. 그러나 나는 실망하지 않고 하는 것이다. 왜냐하면 그런 것에 관계하지 않고 그저 내가 좋아하는 일을 열심히 하는 것에 의미를 두고 있기 때문이다. 이것은 삶에서 매우 중요하다. 그렇게 결과를 떠나서 내가 좋아하는 일을 최선을 다하는 순수한 자세로 살아가면 결국에는 뜻을 이룰 수 있기 때문이다. 모두를 감동시킬 수 있기 때문이다. 과정에서도 일희일비하지 않으므로 편안하게 몰입할 수 있기 때문이다. 결과에서도 생각보다 많은 것을 이룰 수 있기 때문이다.

요즘은 노력을 해도 성공하기 쉬운 때가 아니다. 또, 성공이란 결정적 고비를 넘겨야 한다. 그리고 그것은 오히려 결과를 떠난 순수한 자세로 갈 때 과정과 결과 모두에서 승리할 수 있을 것이다. 우리는 지금 힘들어서 스트레스 받지 말고 내가 할 수 있는 선에서 노력을 하면 된다. 이미 우리는 노력을 많이 하고 있기 때문에, 이 페이스대로만 하면 잘 될 것이다. 이미 우리는 하루 12시간, 14시간, 16시간씩 일하고 있다. 이미 잘 하고 있다. 우리는 평소에 하던 대로 하면 된다. 그리고 항상 하는 것처럼 생각하고 궁리하면 된다. 그리고 결과에 대해서는 마음을 완전히 비우면 된다. 그저 먹고 살 수 있다면 감사하다고 생각하면 된다. 그렇게 완전히 마음을 비운 채로 가는 것이다. 그렇게 10년, 20년, 30년씩 가는 것이다. 우리는 평범하므로, 성공은 30년쯤 걸린다고 아예 편하게 생각해버리는 것이다. 그리고 30년 이상 내 페이스대로 꾸준하게 노력하는 것이다. 그렇게 하면 과정에서도 행복을 경험하고, 결과에서도 생각보다 나은 성공을 얻을 수 있지 않을까? 나는 이 방법을 독자님들에게 권하고 싶다.

PART 20

밤마다
알 수 없는 불안으로
잠을 이룰 수 없을 때

불안하다면 그 이유가 분명히 있다. 그냥 불안하
지는 않기 때문이다. 불안할 때는 불안한 이유를 먼저 정확히 밝
혀야 한다. 그래서 극복하도록 해야 한다. 지금 당장 해결할 수
없는 것이라면 지금 할 수 있는 일에 충실하면 된다. 지금 잘 해
나가면 결국 내일도 잘 될 수 있기 때문이다. 또, 지금 당장 해결
할 수 있는 것이라면 지금 노력하면 된다. 지금이 나중에 노력하
는 것보다는 더 낫다. 지금은 젊기 때문에 에너지도 더 있고, 사람
은 오직 지금밖에 지배할 수밖에 없기 때문이다. 내일도 시간이 지
나면 지금이 되기 때문에, 지금에 충실한 사람만이 현실을 지배할
수 있다.

불안할 때 가장 좋은 것은 불안한 그 대상을 생각하는 것이
아니라, 지금 해야 할 일에 집중하는 것이다. 그래서 일을 되게 하
는 것이다. 그것이 일이라면 일, 사람이라면 사람 등 그 대상에 집

중하면서 실행을 해야 한다. 생각은 하되 신속한 결정을 해야 한다. 길어야 2~3일을 넘기지 말고 결정을 내려야 한다. 일이 되지 않을 때는 쉬면 쉴수록 더 안 좋다. 잡생각이 끊이지 않기 때문에 잠도 안 오게 된다. 또, 쉬면서도 끊임없이 걱정하느라 잘 쉬지도 못한다. 예를 들어 영화나 드라마 혹은 오락물을 보더라도 몰입해서 보기 어렵다. 다른 것을 해도 마찬가지다. 계속 그 생각만 하기 때문에 제대로 쉴 수 없다. 그럴 때는 일을 열심히 하는 것이 좋다. 그래서 결과를 만드는 것이 좋다. 결과를 만들어야만 미래가 바뀔 수 있고, 노력하면 몰입이 이루어지기 때문에 행복을 경험할 수 있다.

　　지금 내 삶이 불안하다는 건, 그만큼 내 삶의 기반이 약하다는 말도 된다. 한마디로 안정이 안 되어 있는 것이다. 일에 있어서도 실력이 부족하고, 모든 면에서 세상에 내세울 것이 없다는 말도 된다. 즉 이 세상을 위해서 무언가를 하기는커녕 자신의 생계도 걱정해야 할 처지인 것이다. 그래서 불안한 것이다. 이럴 때는 다른 것이 없다. 1년만 눈 딱 감고 열심히 해서 기반부터 잡고 볼일이다. 일반 직장에 있든 장사를 하든 간에, 목숨을 걸어야 한다. 물론, 쉬운 일이 아니다. 돈을 버는 일은 종합예술이다. 특히, 인간에 대한 섬세한 이해가 중요하다. 상대방이 내 제품과 서비스를 어떻게 받아들일까를 섬세하게 느끼는 것이 중요하다. 이것은 '내가 이 말을 하면 상대방은 어떤 생각을 할까'를 생각해보면 좋다. 그것을 섬세하게 느끼면, 어떤 식으로 포지셔닝을 해야 하는지 답이 나온다. 결국 제품과 서비스는 최종구매고객을 염두에 두고 만들어야 하고, 그들의 마음 깊숙한 곳을 터치할 때 가장 큰 반응이 나온다.

불안은 대체로 뚜렷한 형태로 드러나 있기도 하지만, 막연한 모습이 많다. 구체적인 증거도 없는데 괜히 잘 안될 것 같은 생각이 드는 것이다. 그럴 때는 최대한 열심히 하면서 나가야 한다. 그래서 어느 정도의 결실을 보면서 앞으로 나가야 한다. 그리고 미래에 대한 확신을 가질 수 있도록 어떻게든 만들어야 한다. 최악의 경우가 보인다면 그것을 해결해야 한다. 그것은 생각만으로 해결되지 않는다. 뜨거운 행동만이 대안이 된다. 한번해서 안 된다면 두 번, 세 번, 열 번, 100번 하는 것이다. 취업이 안 된다면 4,000곳에 원서를 넣는 것이다. 보고서를 상사가 만족 못한다면 다른 방식으로 빠른 속도로 계속 만들어 보는 것이다.

우선은 가장 중요한 것이 '생존'이다. 생존은 현실이다. 낭만이 아니라 먹고 사는 문제인 것이다. 그래서 이 현실은 냉철한 분석이 중요하다. 다양한 생각들을 많이 해보아야 한다. 그리고 검증을 통해 내 것으로 만들어야 한다. 물론 실수를 할 때도 있을 것이다. 그러나 빠른 속도로 추스르고 다시 전진해야 한다. 시간을 최대한 아껴야 한다. 다른 일은 최대한 하지 않고 일에 올인해야 한다. 모든 시간을 최대한 줄여야 한다. 사업을 하는 사람은 단골 거래처를 만들어 새로운 거래처를 트는 번거로움을 줄여야 한다. 모든 면에서 시간 단축을 생각해야 한다.

누구나 불안하다. 앞날은 누구나 알 수 없기 때문이다. 결국 우리는 현재를 살아갈 뿐이다. 현재에서 최선을 다할 뿐이고, 결과는 하늘에 맡길 뿐이다. 그래서 손에 잡히지 않는 가능성을 내 것으로 만들면서 갈 뿐이다. 가능성은 현실로 이루어질 수도 있고, 못 이루어질 수도 있다. 그러나 최선을 다해 나가면 현실문제는 대부분 해결된다. 우리는 노력해야 한다.

불안할 때 가장 좋지 않은 것이 걱정만 하면서 시간을 보내는 것이다. 걱정은 이틀도 길다. 무조건 행동해야 한다. 걱정되면 일해야 한다. 삶에 대한 막연한 불안은 잊어버리고 열심히 일해야 한다. 구체적 불안은 제거하면 된다. 제거가 안 되면 미뤄두고 있으면 된다. 인간관계의 경우에도 풀거나, 안 되면 정면으로 맞서면 된다. 정 안 되면 법으로 맞서면 된다. 인간관계는 복잡하지 않다. 친하거나, 평온하게 대할 수 있거나, 친하지 않거나 세 가지뿐이기 때문이다. 인간관계도 결국 단순하게 바라보아야 한다. 친하지 않으면 상대 안 하면 된다. 그래도 인생을 사는 데 아무 문제 없다. 직장에서 어쩔 수 없이 보아야 하는 경우라면 최소한으로만 상대하면 된다. 물론 상사라면 필요 최소한의 예의를 가지고 대하면 된다. 물론 당연히 최선을 다해서 대화하려는 자세를 견지해야 한다.

불안할 때 일을 하면 불안이 사라진다. '몰입'이 가장 좋은 방법이다. 왜냐하면 그래야 결과를 통해 상황이 변화될 수 있고, 과정에서도 몰입의 즐거움을 누릴 수 있기 때문이다. 가장 안 좋은 것이 그냥 의미 없이 놀면서 시간을 보내는 것이다. 인생에 공짜는 없다. 한 만큼 결과가 나오며, 쉽게 결과를 얻을 수 있는 건 하나도 없다. 그래서 힘든 고생을 기꺼이 하겠다는 각오를 하고 살면 오히려 불안이 사라진다. 불안이란 맞서면 사라지는 것이기 때문이다.

그러나 아무리 머릿속으로 이해를 해도 불안이 사라지지 않을 때가 있다. 그래서 밤에 잠이 오지 않는 경우가 있다. 새벽 2시, 3시가 되어도 잠이 오지 않는 경우가 있다. 어떨 때는 아침 7시까지 그대로 밤을 새어버리는 경우도 있다. 이유는 단 하나, 불안하기 때문이다. 이럴 때는 어떻게 해야 할까? 잠이 오지 않는데, 계속 불안한 생각들이 꼬리에 꼬리를 물 때가 있다. 일을 하려고 해도, 불안한 생각 때문에 일이 도저히 손에 잡히지 않을 때가 있다. 그럴 때는 일단 집밖으로 나가야 한다. 그런 뒤에 어디 국밥집이나 술집에 가서 음식과 술을 먹는다. 그러면 풀린다. 그렇게 배를 든든하게 채우고 새벽 2시~3시경 길을 천천히 걸으면서 어떻게 이 문제를 해결해야 되겠는지를 곰곰이 생각해본다. 차가운 혹은 시원한 바람을 맞으면서 길을 걸으면서 생각하면 오히려 생각이 잘 된다. 배가 부르면 마음이 편안해져 오히려 생각이 잘 된다. 평상심으로 생각할 수 있도록 하기 때문이다. 그러다 길을 걷다가 쭈

그리고 앉아서 편안하게 생각을 하는 것도 좋다. 그러면 문득 길이 나타나기도 할 것이다. 그렇게 한 시간 정도를 걷다가 집으로 들어가서 글로써 앞으로의 방향을 정리하면 좋다. 그러면 그것이 하나의 이정표가 되게 된다. 혹시 좋은 생각이 떠오른다면 집에서 즉시 실행하는 것도 좋다. 그래서 작은 결과를 만드는 것도 좋다. 결과는 그것이 결실을 맺든 맺지 않든 작은 잽을 계속 날리는 것이 중요하다. 그 작은 잽이 하나 둘씩 기회로 연결되고, 그 중에서 잽이 결정적인 카운트 펀치가 될 수도 있기 때문이다. 분명 인생의 결정적인 승부는 홈런이 결정짓지만, 홈런을 날릴 수 없는 때 안타 혹은 번트는 유효하다. 되든 안 되든 포볼이라도 1루에 진출하는 것이 중요하며, 그럴 때 가능성이 생긴다. 그렇기 때문에 무조건 많이 해야 한다. 운으로 1루에 진출했더라도 1루에 있다 보면 도루를 할 기회도 생기고, 상대방의 실책이 있으면 점수를 얻을 수도 있다. 그러니 일단 많이 해야 한다. 더군다나 인생에는 삼진아웃도 없다.

또, 좋은 방법이 있다. 불안할 때는 일단 잠만 실컷 자는 것이다. 그런 다음 사우나에서 땀을 빼거나 혹은 찜질방에 가서 몸을 개운하게 한다. 혹은 운동을 하는 것도 좋다. 그런 다음에, 마음을 다잡고 폭발적으로 일을 하는 것이다. 그러면 불안한 에너지와 건강한 몸이 융합되어 최고로 열심히 일할 수 있게 된다. 그러면 의외로 좋은 결과가 나오며, 그렇게 계속하면서 습관을 만드는 것도 좋다. 그러면 또 하나의 희망이 나타나게 된다.

결국 불안은 열심히 함으로써 극복해야 한다. 실질적인 결과를 만들고, 노력으로 현실을 지배해야 하는 것이다. 수많은 흔들림과 그 과정에서의 분투가 있겠지만, 그것을 이겨내야 한다. 때로는 밤을 새는 경험도 있을 수 있고, 일을 전혀 하지 못할 때도 있을 것이다. 그러나 마지막은 노력으로 극복해야 한다. 몸을 쉬게 함으로써 건강한 몸으로 열심히 할 수도 있고, 글로 앞으로의 방향을 작성해봄으로써 방향을 찾을 수도 있고, 다양한 방법으로 스트레스를 풀 수도 있을 것이다. 그런 모든 방법들을 동원해 자신을 추스르고, 결국은 노력으로 도약해야 한다. 우리는 불안할 때일수록 자신의 인생의 본질을 파악하고 최선을 다해야 한다.

/ 부모님, 아내, 아들에게 /
잘 해 줄 수 없는
현실을 목격할 때 /

사람이 세상을 살기가 싫은 이유는, 비참한 이유
는 사랑하는 사람에게 아무 것도 해줄 수 없기 때문이다. 사람은
자기가 힘든 것은 견딘다. 자기가 초라한 것은 어떻게든지 이겨낸
다. 그러나 사랑하는 사람에게 무엇도 해줄 수 없다는 건, 고통스
럽다. 그것은 자기 몸이 겪는 고통보다, 더 큰 고통으로 다가온다.
부모님께, 아내에게, 사랑하는 사람에게, 자녀에게 무엇도 해줄 수
없다는 건, 싫은 일이다. 진짜 비참하다. 살기가 싫어진다. 그저 세
상을 떠나고 싶다.

요즘 결혼을 하지 않는, 혹은 연애를 하지 않는 젊은이들이 늘
어나고 있는데, 이것은 어쩌면 합리적인 선택일 수도 있다. 사랑하
는 사람에게 무엇도 해줄 수 없을 때 겪는 심리적인 괴로움은 상
상을 초월하기 때문이다. 그 비참함을 이겨내기는 쉽지 않기 때문
이다.

사랑하는 사람에게 무엇도 해줄 수 없다는 건, 이미 자신이 힘든 처지라는 것을 의미한다. 그래서 해주고 싶어도 못 해주는 것이다. 이 말은, 자신은 이미 힘든 생활을 하고 있다는 말로, 이미 스트레스가 상당히 쌓여 있는 상태라는 것을 의미한다. 이런 상태에서는 상대방의 눈치를 볼 수밖에 없다. 부모님, 사랑하는 사람, 자녀의 눈치를 볼 수밖에 없는 것이다. 그들이 짜증을 내면, 나는 한없이 작아진다. 어디에 가서 숨고 싶은 것이다. 도피하고 싶은 것이다. 해결책을 찾고 싶어지는 것이다. 그러나 해결책은 안 보이는 것이다. 세상이 호락호락하지 않은 것이다. 그래서 한없이 작아지고, 괴로워진다. 이것은 겪어본 사람은 잘 알 것이다.

사랑하는 사람과 자녀가 있는 사람은 이 기분을 더 많이 느낄 수도 있을 것이다. 그러나 사랑하는 사람과 자녀가 없는 솔로의 경우에도 부모님은 존재한다. 특히 부모님이 홀부모님이고 자신이 독자라면 사실상 부모님에 대한 전적인 책임이 존재한다. 이런 상황은 사실상 한 가정의 가장과 다름이 없는 상황이다. 이런 상황이라면 역시 솔로라도 부담감은 존재한다. 부모님께 효도를 해야 하고, 특히 동년배 부모님들과 비교해서 부끄럽지 않을 정도로 잘 해드려야 하기 때문이다. 그래서 부모님이 당신의 친구들이 자녀들로부터 대접받고 있는 이야기 혹은 배우자로부터 대접받고 있는 이야기를 들으면 마음이 무거워진다. 나도 적극적으로 움직여야 하기 때문이다. 즉 이것은 부담으로 다가오고, 해드릴 수 없을 때는 괴로움에 빠지게 되고, 부모님도 마찬가지의 심정을 지니게 된다. 그래서 가족 전체의 분위기가 우울해지게 된다.

이것은 사랑하는 사람과 자녀와 함께 살고 있는 가장의 경우
더 심하다. 못난 남편, 못난 아버지가 되기 때문이다. 그래서 집안
에서조차 큰 소리를 치지 못하게 된다. 일도 힘든 상황에서 집에서
바가지까지 긁히거나, 남과 비교하는 소리를 들으면 열불이 나서
집을 떠나고 싶어진다. 때로는 자기비하의 심정에 빠지게 되고, 표
현은 안 하지만 괴로움이 이만저만이 아니다.

나이가 들어서 경제적으로 무능력하다는 건 슬픈 일이다. 부모
님께 흔한 해외여행 한번 보내줄 수 없다는 건 슬픈 일이다. 사랑
하는 사람에게 선물을 줄 수 없다는 건 슬픈 일이다. 자녀에게 제
대로 된 뒷바라지를 시켜줄 수 없는 건 슬픈 일이다.

그렇다면 대안은 무엇일까? 가족들과 대화를 해서 합의를 이끌
어내야 한다. 현재 무엇도 해줄 수 없다면, 이해를 구하고, 집안의
불만을 없애는 일이 무엇보다 중요한 것이다. 단순히 참아라고 이
야기하는 것이 아니라, 모두가 만족할 수 있는 결론을 이끌어내야
한다. 형편이 되는 한에서 여행도 몇 개월에 한 번씩 가겠다거나,
외식을 하겠다거나 하는 결론을 내어서 집안의 불만을 없애야 한
다. 그리고 현재 상황에 대한 이해와 합의가 중요하다. 그런 동의
가 없다면, 심리적인 괴로움을 없앨 수 없기 때문이다. 부모님께도,
사랑하는 사람에게도, 자녀에게도 동의를 구해야 한다. 그런 노

력이 있어야 한다. 그래서 가정을 철저하게 내게 힘을 주는 곳으로 변화시켜야 한다. 세상은 전쟁터와 다름이 없다. 모든 부분에서 경쟁이 있고, 사람을 만날 때도 긴장을 할 수밖에 없다. 그래서 가정은 소방차처럼 내 마음의 불을 끄는 역할을 하는 곳이어야 한다. 그래서 내 마음을 편하게 하고, 힘을 주며, 삶의 적극적으로 살아가는 이유를 제공하는 곳이어야 한다. 그렇지 않다면, 삶을 살 이유를 대부분의 사람들은 잃고 만다. 실제 대부분의 사람들은 돈을 벌어서 가족들과 함께 식사를 하고 함께 여행을 하는 것에서 삶의 낙(樂)을 찾고 있고, 이것이 대부분의 사람들에게 있어서는 행복의 99퍼센트이다.

돈을 벌어서 사랑하는 사람들과 맛있는 음식을 먹고, 멋진 여행지에 가서 경치를 구경하고, 바라만 보아도 입이 떡 벌어지는 곳에 가서 대화를 나누는 것보다 사람을 기쁘게 하는 일은 없다. 그것을 하지 않는다면, 무엇을 위해서 돈을 벌며, 무엇을 위해 일을 할까? 대부분의 사람들은 바로 가족들과 함께, 사랑하는 사람들과 함께 웃으며 살기 위해서 일한다.

그래서 가정을 힘을 주는 곳으로 변화시켜야 하고, 부모님, 사랑하는 사람, 자녀 모두와 대화를 나누어서 합의를 구해야 한다. 지금 현재 경제사정에 대해서 합의를 구해야 한다. 그래서 근검절약에 대해서 동의를 구해야 하고, 지금 현재의 소비에 대해서 동의를 구해야 한다. 그래서 나의 멘탈을 붕괴시킬 사람들로 변화되는 것을 미연에 방지해야 한다.

분명 현실의 타협은 필요하다. 모든 것을 다 해드릴 수는 없기 때문이다. 비참한 기분을 수시로 느끼는 것보다 나쁜 것은 없다. 내가 무슨 죄를 지었는가? 열심히 살고 있는 내가, 도대체 무슨 죄를 지었단 말인가? 대부분의 월급쟁이야 박봉으로 살고 있고, 대부분의 자영업자는 생활비 벌기도 빠듯한 상황에서 내가 무슨 죄를 지었단 말인가? 하루 14시간 동안 일하는 내가 도대체 무슨 죄를 지었단 말인가? 나는 그저 열심히 퍼터지고 살고 있는데!! 나는 아무런 죄를 짓지 않았다. 나는 열심히 살고 있다. 나는 성실하게 살아가고 있다. 그 이야기를 해야 한다. 그래서 동의를 이끌어내야 하고, 비교의 늪에 빠지지 않도록 해야 한다. 남이야 어떻든 간에 내 주머니 사정이 중요하기 때문이다. 남 따라하다가 죽을 수도 있는 것이 삶이다.

나는 아무런 죄를 짓지 않았다. 나는 최선을 다해서 살고 있다. 그리고 최선을 다해서 살아가면 좋은 날은 올 것이다. 그 점을 모두에게 인식시켜야 한다. 즉 현재의 노력을 통해서 미래의 비전을 확신시켜야 한다. 물론 상황이 불안하기 때문에 쉽게 가능성을 믿지 않을 수도 있을 것이다. 그러나 확신시켜야 한다. 실제로, 열심히 살아가면 어떻게든 살아갈 수 있으며, 그렇게 살아가다 보면 좋은 날은 오기 때문이다. 아무리 떨어진다고 하더라도, 노력하면 살아갈 수 있으며, 노력하는 사람은 결국에는 올라오게 되어 있는 것이 삶이다. 그래서 어떤 상황에서도 불안에 빠질 필요는 없는 것이다. 지나치게 걱정할 필요는 없는 것이다. 그저 최선을 다하면서 살아가면 되는 것이다. 문제가 있더라도 그 때 또 노력하면 해결되기 때문이다.

나는 사랑하는 사람들에게 모든 것을 다 해줄 수는 없다. 나는 슈퍼맨이 아니다. 나는 하나님도 아니다. 나는 그저 사람일 뿐이다. 나는 일본의 일왕도 아니고, 영국의 엘리자베스 여왕도 아니다. 나는 재벌의 자식도 아니다. 나는 평범한 사람일 뿐이다. 나는 내 삶에 맞는 방식대로 살면 된다. 최선을 다해서 노력하면서 작고 소박한 것의 행복을 누리면 된다. 내가 사랑하는 사람도 내 방식을 따르고 인정해주어야 한다. 슈퍼맨이 아니기 때문이다. 그 점을 분명히 설득시켜야 하고, 나는 나의 노력으로 비전을 보여주고, 비전을 현실로 만듦으로써 희망을 만들어야 한다. 그것은 노력으로써 가능하게 될 것이다. 단기간에는 안 될 수도 있겠지만, 10년, 20년, 30년이 지나면 그것은 현실이 될 것이다. 그 기간 동안 노력을 한다면, 실제로 무엇을 하더라도 그렇게 될 수 있는 것이 삶이기 때문이다.

청년이라면 아무 것도 해줄 수 없는 것이 당연하고, 직장인들의 삶도 갑부의 삶이 아니다. 자영업을 하더라도 현실유지를 하면 잘하고 있는 것이다. 그러니, 그에 맞게 움직이면 된다. 괜한 자책감을 가질 필요는 없다. TV 드라마 혹은 영화의 삶은 그곳에서만 존재한다. 그것이 대부분의 삶이라고 착각하면 안 된다. 대부분의 사람들은 지금도 소박하게 살아가고 있으며, 그곳에서 행복을 누리고 있다. 우리도 그 점을 다시금 되새기면 된다. 우리는 소박함으로 살아가면 된다. 그 속에서 웃으면서 살면 된다. 또, 나를 되돌아보았을 때 부끄럽지 않을 정도로 노력하면 된다. 그러면 결국은 길이 만들어질 것이다. 우리는 성실하게 땀 흘리며 살아가고 있는 사람이다. 우리는 죄인이 결코 아니다. 우리는 삶을 잘 살고 있는 사람이다. 우리는 우리를 믿고 가면 된다. 사랑하는 사람들에게도 동의를 구하고, 그들과 손을 잡고 살아가면 된다. 우리는 자신을 신뢰하고, 실천적 노력으로 비전을 제시하여 사랑하는 사람들에게 신뢰와 확신을 심어야 한다. 그리고 꾸준한 노력으로 비전을 현실로 변화시켜야 한다. 우리는 비전을 오랜 기간 동안의 꾸준하고 묵묵한 노력을 실천함으로써 현실로 만들 수 있을 것이다.

PART 22

'나는 결국은
안 되는구나' 라고
느껴질 때

세상을 살아보면 되는 일보다 안 되는 일이 훨씬 더 많다. 그래서 우리는 나는 안 된다는 느낌을 가질 때가 많다. 실제 우리나라는 어떤가? 우리나라는 대부분의 사람들이 자기의 가능성을 발견하고 찾을 수 있는 기회가 없다. 대부분 학교 교육을 받으며, 대학도 대부분 진학한다. 그러나 공부로 성공할 수 있는 사람은 1퍼센트 미만이며, 그것도 대개는 교수, 의사, 변호사, 고위 공무원 정도로 국한된다. 요즘에는 교사나 9급 공무원도 되기 쉽지 않으며, 대기업에 입사하는 사람도 전체 대학졸업생의 10퍼센트 정도에 불과하다. 따라서 대학을 졸업했다고 하더라도 괜찮은 직장을 갖는 사람도 넓게 잡아도 20퍼센트 정도이며, 대부분은 박봉인 직장에서 일하거나 사회적으로 인정을 받지 못하는 곳에서 일할 가능성이 높다. 또, 그곳이 어떤 곳이든 예를 들어 교수나 의사 혹은 변호사건 아니면 중소기업 입사건 간에 성공은 어렵다. 왜냐하면 '스타'가 되지 않으면 평범한 것이 현실이 되었기 때문이다. 가령, 교수나 변호사를 하더라도 스타 교수, 스타 변호사가 되어야 빛을 볼 수 있지, 그렇지 않고서는 평범한 것이다. 기업에 가더라도 특별한 능력을 보여야 빛을 볼 수 있는데, 그것은 쉽지 않은 일이다.

요즘에는 영화배우나 탤런트, 가수와 같은 연예인과 야구나 축구와 같은 스포츠 선수들이 높은 연봉을 받는다. 그러나 그것은 엄청난 경쟁에서 승리한 사람들만 빛을 볼 수 있다. 그렇지 않은 사람들은 생계를 걱정해야 하는 처지가 되고 만다. 결국 이 직업도 힘든 것이다.

그러면 사업은 어떨까? 사업도 만만치 않다. 무언가를 팔아서 돈을 번다는 것인데, 그것도 쉬운 일이 아니다. 경영학과에서 경영학을 전공한다고 해서 사업에 성공한다는 보장은 없고, 명문대를 졸업한다고 해서 보장되지도 않는다. 경영학과 교수라고 해서 성공할 수 있는 것도 아니고, 대기업 임원을 했다고 해서 성공할 수 있는 것도 아니다. 그야말로 '실전 능력'이기 때문에 모든 프리미엄을 떼고 실전에서 능력을 입증해야 한다. 물론 교수나 대기업 임원 혹은 변호사 혹은 의사 혹은 명문대 학벌을 간판으로 내세워 판매에 유리하게 할 수는 있다. 안철수 연구소의 안철수도 서울대 의대 졸업이 긍정적으로 작용했고, 성주실업의 김성주도 미국에서 공부한 이력이 긍정적으로 작용했다. 또한, 맥킨지와 같은 컨설턴트들도 실무경험은 없지만, 하버드대와 같은 최고의 명문대 출신임을 내세워 CEO들을 상대로 컨설팅 영업을 한다.

분명한 것은 대충하면 되는 것이 하나도 없다. 야구선수를 하더라도 뛰어나야 메이저리그로 간다. 우리나라의 경우, 극소수만이 메이저리그로 간 상황이다. 축구선수를 하더라도 뛰어나야 프리미어리그, 프리메라리가, 분데스리가에 갈 수 있다. 연예인을 하더라도 외모가 좋든가 연기력이 좋아야 하며, 큰 성공을 하려면 둘을 겸해야 한다. 직장생활도 특별해야 초고속 승진을 할 수 있다. 이것은 '객관적'으로 평가해야 한다. 객관적으로 볼 때 특별한 장점이 없다면, 그것은 평범한 것이다. 나 혼자서만 특별하다고 생각하지, 남이 생각할 때 그렇게 생각하지 않기 때문이다. 사업을 하더라도 그렇다. 사업의 결론은 '파는' 것이다. 고객들에게 팔아야 한다는 것이다. 팔기 위해선 고객들이 왜 살까를 파고들어야 하고, 고객들의 기저에 흐르고 있는 생각들을 파악해야 한다. 그리고 나의 본질과 제품의 본질에 대해서도 파고들어 포지셔닝을 해야 한다. 그리고 결정적 고비를 돌파함으로써 성공에 이르러야 한다. 쉬운 것은 아니다.

우리나라에서 성공이란 무엇일까? 나는 객관적으로 대단히 힘든 것이라고 생각한다. 우리나라에서 성공의 실체란 무엇일까? 우리나라에서 성공에 이른 사람들은 일단은 공부를 잘한 사람들이다. 서울대 교수면 가장 좋다. 다음으로 변호사와 의사 그리고 고위 공무원이다. 일단은 공부를 잘 해야 하며, 될 수 있으면 하버드대를 졸업하면 대부분 인정한다. 무엇을 이루었느냐는 중요하지 않고, 하버드대 졸업장 하나가 그 다음을 이끄는 경우가 많다.

　　그러나 대부분의 사람들은 학벌이 좋지 않다. 학벌의 메리트를 받을 수 있는 사람은 우리나라에서 1퍼센트 정도에 불과하다. 따라서 99퍼센트는 실력으로 승부해야 하는데, 이것은 결국에는 현업으로 파고들면서 일을 깊이 할 수밖에 없다. 그래서 월등한 실력을 보유해야 한다. 그리고 나서도 학벌에 대한 극복을 위해서 해외 명문 대학원을 다시 진학하는 경우가 많다. 사람들은 그 사람이 학벌이 좋으면서 틀린 이야기를 하면 '가끔 실수를 하는군' 이라고 생각한다. 그러나 학벌이 안 좋은 사람은 맞는 이야기를 해도 일단 의심부터 하고 들으며, 아예 들으려고 하지 않으려고 하며, 틀린 이야기를 하면 '안 봐도 뻔하다'고 생각한다. 그래서 학벌이 안 좋으면 일단 먹히지가 않는다. 계명대를 졸업한 이제석 광고연구소 소장은 계명대를 졸업했을 때는 공모전에서 수상을 전혀 하지 못했고, 심지어 취직도 하지 못해 동네 간판장이로 일했다. 그러나 뉴욕으로 유학을 가서 공모전에 응시하는 순간, 전 세계의 권위적인 대회를 휩쓸게 되었다. 이것은 간판의 힘을 증명한다. 싸이의 신곡 「젠틀맨」이 지금 세계적인 돌풍을 일으키고 있는데, 이것도 같은 맥락이다. 싸이는 인기는 있었지만, 국내에서는 신곡을 발표할 때마다 1위를 휩쓸지는 못했다. 그러나 전 세계에서 통하는 아이콘으로 되자, 역으로 국내에서 새로운 돌풍이 형성된 것이다. 그런 케이스들은 많으며, 이것은 어떤 '포장'이 있고 없고가 국내에서의 반응을 형성하는 경우가 많다는 것이다. 축구 선수를 해도 일단 해외로 나가면 최고로 생각하고, 일단 해외에서 유학하면 인정부터 하고 보는 것이다. 그런 것이 많다. 이것은 학벌, 나아가 모든 면에서 한국사회의 성공을 지탱하고 있다고 해도 과언이 아니다. 나아가, 전 세계도 이런 면이 많다. 일례로 미국에서 경영서의 베스트셀러가 된 톰 피터스의 『초우량기업의 조건』, 짐 콜린스의 『좋은 기업을 넘어 위대한 기업으로』라는 책이 있다. 이 작가 두 명은 모두 스탠퍼드대학교 경영학과를 졸업했거나, 동대학교에서 경영학 석사와 박사를 밟았다. 미국도 간판이 되어야만 베스트셀러가 되는 경향이 뚜렷한 것이다. 간판이 좋으면 일단 믿고 보는 것이다. 그리고 그런 사람들이 한 둘이 아닌 것이다. 대부분의 사람이라는 것이다.

직장에 가도 특별한 능력을 입증하지 않는 한, 학벌이 꼬리표처럼 따라다닌다. 즉 이 말이다. 특별한 능력이 있으면 그것으로 모든 것이 입증된다. 스티브잡스가 전형적인 케이스다. 그러나 그런 능력이 없으면 학벌로써 모든 것이 평가되는 것이다. 그래서 학벌이 되지 않으면 능력조차도 의심을 받게 되는 것이다. 따라서 학벌이 좋지 않으면서 직장에서 특별한 성과를 내지 못한다면 실제로 문제가 된다. 그렇다면 우리 같은 보통 사람들은 어떻게 살아야 할까?

우리도 하버드대학교로 유학을 가야 할까? 그것은 대안이 아니다. 대학원에 갈 돈도, 시간도 없기 때문이다. 결국 우리는 우리만의 방식을 만들어내야 한다. 진짜 실력으로 사회의 모순을 하나씩 다 극복하면서 가는 수밖에 없다. 결국 우리가 하고 있는 일 그 자체에 집중해서 최고의 실력을 드러내도록 해야 한다. 일의 중심에서, 본질에서 피해선 안 된다. 일 그 자체에 더 깊이 파고들어, 완전히 장악해야 한다. 그래서 최고의 결과물을 내야 한다. 그러면 모든 문제는 하나둘씩 해결될 것이다. 그리고 경제적인 여건이 허락된다면 하버드대 대학원이라도 다녀오는 것이 좋을 것이다. 만약 여건이 안 되면 서울대 대학원이라도 다녀오는 것이 좋을 것이다. 분명 사회는 실력사회로 변화되고 있지만, 아직도 그 속도가 더딘 편이다. 그래서 대학원 진학이 유리하다는 판단이 든다면, 진학을 하는 것도 나쁘지 않다. 고객의 인식을 바꿀 기회를 제공할 것이기 때문이다. 다시 말하지만 학벌이 안 좋으면 능력이 의심을 받는다.

그러나 사회는 조금씩 실력사회로 이동하고 있다. 따라서 실력에 집중해야 한다. 당장 큰 성과를 얻겠다는 욕심을 버리고, 연구자의 자세로 열심히 일을 해야 한다. 대학교수 이상의 실력을 지니겠다고 마음먹고, 독하게 노력을 해야 한다. 그렇게 10년 정도 지나면, 엄청난 실력을 지니게 될 것이다. 매일 매일을 치열하게 보내야 한다. 독서를 하고, 공부를 게을리 하지 말아야 한다. 다큐멘터리를 섭렵하고, 여행도 많이 하면서 사유의 폭을 넓혀야 한다. 일을 하면서도 더 효율적으로 일할 수는 없을까, 더 창의적으로 일할 수는 없을까를 끊임없이 고민해야 한다. 그런 고민이 쌓이면, 그런 세월이 쌓이면, 도사급으로 일을 할 수 있을 것이다. 또한 인생을 깊은 내공을 지닌 도사처럼 어디에도 걸리지 않고 자유롭게 살아갈 수 있을 것이다.

분명히 말하지만, 이 사회는 모순이 많다. 한국뿐 아니라 전세계는 학벌사회며, 일단 공부를 잘 하면 모든 것을 쉽게 가질 수 있다. 그러나 그런 학벌을 지닐 수 있는 사람은 불과 1퍼센트 미만이며, 결국 99퍼센트의 사람은 실력에 집중할 수밖에 없다. 실력이 없다면, 난관을 결코 뚫고 나갈 수 없기 때문이다. 경쟁은 거의 언제나 수백 대 일이다. 직장생활을 하나, 밖에서 자영업을 하나 실제 성공을 하기 위해선 그렇다. 그것은 결국은 경쟁자에게 집중하는 것이 아니라, 제품 그 자체에 집중해서 강력한 차별화를 이룰 때 가능하다. 그래서 최선을 다해서 공부해야 한다. 연구자의 자세로 살아야 한다. 음식장사를 하더라도 공부하는 자세로 살아야 한다. 전국적으로 유명한 집을 돌면서, 최고의 맛을 배워야 한다. 그리고 그것을 내 것으로 표현해야 한다. 운동을 하더라도, 연예인을 하더라도 마찬가지다. 직장생활을 하더라도, 끊임없이 일에 대한 고민을 해야 하고, 더 잘 할 수 있는 길을 모색해야 한다. 폭발적인 결과를 낼 수 있는 길을 고민해야 한다. 그리고 항상 책을 읽고, 최신의 잡지와 신문을 읽으면서 공부해야 한다. 그러면서 기회를 찾고, 자신의 것으로 재창조할 수 있도록 해야 한다. 학벌이 없는 사람은, 결국은 실력밖에는 믿을 것이 없다.

실력이 없으면 실패하고 만다. 따라서 누구보다도 최선을 다해야
한다. 제품 그 자체에 집중해야 한다. 완전히 미쳐야 한다.

좌절하기에는 인생은 너무 길다. 이대로 목숨을 끊기에는 너무
억울한 일이 많다. 이대로 죽을 수는 없다. 힘을 내야 한다. 최고
의 실력으로 무장해야 한다. 다시 제품 그 자체로 파고들고, 하
고 있는 일 그 자체에 파고들어야 한다. 대안은 그것밖에 없다.
본질에 집중하면 모든 것은 변한다. 최고의 경쟁력을 지녀야 한
다. 그러면 모든 것이 변하기 때문이다.

PART 23

내가 원하는 삶과
살아가는 삶이 다를 때

많은 사람들이 기대하는 삶이 있다. 어린 시절 대부분의 사람들은 돈은 저절로 벌리는 것으로 생각하기도 했고, 집은 당연히 부모님께 물려받는 것으로 생각하기도 했다. 그래서 돈을 떠나서 이상(理想)을 생각하며 자랐다. 그래서 자신이 꿈꾸는 삶을 생각하기도 했고, 그 삶을 살고 있는 자신을 생각하기도 했다. 그러나 지금의 현실은 꿈꾸던 이상과는 전혀 다르다.

지금은 먹고 사는 것 자체가 힘든 것이다. 그리고 큰돈을 버는 것도 아닌데, 일도 굉장히 고된 것이다. 거기다가 고용 불안정까지 겹쳐 있는 것이다. 그러나 사람의 욕망이란 그대로이기 때문에 한계를 느낀다. 좋은 집에서 살고 싶고, 좋은 차를 타고 싶고, 멋진 애인을 두고 싶은 것이다. 그러나 현실은 전혀 그렇지 못하고, 자신의 한 몸 지키기도 힘든 현실이 되었다. 어느 정도 나이가 들었음에도 서울의 고시원에서 살고 있는 사람들도 10만 명에 가깝고,

하루 벌어 하루 먹고 사는 사람들도 상당히 많다. 결국 '내 삶은 무엇인가, 나는 왜 사는가'에 대한 의문 내지 회의감을 가지게 되는 것이다. 그리고는 자살밖에는 없다고 결론을 내리는 것이다.

이것은 공부를 많이 한 사람이라고 다르지 않다. 상위 20퍼센트 내 정도에 드는 공부실력을 지녔다면, 열심히 공부를 한 사람들이다. 어느 집단이든 상위 20퍼센트는 그 집단을 이끌어가는 모습을 보인다. 한마디로 리딩그룹인 것이다. 그러나 상위 20퍼센트 내에 드는 대학을 졸업했다고 하더라도 삶은 전혀 보장되어 있지 않으며, 기대이하의 삶을 사는 삶을 사는 경우도 많다. 또, 자신은 능력이 있다고 생각해서 일부러 취직을 하지 않고 사업을 시작한 사람들도 있는데, 이들도 실패를 하는 경우가 있다. 그리고 이후에는 나이가 들어 이러지도 못하고 저러지도 못하는 딜레마에 빠져 곤란을 겪는 경우도 있다. 이들은 삶의 의욕이 더 있었던 사람들이다. 그리고 공부도 잘 해왔던 사람들이다. 그리고 자신감도 있었다. 그러나 실패했다.

삶이란 생각처럼 되지 않는다. 흔히 "생각대로 살지 않으면 사는 대로 생각하게 된다"고 한다. 그러나 생각대로 살기는 쉽지 않다. 생각대로 살아지지도 않는다. 인생은 쉽지 않은 것이다. 생각대로 살아도 실패하며, 곤란한 상황에 처하는 경우가 한 둘이 아니다. 그래서 자신이 원하던 삶과 거리가 있는 삶을 보며 회의감에 빠지고, 좌절하게 되는 것이다.

그렇다면 정답은 무엇일까? 내가 원하는 삶과 살아가는 삶이 다를 때는 어떻게 살아야 하는 걸까? 우선은 현실을 인정할 필요가 있다. 물론 인정하기는 싫을 테지만, 인정할 필요가 있다. 왜냐하면 안 되는 것은 안 되기 때문이다. 당신은 당신이 몇 살까지 살 것이라고 생각하는가? 80대 중반? 나도 그렇게 되기를 진심으로 소망한다. 그러나 그렇게 되지 않을 수도 있다. 당신이 병이 들면 50대에라도 떠날 수 있는 것이 삶이다. 당신이 지금 30대, 40대라면 20년, 10년이 남았다. 50대라면 얼마 남지 않았다. 젊었을 때 못하면, 계속 못할 수도 있는 것이다. 한번 살펴보라. 나이가 들수록 성공할 가능성은 점점 줄어드는 것이 대개는 현실이다. 물론, 한 분야의 특출한 능력을 계속 키워온 경우에는 전혀 다르다. 그 사람은 나이가 들수록 더 성장한다. 그래서 결국은 빛을 본다. 그 사람은 치열하게 살아온 사람이다. 그러면 가능하다. 그러나 나이가 들면 대개는 실패를 할 가능성도 높아진다. 젊었을 때보다 체력도 떨어지고, 두뇌 회전력도 떨어지는 것이 현실이기 때문이다. 물론 노익장이라고 하지만, 한계는 있다.

그런 면은 인정을 해야 한다고 본다. 따라서 나는 지금 당장 손을 뻗으면 선택할 수 있는 현실적인 가능성을 선택하는 것이 옳다고 생각한다. 그렇게 해서 현실의 문제를 해결하고, 지금 당장 즐겁고 행복하게 살아가는 것이 필요하다고 생각한다. 왜냐하면 원하는 삶을 꿈만 꾸다가 지금을 놓치면서 살면, 그렇게 계속 살다가 삶을 마칠 수도 있기 때문이다. 스트레스를 받으면 병이 올 수도 있고, 그러면 50대에도 갑자기 떠날 수도 있는 것이다. 그럴 때는 오히려 현실을 인정하고, 지금 당장 선택할 수 있는 것을 선택하는 것이 옳다. 그러면서 스트레스를 현저히 떨어뜨리고, 지금을 즐겁고 재미있게 보내야 한다. 그렇게 '지금'을 살아야 한다.

몇일 전 인터넷에서 대학 교직원으로 일하고 있는 직원의 글을 읽은 적이 있다. 대학 교직원은 요즘 신도 부러워하는 직장이다. 사실상 공무원 신분이며, 사학연금의 혜택을 받을 수 있는 데다 연봉은 대기업 수준이고, 근무강도도 대기업과 비교해서는 훨씬 약하기 때문이다. 그래서 인재들이 몰리고 있다. 대체로 대학 교직원, 국공립 은행, 5급 공무원에 인재들이 몰리고 있다. 그런 상황인데, 그는 그런 글을 올렸다. "일은 편하고, 사람들도 좋고, 돈도 부족함 없이 벌고 있는데, 왜 사는지를 모르겠다. 기분이 너무 공허하고, 삶이 이게 아닌데 라는 생각이 든다. 그래서 지금 심각한 우울증을 겪고 있다." 그 청년이 말은 옳다. 사람은 돈만 벌기 위해서, 안정적으로 살기 위해서 사는 것이 아니기 때문이다. 안정적인 삶, 그것이 우리 인생의 목적은 아니기 때문이다. 경제적 안정은 일종의 피와 같은 것으로, 피가 없으면 죽지만, 피가 삶의 존재목적은 아닌 것이다. 그렇다면 우리는 어떻게 살아야 할까?

우리는 살아가는 삶과 원하던 삶이 다를 때는, 현실을 우선 인정해야 한다. 그런 다음, 원하던 삶을 살 수 있는 도전을 끊임없이 해야 한다. 그 대학 교직원이 만약 작가가 꿈이라면, 교직원

생활을 하면서 수천 권의 책을 읽고 책을 써야 한다. 그 대학 교직원이 만약 윈드서퍼가 꿈이라면 주말마다 서퍼를 타는 노력을 해야 한다. 만약 여행가가 원하던 삶이라면 지금부터 여행에 관련된 책을 섭렵하면서 여행을 준비하는 동시에, 휴가 때에는 가보고 싶은 곳으로 여행을 떠나야 한다. 그래서 사진을 찍어서 블로그에 올리고, 그것을 사람들에게 공개한다면, 그것은 또 다른 삶의 보람이고, 희망이 된다. 만약 꿈이 대학교수였는데 현실적인 조건 때문에 직장에 취업을 했다면, 계속 공부를 하는 것이다. 그래서 해외대학까지는 아니더라도 서울대라도 대학원을 가는 것이다. 그래서 박사학위를 받고, 나이가 40대 혹은 50대라도 교수임용시험에 도전하는 것이다. 직장생활을 하면서 박사학위를 받고, 최선을 다해서 논문을 쓰고, 관련서적을 섭렵하면서 최고의 실력을 키우는 것이다. 그리고 현재 하고 있는 일과 연계해서 연구를 하면서 실무능력을 더 키우는 것이다. 그렇게 해서 40대 혹은 50대라도 교수가 된다면 의미가 있는 것이 아닐까? 의사의 꿈도 마찬가지다. 40대에 의사가 되어도 아무런 문제가 없는 것이다. 만약 사업을 해보고 싶은데 돈이 없다면, 일단 회사생활을 하면서 돈을 모으는 것이다. 그러면서 사업을 구체화하는 것이다. 그러면서 회사에서 인정을 받아서 회사로부터 자금을 제공받거나, 혹은 투자자를 모집한 뒤 창업을 하는 것이다. 아니면, 회사에서 똑똑한 사람들과 함께 창업을 하는 것이다. 그러면서 현재에서 원하던 삶으로 도약하는 것이다.

실제로 어떤 상황에 있든 포기는 금물이다. 그리고 우리가 원하는 삶이란 처음부터 얻기란 쉽지 않을 수도 있다. 대학교수만 해도 되기가 매우 어렵다. 유학기간도 대체로 7~8년이다. 그리고 다녀와서도 시간강사를 해야 한다. 돈도 많이 들고, 나이도 찬다. 잘못하면 결혼을 하지 못할 수도 있고, 계속 시간강사를 해야 할 경우 자칫 자살을 할 수도 있다. 실제로 시간강사를 하다가 자살한 사람은 이미 한 둘이 아니다. 그럴 때는 일단 취업을 하는 것이다. 그래서 이게 아닌데 싶다면, 회사를 다니면서 공부를 하는 것이다. 회사에서는 공부하겠다는 직장인은 말리지 않는다. 오히려 밀어준다. 제약기업 셀트리온 같은 회사는 박사학위까지 학비를 전액 제공하기도 한다. 그러면, 오히려 지원을 받으면서 학교를 다닐 수도 있는 것이다.

인생은 복잡하고, 힘들며, 마음대로 되는 것만은 아니다. 그래서 우리는 우선은 현실을 인정해야 한다. 지금을 잘 보내야 한다. 언제 떠날지 모르는 것이 삶이기 때문이다. 지금 괴로워하면서 계속 보내서 갑자기 죽어버리면, 그 억울함은 어떻게 감당할 수 있겠는가? 실제로 그럴 수도 있는 것이 삶이다. 너무 잘 하려고 하다가, 너무 애쓰다가 암으로 죽을 수도 있는 것이고, 그렇게 암에 걸려서 죽은 사람들도 많다. 그래서 지금 당장을 즐겁고 재미있게 보내야 한다. 어떤 상황에 있더라도 그래야 한다. 지금 못 보내면 안 된다. 곧 죽는 것이 삶의 본질이기 때문이다. 그래서 지금을 잘 보내야 한다. 그런 다음, 현실을 인정해야 한다. 경제적으로 필요하다면 어디라도 취업을 해야 한다. 또, 좋다면 이직도 해야 한다. 그러면서 현실의 문제를 해결해나가야 한다. 그리고 이것이 아니라는 생각이 들어서 죽고 싶다면, 흔히 말해서 "내가 원하는 일을 하고 싶다. 직장을 나가고 싶어서 미치겠다"면, 그 준비를 해야 한다. 그 도전을 해야 한다. 모든 것은 가능하다. 노벨문학상을 받은 알베르 까뮈는 공무원을 하면서 소설을 썼다. 파브르는 교사를 하면서 곤충연구를 했고, 세계사에 한 획을 그었다. 그들은 원하던 삶을 살지 않았지만, 쉼 없는 노력으로 원하던 삶을 끝내 만들어낸 위대한 영웅들이다.

이제는 우리가 세계사에 한 획을 새로운 영웅이 될 차례다. 우리도 할 수 있다. 노력하면 되기 때문이다. 중요한 것은 멈추지 않는 노력이다. 마음만 원하면 안 된다. 그러면 정신이 돌아버린다. 직접 실행해야 한다. 그래서 내 몸이 느껴야 하고, 미래를 만들어가야 한다. 그래야 인생이 변한다. 그래야 희망이 생기고, 진정한 변화로 인해 삶을 신바람 나게 살아갈 수 있다.

현실을 원망해선 안 된다. 원망으로 달라지는 것은 아무 것도 없기 때문이다. 현실이 싫다면 바꾸면 된다. 그것은 내 몫이다. 부모님이, 친구가 바꿔줄 수 있는 것이 아니다. 노력하면 된다. 우리는 할 수 있다. 지금 당장 실천하는 순간, 모든 것은 변화의 시작을 고하기 때문이다.

PART 24

너무 외로워서
삶이 힘들게 느껴질 때

인생은 외로운 것인가? 이 외로움이란 대체 무엇인가? 나는 외동아들로 태어났고, 대학시절 자취생활을 했으며, 2007년 대학을 졸업한 이후로 대부분 혼자서 일해 왔다. 20대 초반 이후로 연애다운 연애를 한 적도 없으며, 사실상 여자 친구 없이 지낸 시간도 거의 7년 가까이 된다. 대학시절에도 혼자서 지낸 적이 많았다. 물론 대학시절 총학생회장에 출마하느라 많은 사람들을 만나고 지낸 적도 있었지만, 그때는 1년 반 정도이다.

외동으로 태어나, 혼자서 지내고, 혼자서 일하며, 여자 친구도 없이 지낸 시간이 긴 나는, 외로움을 어떻게 생각할까? 나도 외로워서 죽고 싶을 때가 있다. 특히 일이 풀리지 않을 때, 진척이 없을 때, 미래와 관련해 불안하거나 생각이 혼란스러울 때는 더더욱 외로움을 탄다. 그럴 때는 어디 하소연을 할 사람이라도 있어야 하는데, 그런 사람이 없는 것이 안타까운 것이다. 그래서 그때는 깊은 우울과 짜증을 경험하게 된다. 그러면 삶에 대한 회의가 밀려온다.

그렇다면 그럴 때는 어떻게 극복해야 할까? 그럴 때는 그 순간만 넘기면 된다. 안 좋은 기분이 들 때는 몸을 움직이는 것이 최고다. 나는 한 10Km 정도를 걷는다. 짧으면 1시간 반에서, 늦으면 2시간 정도를 쉬지 않고 걷는 것이다. 그러면 땀이 나면서 기분이 가라앉는다. 그렇게 온 몸의 컨디션을 끌어올린 다음, 맛있는 음식을 먹는다. 그러면 힘이 난다. 그런 뒤에 카페에 앉아서 잠시 쉬다가 다시 일을 한다. 그러면 외로움은 사라지게 되고, 다시 희망이 움튼다.

분명, 삶은 원망하면 끝이 없다. 왜냐하면 원망하려고 하면 모든 것을 원망할 수 있는 것이 삶이기 때문이다. 비교하고 원망하려고 마음먹는 순간, 모든 것이 원망의 대상으로 변한다. 그때 컴퓨터를 보고 있으면, 모니터를 박살내고 싶은 마음이 생긴다. 그것은 분명 위험신호다. 이런 마음이 되면, 범죄를 저지르는 사람들도 이해하게 된다. '아, 저 사람은 참지를 못했구나!' 라는 것을 느끼게 되기 때문이다. 자기의 우울한 기분에 깊이 몰입해 이성(理性)을 잃을 때 사람은 상식을 벗어난 행동을 하게 된다. 그것은 때로는 범죄라는 형태로 드러난다. 이상한 기분이 들고, 죽고 싶다는 생각이 든다면, 일단 집 밖으로 나와야 한다. 그래서 몸을 움직여야 한다. 땀을 많이 흘려야 한다. 귀찮으면 사우나에 가서 땀을 흘려도 되지만, 될 수 있으면 운동으로 흘리는 것이 좋다. 몸의 컨디션이 달라지기 때문이다. 그렇게 땀을 흘리고 나면, 몸의 컨디션이 돌아오면서 제정신이 든다. 그러면 객관적인 이성을 가지고 생각을 하게 된다. 그리고 외로움에 대해서도 초연하게 바라볼 수 있게 된다.

인간의 삶이란 원초적으로 외로울 수밖에 없다. 옆에 누가 있든 없든 그런 것이다. 어머니가 옆에 있어도 외롭고, 사랑하는 사람이 옆에 있어도 외롭다. 자식이 있어도 외롭다. 왜냐하면 그 사람이 내 모든 것을 채워줄 수는 없기 때문이다. 내 삶의 모든 문제를 해결해줄 수는 없기 때문이다. 내 마음의 빈구석을 매워줄 수는 없기 때문이다. 그것은 내 스스로 해야 하는 몫으로, 누가 있다고 해서 달라지는 것이 아니다. 나의 몫이다.

외로울 때는 사랑하는 사람을 사귀고 싶게 되기도 한다. 그래서 흐트러진 상태에서도 상대에게 연락을 하게 된다. 그러나 그러면 대체로 좋지 않은 결과가 나온다. 왜냐하면 상대는 기분이 나쁘기 때문이다. 흐트러진 모습으로 나타난 모습과 순수함을 잃은 모습과 배려하는 모습이 없는 상태와 사랑하는 마음에서 나온 행동이 아닌 모습에 실망을 한다. 그래서 대체로 좋지 않은 결과가 나오게 된다. 본인 역시 더 나은 사람을 만날 기회를 빼앗기게 된다. 왜냐하면 당장 급해서 아무나 만나기 때문이다. 외롭다고 사람을 만나선 안 된다. 혼자서 외로움을 풀어야 한다. 다양한 행동들을 하면서 풀어야 한다.

남자든 여자든 당당해야 한다. 비참하게 구걸하는 식으로 상대의 사랑을 구할 수는 없는 일이다. 상대에게 당당하게 무언가를 줄 수 있다는 것을 어필하는 자세가 건강한 것이다. 꼭 돈을 의미하지는 않는다. 비전이라든지, 당당한 자세라든지, 자신감 있는 눈빛이라든지, 지켜줄 수 있다든지 등을 의미한다. 그런 어떤 믿음과 확신을 줄 수 있는 상태와 자세에서 사랑을 시작해야 한다. 그것이 바람직한 사랑의 자세이고, 그럴 때에야 서로가 공고한 믿음을 가지고 사랑할 수 있게 된다.

그러나 외로움에 죽고 싶다면, 정말로 죽고 싶다면, 그래서 누군가와 반드시 대화를 하고 싶다면, 해도 된다. 그럴 때 대화는, 일종의 종교적 구원이 되기 때문이다. 만약 꼭 사랑하는 사람을 만들어야겠다고 생각된다면, 만들어도 된다. 앞에서 이야기한 부작용이 있음에도 불구하고, 그것이 확실한 구원이 될 때는 구원이 되기 때문이다. 정말 힘들 때는 기댈 존재를 만들고 싶다면, 기대도 된다. 그렇게 그 순간만 넘겨도 외로움은 사라지게 되고, 정신이 들게 되기 때문이다. 인간이 절대적으로 힘들 때 부끄러움은 없는 것이다. 그럴 때 다른 사람에게 피해를 주는 범죄를 빼고는 모두 이해가 된다. 그렇기 때문에, 그럴 때는 사랑을 시작해도 된다. 그리고 상대도 내가 가장 최악일 때 나를 받아주었다는 것은, 그만큼 힘든 상황들을 이겨낼 수 있는 내공이 있다고 보아도 되는 것이다. 또, 사람의 됨됨이를 볼 줄 아는 사람인 것이다.

외로울 때는 치열한 것이 좋다. 그래서 무언가에 빠져드는 것이 좋다. 가장 좋은 것은 생산적인 결과를 내는 것에 몰두하는 것이 좋다. 그래서 완전한 몰입을 이루고, 그로써 외로움을 잊는 것은 물론, 성장의 발판이 될 수 있도록 해야 한다. 실제로 어떤 일이든 외로워야 일이 된다. 혼자 있어야 일이 된다. 미치도록 일을 하려면, 혼자 있는 시간이 절대적으로 많아야 한다. 그래서 집중과 몰입을 습관으로 삼아야 한다. 혼자서 성찰(省察)도 많이 해야 한다. 차분하게 생각하려면 말을 줄여야 한다. 혼자서 방안에서 혹은 길을 걸으면서도 생각을 많이 해야 한다. 그리고 집중하면서 일을 해야 한다. 그래야 큰 성과를 낼 수 있다.

언제나 건강관리는 잘 해야 한다. 건강과 외로움은 연관관계를 맺고 있기 때문이다. 몸이 건강하면 외로움은 쉽게 오지 않는다. 왜냐하면 건강하면, 일이 잘 할 수 있고, 그러면 일을 잘 하게 되어서 신바람이 나기 때문이다. 그래서 일에 몰입하면서 가능성을 극대화시키는 모습을 보며 흥분과 희열을 느끼게 된다. 그러나 건강하지 않으면 일이 되지 않고, 일이 되지 않으면 곧바로 온갖 불안한 생각이 들면서 외로움이 엄습하게 된다. 그 전에는 일을 죽도록 하느라 옆을 보지 않아 외로움을 인식하지 못했는데, 일을 하지 않으면서 온갖 생각들을 다 하니, 그 동안 외롭게 지냈던 삶의 모습이 눈에 보이는 것이다. 그래서 우울한 감정에 빠지게 되고, 다시 외로움에 주목하게 됨으로써 어떻게 해야 할지를 모르게 되는 것이다. 그럴 때는 며칠 푹 자고, 운동을 열심히 하면서 컨디션을 끌어올려야 한다. 그래서 다시 일로 돌아가야 한다.

사람은 희망을 볼 때 외로움을 느끼지 않는다. 자신감이 생기기 때문이다. 그래서 사람은 근본적으로 일을 열심히 해야 한다. 일에 집중해서 가능성을 만들어야 한다. 그러나 요즘에는 일이 잘 되지 않는다. 그래서 큰 결과를 얻는다는 마음은 비우고 전진해야 한다. 그저 열심히 하는 것에 의의를 두고 꾸준하게 묵묵하게 전진해야 한다. 그러면 가능성은 만들어지게 된다.

일을 손에서 놓으면 안 된다. 그러면 악순환의 고리가 돌기 시작한다. 일을 하지 않으면, 일이 안 되고, 온갖 생각이 다 들면서 깊은 우울증을 경험하게 된다. 그러면 불면증도 겪게 되고, 건강도 안 좋아진다. 그래서 더 외로움을 느끼게 된다. 그러면서 결과도 점점 더 안 좋아져 가기 때문에, 더 마음이 급해진다. 결국 우울증의 총체를 경험하게 되는 것이다. 그럴 때는 하루 속히 운동을 해야 한다. 몸에 좋은 맑은 물을 많이 마시고, 몸에 좋은 채소를 먹어야 한다. 그러면서 컨디션을 끌어올리고, 그런 뒤에 집중적으로 일을 해야 한다. 그래서 결실을 맺어야 한다. 그러면서 자기 삶의 가능성에 대해 확신해야 한다.

결국은 일이다. 일을 잘 해야 한다. 나는 실패한다는 생각을 해선 안 된다. 문제는 분명 많을 것이다. 그러면 문제를 극복하기 위한 묘책을 찾아야 한다. 묘책을 파악했다면 그 길로 가야 한다. 만약 현실적으로 그곳으로 곧바로 가기 힘들다면, 우회해서 가도록 해야 한다. 그리고 그 우회가 옳은 것인지도 생각해보아야 한다. 그런 뒤에 옳다면 올인해야 한다. 결국은 노력하면 길은 보이게 마련이다. 어떤 상황이든 문제해결의 묘책이란 있게 마련이다. 그 길에 대한 믿음을 최선을 다해 노력해도 가지지 못할 수도 있을 것이다. 그러나 언제나 그렇듯 지금처럼 하면 된다. 그러면 결국은 가능성이 만들어지게 된다. 만약 지금처럼 해서는 안된다면, 지금처럼 하지 말고 방법을 바꾸면 된다. 더 수준을 높여서 대응하면 된다. 그러면 시간과 돈이 더 많이 들고 들어오는 돈은 더 적을 수도 있을 것이다. 감수하면 된다. 결국은 생활에 대한 자신감을 가질 수 있게 될 것이다. 문제가 없는 것이다. 그러니, 페이스대로 가면 된다. 결국, 일을 흔들림 없이 해야 한다. 몰입하면서 해야 한다. 그래야 외로움이 사라진다.

사랑하는 사람이 있더라도 몰입해야 외로움을 경험하지 않는다. 사랑도 뜨겁게 해야 한다. 그래야 외롭지 않을 수 있다. 건성으로 만나면, 외롭게 된다. 무엇이든 그 속에 완전히 몰입해야 딴생각이 나지 않는다. 여행을 하더라도 그 여행지에 완전히 몰입해야 고도의 집중력이 발휘되고, 다른 생각이 들지 않는다. 실제로 해외의 새로운 곳으로 여행을 떠나면 스트레스가 제로 상태가 되면서, 뇌가 고도로 몰입하고 있다는 것을 느끼게 되는데, 그 쾌감이란 짜릿할 정도이다. 신기한 것을 계속 보니까 즐겁고, 몰입하고 있으니까 즐거운 것이다. 이것이 배움이란 생각이 드니 기쁜 것이다. 그렇다. 무엇을 하든 몰입해야 한다. 그래야 외로움이 없다.

한편, 외로움이란 잡생각을 많이 하면서 나온 것이기도 하다. 또, 한가하기 때문에 나온 것이기도 하다. 또, 괜히 미래가 불안하기 때문에 가만히 있다 보니까 나온 생각이기도 하다. 그렇기 때문에 다시 몰입해야 한다. 이때 건강은 중요하다. 몸의 컨디션을 정신에 지대한 영향을 미치기 때문이다. 감기가 걸리고, 38도의 고열에 시달리면 일을 못한다. 정신이 없기 때문이다. 갑자기 팔이 부러지면 아파서 정신을 못 차린다. 그때 일을 할 수는 없다. 치료부터 해야 한다. 몸은 정신에 지대한 영향을 미친다. 그래서 건강관리가 중요하다. 건강한 상태에서 열심히 일하면 가능성은 현실이 된다. 그러면, 삶이 신바람 나게 된다. 외로움을 느낄 틈은 없다.

언제나 몰입해야 한다. 일에도, 사람에게도, 자연풍경에도 몰입해야 한다. 그럴 때 외로움은 사라지게 된다. 잡생각을 가지면, 가만히 멍하게 있으면 그때부터 외로움은 시작된다.

PART 25

마흔 이후 제 2의 인생을
시작해야 한다는 부담감에
잠을 못 이룰 때

한 출판사 대표님은 내게 "요즘 사람들의 마음
이 어수선하다"는 말씀을 하셨다. 그 말의 뜻은 그랬다. 모든 직
장인들이 고용 불안정으로 마음이 붕 뜬 상태에서 생활을 한다
는 뜻이었다. 이런 상황에서 직장인들에게 "직장을 박차고 나와
도전을 하라"는 쉽게 할 수 없다. 자영업은 현상유지도 쉽지 않기
때문이다. 올해만 해도 편의점 사장님들이 세 분이나 스스로 목
숨을 끊은 상태이다. 이것은 하나의 예에 불과하다. 모든 영역의
자영업이 죽지 못해서 하고 있는 것이 현실이다. 이런 상황에서 도
전을 하라는 말을 하기는 쉽지 않은 것이다. 그러면 "도전하지 말
고 가만히 있어라"고 이야기할 수도 없다. 지금도 힘든데 어떻게
가만히 있을 수 있느냐는 말을 할 것이기 때문이다. 결국 모두가
진퇴양난이고 마음이 항상 어수선한 것이다.

회사에 계속 있기도 어렵고, 나와서도 만만치 않으니, 어떻게

해야 할지를 모르는 것이다. 그래서 일부 직장인들은 다시 공무원을 준비하기도 하고, 다른 직장인들은 영어공부 혹은 대학원 진학을 통해서 자기계발을 하기도 한다. 본업의 성과에 집중하는 직장인도 있다. 스스로 회사에 사직서를 제출하고 사업을 하는 직장인도 있고, 안정적인 직장으로 이직을 시도하는 직장인도 있고, 오히려 중소기업으로 이직하는 직장인도 있다.

요즘 결혼 후 걱정 1위도 경제적인 부분이라고 한다. 또, 결혼을 못하는 이유도 남녀 모두 경제적인 부분을 첫 번째로 꼽고 있다. 또, 고용 불안정 때문에 항상 어수선한 상태다. 결국 먹고 사는 문제인데, 결국에는 대안을 만들어내야만 한다. 무엇을 하든 그래야 한다.

그렇다면 어떻게 해야 할까? 40대 중반 이후에 은퇴를 하고 어떻게 먹고 살아야 할까? 결국은 현실이다. 몇몇 부분을 제외하곤 대부분 사업을 하면 매출대비 순이익은 10퍼센트이다. 결국 100만원을 벌려면 1,000만원치를 팔아야 한다. 월 500만원을 벌려면 5,000만원의 매출을 내야 한다. 그 점을 항상 생각하고 지금 있는 곳에서 일해야 한다. 그러면서 자기계발을 게을리 하지 말아야 한다. 직장에서의 진정한 자기계발은 직장에서 요구하는 일을 제대로 하는 것이다. 그러면서 직장에서 요구하지 않은 부분까지 해내는 것이다. 그러면서 기대 이상의 성과를 내는 것이다. 그러면 직장에서 절대 해고되지 않는다. 명심해야 할 것은 직장도 사업체라는 것이다. 사업체는 어찌되었든 제품이나 서비스를 파는 것으로 돈을 버는 곳이고, 따라서 그 돈을 많이 벌어주는 직원이 훌륭한 직원이라는 것이다. 그렇다면 결국 제품이나 서비스를 직접 영업이나 마케팅으로 잘 팔고, 회사 전반에서 잘 팔 수 있는 시스템을 만들며, 현재 하고 있는 일을 효율적으로 할 수 있도록 해서 혹은 비용절감 내지 생산성 향상을 시키면 된다는 것이다. 그래서 회사에 돈을 벌어주면 된다는 것이다. 그리고 회사는 인간의 집단이므로, 사람의 마음을 다치지 않게 하는 것이 중요하다. 그래서 항상 겸손하고 예의바르게 대화를 해야 하며, 무엇보다도 상대방의 마음에 상처를 주는 말은 하지 않아야 한다. 상처 되는 말을 듣고 상처받지 않는 사람은 아무도 없다. 그것은 CEO도 같다. 항상 말을 잘 해야 한다. 이 두 가지를 가지고 나가면 된다. 결국은 직장생활은 일과 인간관계로 집약되기 때문이다.

직장에서 최선을 다하면 해고가 되지 않을 것이다. 그러나 만약 비전이 보이지 않는다면, 길이 쉽게 보이지 않는다면 이직 혹은 사업을 해야 할 것이다. 그러나 현실적으로 이직은 쉽지만은 않다. 한국에서의 이직은 말처럼 쉬운 것이 아니기 때문이다. 결국은 마지막 선택은 사업이다. 대체로 사업을 한다고 하면, 부정적으로 생각하기 쉽다. 그러나 하면 할 수 있다.

사업이란 무엇일까? 사업에서 가장 중요한 것은 '그 분야의 성공 메커니즘'을 파악하는 일이다. 그래서 그 본질에 집중하면서 역량을 강화시키는 일이 중요하다. 가령, 음식이라면 맛이 본질이다. 그러나 비슷한 것들을 많이 만드는 경쟁자가 많다면, 다시 생각해보아야 한다. 가령, 카페가 좋은 예이다. 카페는 맛의 차별화가 쉽지 않으며, 이미 프랜차이즈가 장악을 하고 있다고 해도 과언이 아니다. 또한, 너무 많다. 이런 것은 좋지 않다.

어떤 사업이든 성공의 비결은 존재한다. 그것을 스스로가 파악해야 한다. 그것은 현재 직장의 일과 관련된 것이면 좋다. 그래야 지금 하고 있는 일의 능력을 살릴 수 있기 때문이다. 좀 더 쉽게 성공에 이를 수 있기 때문이다. 물론 전혀 다른 일을 할 수도 있겠지만, 그럴 경우에는 준비를 철저하게 해야 한다. 사업은 준비가 어느 정도로 되어 있느냐로 승패가 난다고 해도 과언이 아니다. 전쟁을 시작할 때 이기고 시작한다고 하는데, 성공해놓고 시작한다는 말은 사업에도 적합한 말이다. 준비와 실력이 철저해야 성공할 수 있는 것이 사업이기 때문이다. 그래서 일종의 사전연습도 필요하다. 다른 회사에 들어가서 배우거나, 혹은 약간 간을 보는 식으로 조금씩 사업을 시작해서 확장하는 것이 좋다. 그렇게 하는 것이 안전하기 때문이다.

사업은 생각보다 훨씬 힘들다. 온갖 일들을 혼자 다 도맡아야 할 경우도 많다. 왜냐하면 스스로 그 일을 알아야 하며 가진 돈이 적어 채용도 쉽지 않기 때문이다. 또, 일정 부분으로 올라오더라도 중소기업의 특성상 혼자 관리할 수 있어야 하기 때문이다. 사업 성공은 이미 룰이 정해져 있다. 베스트셀러가 있으며, 이미 그 베스트셀러 공식은 정해져 있다. 그것은 기존의 베스트셀러를 통해서 추적하는 것으로 가능하다. 베스트셀러는 사람들의 요구를 담고 있다. 그리고 보편적으로 많은 사람들의 선택을 받는 것이다. 결국에는 사업은 사람의 코드를 읽는 것이고, 그 코드를 바탕으로 제품을 만드는 것이라고 할 수 있다. 어떤 사업이든 그 사업마다 성공공식이 정해져 있다. 그것을 섬세하게 찾아내고, 그 본질에 충실할 때 사업은 가장 큰 반응을 불러올 수 있다. 따라서 스스로가 다양한 시도를 하고, 많은 자료를 통해서 공부를 하면서, 또 고객들과 많은 대화를 나누면서, 혹은 타 업종에서의 변화를 살펴보면서 사업을 해야 한다. 타 업종의 변화를 보는 이유는 내가 종사하고 있는 업종도 사회라는 테두리 내에서 있는 것으로, 사회로부터 끊임없이 크고 작은 영향을 받기 때문이다. 사회전체를 정확히 이해해야, 내 제품의 포지셔닝과 전략이 정확히 도출할 수 있다. 그래서 정치, 사회, 문화, 경제 등 사회전반에 대한 분석이 중요하다. 이 맥락이 다 같이 맞물려 돌아가는 것이 사회고 경제다.

어차피 대세는 정해졌다. 마흔 이후의 삶은 누구나 불안하다. 그것은 공무원 등 일부 직종을 제외하고는 거의 그렇다. 그리고 공무원도 엄밀히 말해서 어떻게 될지는 모른다. 결국 선도적으로 적응하고, 시대를 리드하는 것이 중요하다. 그래서 20~30대부터 마흔 이후의 삶을 준비하기 시작해야 하고, 마흔이라면 더 치열하게 고민하고 준비해야 한다. 그래서 결단을 내리고 시작해야 한다. 이직을 할 수 있다면 하는 것도 좋은 방법이다. 사업 성공은 녹록한 것이 아니기 때문이다. 직장생활보다 더 힘들고 치열한 것이 사업이다.

작지만 강한 기업, 내실 있는 기업을 운영하려면 결국에는 가장 중요한 것이 경쟁력이다. 확실히 경쟁력이 있어야 한다. 객관적으로 비교해서 어떤 경쟁력이 분명히 있어야 한다. 그 강점, 자신만의 본질을 잡아내고, 그곳에 집중해야 한다. 나는 누구이며, 나의 본질은 무엇인지, 나는 어떤 사업으로 내 능력을 발휘할 수 있을지에 대해서 고민을 해야 한다. 그리고 그 능력을 키워가면서 현실을 섬세하게 읽어내야 한다. 그래서 현실에 적합한 형태로 내 능력을 퍼즐을 맞추듯이 맞추어 넣어야 한다. 그래서 결과를 만들어야 한다.

결국은 실력으로 모든 것이 결정될 것이다. 고객들은 자신의 욕망에 정직하고 솔직하다. 제대로 된 제품이라면 입소문이 날 것이다. 따라서 최선을 다해야 한다. 정직한 승부를 해나가는 것이다. 그리고 항상 차별화를 고민해야 한다. 그리고 강력한 실행으로 최고로 자리를 잡아야 한다. 무엇을 하든 최고의 실력을 지향해야 한다. 고생을 하는 것을 두려워해선 안 된다. 좀 더 노력한다고 생각해야 한다. 그러면 반드시 실력을 갖추게 될 것이고, 입소문은 나게 될 것이다. 그래서 내 하기에 따라서 어쩌면 마흔 이후의 삶이 더 나을 수도 있을 것이다.

분명 우리 시대는 어렵다. 힘들다. 겁이 난다. 두렵다. 그것이 현실이다. 왜냐하면 대부분 장사가 되지 않는 것이 이미 현실이 되었기 때문이다. 그래서 더 뛰어야 한다. 더 노력해야 한다. 실패할 확률이 현저하게 높아졌기 때문에 더 치열해야 한다. 그러면 될 것이다. 인생은 내가 결정하는 것이고, 내 손으로 만들어가는 것이다. 경쟁의 강도가 높다면, 내가 강도를 더 높이거나, 아니면 다른 곳으로 진출해서 새로운 시장을 만들면 된다. 어떤 식으로든, 대안을 만들 수 있다. 음식점을 하더라도, 무엇을 하더라도 길은 있다. 그러니, 좌절은 금물이다.

지금 미래가 불안하다면, 구체적으로 무엇을 할지 생각을 해보자. 지금부터라도 알아보고, 정해보자. 그리고 정했다면, 그것에 미쳐보자. 직장을 다니면서 실력을 닦자. 그것이 안전하기 때문이다. 그래서 이만하면 되었다는 생각이 들 때, 연습 삼아서 해보자. 그런 뒤에, 검증을 한 후에 온 몸을 던져서 뛰어들자. 그렇게 한다면, 반드시 미래는 만들 수 있을 것이다. 결국 사업이라는 것도 사람이 하는 것이고, 항상 치열하게 노력한다면 길을 만들 수 있기 때문이다. 중요한 것은 행동이고, 실천이다. 지금 당장 움직이면 길은 반드시 만들어질 것이다.

PART 26

몸이 고생하는 것이 두려워
밑바닥부터 시작 할
용기가 나지 않을 때

우리나라에는 외국인 노동자들이 많이 들어와 있다. 그들은 박봉의 월급을 받고, 고된 환경에서 일한다. 우리나라 사람들은 그들이 하는 힘들고 험한 일은 하지 않으려고 한다. 힘도 들고, 남의 눈을 보기에도 부끄럽기 때문이다. 그리고 대학을 나왔는데, 그런 일을 하다니 도저히 인정할 수가 없는 것이다. 우리나라 사람들은 저축금액이 현저하게 줄었다. 뻔한 월급에 물가가 오른 탓도 있다. 그러나 그렇지 않은 이유도 있다. 남들 다 타고 다니는 자동차를 타고 다니느라, 신혼부터 아파트를 대출을 받아 전세를 얻느라 그렇기 때문이다. 또, 사교육도 지나치게 많이 시키고 있고, 브랜드 제품을 사기를 주저하지 않기 때문이다. 그러나 어디에서 일하나 월급은 뻔하다. 아무리 대기업에서 일하더라도 외제차를 탈 형편은 쉽게 주어지지 않는다. 만약 탄다면? 거의 파산을 하게 된다. 도저히 유지할 수 없기 때문이다.

내가 이 이야기를 한 이유는 월급을 적게 받으면서 외국인 노동자는 거의 돈을 쓰지 않고 저축을 하는 데 비해, 우리나라 사람들은 이것저것 쓸데없는 혹은 굳이 없어도 되는 것을 소비하느라 저축을 하지 못하는 것에 대해서 말하고 싶기 때문이다. 물론 외국인 노동자처럼 돈을 거의 쓰지 않고 사는 삶은 우리들에게는 힘들다. 우리는 이미 편안함에 젖어 있기 때문이다. 그러나 우리는 소비를 줄이는 일에 대해서 다시 생각해보아야 한다. 그래서 저축을 해야 한다. 그래야 삶에 희망이 있기 때문이다. 돈을 저축하는 것은 몸의 불편함을 감수할 때 가능하다. 빨래방에 맡기지 않고 빨래를 하고, 타고 갈 것을 걸어서 가고, 떨어진 것을 기워서 입을 때 가능하다. 몸의 불편함을 감수하면 돈이 모이지만, 몸 편하게 하면 돈이 모이지 않는다.

많은 사람들이 미래를 두려워하는 이유는, '힘든 일을 하게 될까봐'다. 편하게 살고 싶은 건 인간의 본능이다. 육체적으로 힘들면 싫다. 그러나 해야 한다면 해야 한다. 해야 한다면 포장마차라도 해야 한다. 해야 한다면 생산직에 가야 한다. 해야 한다면 아르바이트도 해야 하고, 대리운전도 해야 한다. 해야 한다면 우유 배달도 해야 한다. 해야 한다면 해야 한다.

많은 사람들이 몸이 고생하는 것을 싫어한다. 그리고 그런 일을 하게 될까봐 두려워한다. 그러나 해야 할 상황이라면 어떻게 하겠는가? 해야만 한다. 타협의 여지란 없기 때문이다. 안 되면 트럭이라도 몰아야 한다. 하면 된다. 해도 안 죽는다. 다만 조금 힘들 뿐이다. 갑자기 직장을 잃고 할 일이 없다면 택시운전대라도 잡아야 한다. 어쩔 수 없는 일이기 때문이다.

번듯한 직장을 다니다가 힘든 일을 하면 실패한 삶이라고 생각한다. 대개의 사람들이 그렇다. 그러나 막상 닥쳤을 때 어떤 일이든 하며 사는 것은 자신의 삶을 사랑하는 용기 있는 행동이다. 그런 힘든 일을 하기 싫어서 스스로 목숨을 끊는 것이 오히려 비겁한 행동이다. 육체적인 일을 하면 미래가 없을 것이라고 단정하고 희망을 포기하고 함부로 사는 것은 비겁한 행동이다. 어떤 일을 하든 자기하기 나름이다. 그 일을 하면서도 저축을 할 수 있고, 저축을 하면 종자돈이 모인다. 종자돈이 모이는 순간, 미래는 달라질 수 있다. 그 돈을 바탕으로 일을 배워서 창업을 할 수 있기 때문이다. 창업을 해서 큰돈을 벌기는 쉽지 않지만, 원천기술이 있으면 어디든 통한다. 음식을 만드는 기술도 그렇고, 제조업 부분에서의 기술도 그렇다. 3D 분야의 일이라도 기술을 갖고 있는 사람은 당당하게 살아갈 수 있다. 막노동을 하는 사람과는 다른 것이다. 막노동을 하면서도 그런 기술을 배워서 기술노동자로 나아면 미래는 달라진다. 어디서든 해볼 여지는 있는 것이다. 심지어 이민을 가서도 해볼 수 있는 판에, 말이 통하는 한국에서 도대체 무엇을 못하겠는가?

힘을 내야 한다. 허리끈을 다시 졸라매야 한다. 팔을 걷어붙이고 일을 해야 한다. 일을 하지 않는 것이 아니라, 육체적인 일을 해서라도 가족을 부양하고 자신의 삶을 이끌고 가는 것이 부끄럽지 않은 삶이다. 자신의 삶을 사랑하는 자세다. 지금 여기에서도 입을 꽉 깨물고 사는 순간, 미래는 달라질 수 있다. 공장에서 노동자로 살더라도 매일 새벽 5시 30분까지 출근하고, 저녁 10시까지 일하고 공부하면서 지내보라. 더도 덜도 말고, 그렇게 5년만 살면, 공장의 모든 직원들이 다르게 봄은 물론, 사장까지 특별대우를 지시할 것이다. 밑바닥에서부터 시작해도 임원으로 승진할 수 있다는 말이다. 그리고 그렇게 5년 동안 생활하면, 그 생활이 습관이 되어서 그 습관대로 계속 살아갈 수 있을 것이다. 결국 밑바닥이라는 희망이 없는 삶이었지만, 그것이 계기가 되어 최고의 삶을 살아가게 되는 것이다. 삶은 바로 그런 것이다. 늦었다고 생각한 순간이 가장 빠른 것이다. 그때부터 죽기 살기로 하기 때문에 가장 빠르게 되는 것이다. 매일 새벽 6시까지 출근하고, 저녁 10시까지 공부하고 일하는 삶을 살면 성공하지 않으래야 하지 않을 수 없다. 이렇게 계속 살아갈 수 있는 사람은 드물기 때문이다. 어떤 평범한 사람이라도 일을 이런 식으로 수십 년 간 계속하면 천재적인 반열에 오를 수 있기 때문이다.

몸의 고생을 두려워하지 말아야 한다. 그 고생을 두려워하는 순간, 물러설 곳이 없어진다. 안 되면 뭐라도 하는 사람은 다시 일어설 수 있다. 하루 15시간 이상씩 일하면서 재기하고 만다. 어떤 상황에 처하더라도 죽을 각오로 다시 일하는 사람은 성공하게 되어 있다. 아르바이트만 하는 인생을 살더라도 하루 여러 개를 하면서 살면, 연봉 1억 원 가까이 벌수도 있다. 실제로 그런 사람이 TV에 나온 적도 있다. 우리나라에서 말이다.

무엇을 하더라도 된다. 성공하게 될 사람은 성공하게 되게 되어 있다. 결국 될 사람은 된다. 왜 인가? 몸의 고생을 두려워하지 않기 때문이다. 지금 회사에서 일하고 있다고? 그런데 미래가 불안하다고? 몸이 고생할 일을 하게 될까봐 두렵다고? 지금 고생을 자처해라. 지금부터 고생해라. 내일하나 지금하나 다를 바 없지 않은가? 지금하면 더 빨리 삶을 안착시킬 수 있다. 회사 근처에 집을 잡고 일해라. 새벽에 출근해서 밤늦게 퇴근해라. 일을 집중적으로 하기 위해서 밤에 곧바로 잠에 들어라. 일을 할 때는 최대한 집중해서 해라. 동선도 최대한 줄여서 해라. 매일 매일을 전쟁을 하듯이 치열하게 일해라. 하루하루가 모두 중요하다. 하루 동안이면 일을 많이 할 수 있다. 그것이 일주일만 쌓여도 엄청나다. 그렇게 한 달 동안 폭발적으로 일을 해라. 그렇게 하면 삶이 달라진다. 미래는 걱정할 필요가 없게 된다. 사람들에게 인정받을 수 있게 된다. 독보적인 성과를 낼 수 있게 된다. 그것은 학원 강사를 하더라도 그렇다. 파고들면서 최고의 실력을 키우면, 결국 성공은 하게 되어 있는 것이다. 1등은 가능한 것이다.

건강은 중요하다. 이렇게 일을 하면 정말 피곤할 것이다. 육체적으로 힘든 일을 하면 피곤할 것이다. 정말 힘들 때는 입에서 "아~

피곤하다~ 너무 피곤하다~"는 말이 저절로 나올 수도 있을 것이다. 그럴 때는 푹 자야 한다. 그리고 죽지 않을 정도로 일해야 한다. "죽지 않을 정도로"라는 말을 사용했는데, 이 말은 중요하다. 실제로 일을 많이 하면 죽을 수도 있다. 과로로 죽는 것이다. 항상 몸의 컨디션을 체크하면서 일해야 한다. 또, 규칙적으로 생활하면서 일해야 한다. 잠자는 시간과 식사시간이 일정해야 한다. 일을 한창 할 때는 말도 아끼는 편이 큰 도움이 된다. 말을 많이 하면 피곤해지기 때문이다. 몸 피곤해질 일은 최대한 자제하면서, 집중적으로 일을 하면 미래는 달라진다. 때로는 이렇게 살면 삶 자체가 피곤하게 느껴질 것이다. 그러나 노력하지 않으면 희망은 없다. 피곤하더라도 극복해야 한다. 또, 휴식을 하면서 피곤함을 풀면서 앞으로 나아가야 한다. 삶은 원칙적으로 힘들고 피곤한 것으로 이겨내야 한다.

사람은 누구나 편하게 살고 싶어 한다. 일도 느긋하게 하고, 몸도 편하게 하고 싶어 한다. 쉬고 싶을 때는 일을 아예 하지 않고 싶다. 그러나 우리는 결과를 만들어내야 한다. 공짜는 없는 것이 인생이다. 우리는 우리의 생활을 책임져야 한다. 그것은 우리의 책임이다. 누구나 편하게 살고 싶어 하지만 편함만으로는 불편함이 만들어진다. 계속 놀면 삶은 파탄난다. 열심히 살면 몸은 힘들어도 희망은 만들어진다. 결국 열심히 일하는 것으로 습관으로 삼아야 하고, 몸이 힘든 것을 이겨내는 것도 하나의 습관으로 만들어야 한다. 열심히 사는 것도 하나의 습관이 될 수 있다. 노는 것도 계속하면 습관이 된다. 결국은 열심히 하는 것을 습관으로 만들어야 한다. 그래서 앞으로 치고 나가는 헝그리 복서의 삶을 살아야 한다.

다만 건강관리는 항상 신경 써야 한다. 또, 스트레스를 지나치게 받지 않도록 각별히 주의해야 한다. 항상 즐거운 마음상태여야 한다. 비록 몸은 힘들더라도 마음은 행복해야 한다. 그렇게 되지 않으면, 잘못하면 암이 올 수도 있기 때문이다. 그럼, 어떻게 마음이 행복해질 수 있을까? 마음이 행복해지기 위해서는 지나치게 결과에 연연하지 않으면 된다. 1등을 하지 않아도 된다고 생각하면 되고, 동료가 나보다 더 잘 나가더라도 부러워하지 않으면 된다. 그런 마음을 갖고, 순수하게 나 자신에 몰입해서 최선을 다해서 살아가면 된다. 결과에 연연하지 말고, 그저 내가 하는 일을 즐기면서 최선을 다해서 한다고 생각하고 하면 된다. 그리고 가지고 싶은 것을 가지지 못하더라도 현재에 만족해야 한다. 부러워하거나 원망하지 말고 사는 것이다. 이렇게 살기 위해선 감사함을 발견해야 한다. 스스로 감사할 거리들을 찾고 그곳에 늘 감사하는 것이다. 매일 감사할 것들을 10개씩 쓰고 매일 감사함을 돌아보는 것도 좋다. 그러면 마음이 편안해진다. 행복해진다. 내가 많은 것을 가졌다는 것을 다시금 깨닫게 되고, 내 인생에 대해서 깊은 감사함을 느끼게 된다. 눈이 보이는 것을 감사하게 되고, 걸을 수 있는 것을 감사하게 되며, 직장이 있음을 감사하게 된다. 대학까지 나왔으니 부족함이 없다고 생각하게 된다. 독서를 하는 소중한 습관을 가지고 있으니 감사함을 느끼게 된다. 부모님이 살아 계시니 감사하게 되고, 존경하는 사람이 이 세상에 살고 있으니 감사함을 느끼게 된다.

최선을 다하면 길은 만들어진다. 고생을 각오하면, 오히려 길은 활짝 열리게 된다. 몸의 고생도 해야 한다면 해야 한다. 피할 수 없는 것이라면 피하면 안 된다. 정면승부 해야 한다. 우리는 요령껏 살려고 하거나, 편하게만 살려고 해선 안 된다. 고생도 기꺼이 하며 나가겠다는 적극적인 자세를 가지고 살아야 한다. 그것이 내 가슴이 살아 있는 삶이며, 그런 삶을 살 때에야 결국에는 모든 것을 얻을 수 있다.

자신의 삶을 바꾼 사람들, 나아가 역사까지 바꾼 사람들은 몸의 고생을 피하면서 살지 않았다. 그렇게 눈치보고 요령껏 살지 않았다. 그들은 몸의 고생을 각오했고, 뜻을 품고 도전했다. 그 결과 역사로 도약할 수 있었다. 우리들도 단 한번뿐인 삶을 열정적으로 살아야 한다. 열정적인 삶을 살 때에야 우리들의 인생을 극적으로 변화시킬 수 있고, 나아가 사회마저 변화시킬 수 있기 때문이다.

우리들은 순수한 뜻을 가지고 최선을 다해 살아야 한다. 할 수 있는 노력을 다해야 한다. 그런 노력이 결국은 우리를 구원할 것이기 때문이다. 땀을 흘리는 수고는 아름다운 것이다.

PART 27

세상이 교과서와 정반대인
거대한 거짓말처럼
느껴질 때

우리가 초등학교, 중학교, 고등학교를 다니면서 배웠던 것은 "도덕적으로 살아야 한다"는 내용이 많았다. 그러나 대학을 졸업한 이후의 삶을 보면 "거의 돈이 전부인 세상"을 보며 살고 있다. 우리들도 여기에 영향을 절대적으로 받고 있다. 또, 세상에는 모순이 많아 보인다.

가령, 법은 지켜야 하지만, 재벌들은 법을 지키지 않는 경우가 있고, 그러고도 가볍게 처벌을 받거나 아예 처벌을 받지 않는 것이다. 이것은 분명 교과서와는 다른 것이다. 또, 노동법은 지켜야 하지만, 많은 기업들은 야근수당을 지불하고 있지 않으며, 다양한 방법으로 CEO는 폭군처럼 살고 있다. 또, 국회의원들도 여기에 대해 제재를 하지 않는다. 말로는 "이기는 것이 정의가 아니라, 정의가 이기는 사회를 만들겠다"고 하지만, 언제나 그렇듯 립서비스이다.

열심히 노력하면 성공한다고 하지만, 돈이 없으면 대학에도 가지 못한다. 미국 유학은 거의 꿈을 꿀 수 없다. 물론, 탁월하면 장학금을 받을 수도 있겠지만, 그래도 등록금과 생활비 전액을 해결하는 것은 어려운 일이다. 돈을 벌면서 공부하는 것이란, 생각보다 쉽지 않다.

착하게 살아야 한다지만, 착하게 살지 않는 사람들이 성공하는 경우도 많이 목격하고 있다. 실력보다 인간관계에 치중해 요령껏 처신한 사람들이 성공하는 경우도 심심치 않다. 아직도 뇌물이 판치고 있으며, 룸살롱에는 접대 손님이 없으면 운영이 되지 않을 지경이다. 한국은 청렴결백을 강조하지만, 돈에 있어서 추악한 모습을 보이는 경우가 많다. 그래서 장관 후보자를 임명할 때마다 청와대는 진땀을 흘리곤 한다. 돈의 유혹으로부터 초연한 공직자가 거의 없는 것이다. 재벌들이 각종 문제를 일으킨 적은 어제오늘이 아니다. 오늘날 우리 사회의 재벌은 존경의 대상이 아니라 질투와 부러움의 대상이자, 손가락질의 대상이 되고 말았다.

우리들로써는 위에서 저런 삶을 사니까 삶의 올바른 규칙을 제시하는 사람도 누군지 모르며, 어떻게 살아야 할지를 모르는 경우도 많다. 그래서 혼란을 경험하고 있다. 무엇을 삶의 규칙으로 삼아야 할까에 대한 혼란을 겪고 있는 것이다. '그저 먹고 살기 위해선 모든 일이든 가리지 말고 해야 하는 것이 이데올로기인가'에 대한 의심과 회의감이 드는 것이다. 왜냐하면 CEO의 그릇

된 행위마저 편들어야 하는 경우가 심심치 않게 있기 때문이다. 가령, 기업의 핵심 임원은 직원들의 야근수당을 지불하지 않는 것에 가담해야만 하고, 노동청에 신고도 하지 않아야 한다. 즉 방조범 내지 동조범인 것이다. 재벌의 상속세를 줄이기 위해서 온갖 머리를 굴리며 법의 틈새를 파고드는 것이다. 사법시험을 우수한 성적으로 합격했음에도 재벌 뒷구멍 청소나 열심히 하고 있다니, 회의감이 들 수밖에 없다. 어쩌면 그런 회의감은 이미 없는지도 모른다. 삶은 원래 그런 것이라고 생각하며 살 수도 있기 때문이다. 그래서 마음은 이미 덤덤한지도 모른다. 어쩌면 우리 사회는 제대로 된 양심이 있다면 살아갈 수 없을지도 모른다.

온갖 부조리함이 판을 치고 있다. 이것은 자연이 인간이 내린 부조리함이 아니라, 사회 구성원들 간에 암묵적으로 합의함으로써 발생되는 부조리함이다. 그리고 이 부조리함이 교과서와는 다르게 펼쳐지고 있다. 룰을 어겨서 성공하는 경우라든가, 온갖 다양한 방법으로 밥그릇을 지키거나 키우려는 모습을 보이고 있다. 그런 모습 속에서 우리는 흔들린다.

그렇다면 우리는 어떻게 살아야 할까? 회사를 다니면서 회사의 잘못된 점을 바로 잡으려고 하면 해고 1순위가 된다. 곧바로 찍히고, 회사에서 짐 싸고 나가야 한다. CEO가 불합리한 지시를 내리더라도 직설적으로 이야기를 하면 곧바로 해고다. 둘러서 이야기를 해야 하거나, 둘러서 이야기를 해도 통하지 않으면 입 닫고 일해야 한다. 안 그러면 당장 해고다.

이 사회도 그렇다. 실력대로 움직이지 않는다. 실력이 객관적으로 입증되어서 무언가에 공인되지 않으면 인정을 받기 어렵다. 예를 들어 저명한 상을 받거나, 수백억을 벌거나, 최고 명문대를 졸업했거나 하지 않으면 인정받기가 사실상 쉽지 않다. 그것이 현실이다.

우리는 이런 현실을 인정해야 한다. 이런 현실을 인정하고 싶지는 않지만, 존중해야 한다. 바뀌지 않기 때문이다. 나도 바꿀 수 있으리라 생각했지만, 결코 쉽게 바뀌지 않음을 깨달았다.

그러나 법에 어긋나지 않도록 교묘하게 사기를 치거나, 요령껏 살거나, 법의 틈새를 교묘하게 활용해서 성공하는 삶은 수백억을 벌더라도 후회가 남지 않을까? 그런 삶은 어떤 의미가 있을까? 물론 가난에 찌든 상태라면 이런 유혹을 느낄 수도 있겠지만, 이 삶은 자신의 가슴을 죽이는 삶이다. 한번뿐인 삶을 오직 돈만을 위해서 사는 삶으로 건강하지 못하다. 조금 가난하게 살더라도, 비록 수백억대의 부자가 되지 않더라도 자신의 양심을 지키고, 바른 길을 걸어가며 사는 삶이 후회가 남지 않을 것이다. 그런 삶을 살아야 당당할 수 있을 것이다.

우리는 현실을 충분히 숙지해야 한다. 그리고 이런 현실로 세상이 돌아가는 면이 많다는 점을 인정해야 한다. 그것이 객관적인 현실이기 때문이다. 그러나 우리는 이 세상과 타협하지 않고 살아야 한다. 자신의 양심을 굳건하게 지켜야 한다. 이 삶이 후회가 남지 않기 때문이다.

비록 더디기는 할지라도 내가 최선을 다해서 노력하면 부끄럽지 않은 삶을 살 수 있을 것이다. 비록 큰 부자는 아니더라도 이 삶이 건강하고 후회가 남지 않을 것이다. 단 한번뿐인 삶을 아름답게 살아가는 길일 것이다. 우리는 멋지고 건강한 삶을 살아야 한다.

그러나 우리는 현실을 알고는 있어야 한다. 왜냐하면 더러움에 희생을 당해선 안 되기 때문이다. 그래서 충분히 현실을 알고, 효과적으로 대처할 수 있어야 한다. 그래서 최소한 희생은 당하지 말아야 한다. 그리고 이런 현실을 점진적으로 개선시켜 나갈 수 있어야 한다. 과거에는 불합리한 일들이 많았다. 16만 년 전에는 노동자는 노예였다. 노예는 불과 1~200년 전에도 있었다. 우리나라에도 하인이 있었다. 그러던 것이 개혁을 통해서 노예해방이 이루어졌다. 불합리한 현실은 분명 바뀌게 되어 있다. 그것은 인간의 본성에 비추어볼 때 잘못된 것이기 때문이다. 그러나 그 변화의 속도는 매우 더디다. 적어도 내가 살아 있을 때는 되지 않을 수도 있다. 따라서 무조건 변화된다고 생각하고 있으면 안 되고, 오늘의 현실을 먼저 인정해야 한다. 그런 뒤에 나는 다른 선택을 해야 하며, 변화를 시켜야 하고, 희생당하지 말아야 한다.

이 세상을 둘러보면 문제가 많다. 북한에는 공산주의가 자리를 잡고 있다. 돼정은(돼지 김정은의 줄임말)은 아직도 미친 짓을 일삼고 있고, 경제협상을 위해 전쟁위협까지 하고 있다. 북한에는 공산주의 정권의 말을 듣지 않은 이유로 이미 수십만 명이 목숨을 잃었다. 또, 미국에는 보스턴 마라톤 대회에서 테러가 발생했다. 그곳에서 많은 사람들은 목숨을 잃거나, 크게 다쳤다. 9·11테러로 뉴욕의 수많은 엘리트들이 목숨을 잃기도 했다. 아프리카에는 아직까지 해적이 있다. 여자에 대한 차별이 심한 지역도 있고, 아마존 지역 근처에는 식인(食人)도 하며, 파푸아뉴기니에는 아직도 마녀사냥이 있다. 이상한 이유를 대서 사람들이 몰려가 사람을 죽이는 것이다. 우리나라에서는 가끔씩 연쇄 살인이 일어나기도 한다. 이것은 교과서와는 다르다. 아름답게 묘사되던 교과서의 모습과는 다르다.

이 세상은 한마디로 너무 복잡하다. 그리고 예상할 수 없는 사람도 있다. 또, 자연적인 재앙도 있다. 우리는 이런 현실 속에서 살아가고 있다. 우리는 이 현실을 인정해야 한다. 우리는 슈퍼맨이 아니기 때문에 이런 현실을 모두 바로잡을 수는 없다. 그저 인정하고, 우리가 다른 삶을 살면 된다. 그리고 희생당하지 않도록 주의하면 된다. 우리는 그렇게 함으로써 우리의 삶을 지키고, 변화시키며, 나아가 느리지만 사회까지 변화되도록 해야 한다.

우리는 현실을 원망해선 안 된다. 원래 그러한 것이기 때문이다. 즉 예전부터 그랬던 것으로, 이것은 인간 세상의 본질이기 때문이다. 따라서 우리는 현실을 인정하고, 내가 다른 삶을 살면 된다. 내가 바르게 나아가면 된다. 그러면, 나는 다른 삶을 살 수 있게 된다. 때로는 심각한 회의감이 들 때도 있을 것이다. 가령, 회사에서 하는 나쁜 짓에 가담하는 경우가 그것이다. 이럴 때는 설득을 통해서 하지 않도록 하는 것이 좋다. 그리고 그런 일을 계속 하는 곳이라면 회사를 옮겨야 한다. 평생을 범죄자로 살아갈 수는 없기 때문이다. 실수로 한 두 번 하는 것과 의도적으로 계속 하는 것은 엄연히 다르다. 여기에 대한 판단은 분명하고 단호해야 한다. 잘 먹고 잘 사는 것도 중요하지만, 그것보다 더 중요한 것은 바르게 사는 것이기 때문이다. 그리고 최선을 다해 살아가면, 결국 먹고 사는 문제는 해결이 되기 때문이다. 양심을 버리며 사는 삶은 모두에게 큰 피해를 준다. 내 존재가 사회로 볼 때는 암적인 존재가 되는 것이다. 이 삶은 성공하면 할수록 더 좋지 않은 것이다. 이 삶은 아니다.

우리는 앞으로 세상을 살아가면서 많은 부조리를 목격할 것이다. 많은 모순을 목격할 것이다. 그때마다 갈등할 것이다. 그러나 선택은 분명하고 단호해야 한다. 아닌 것은 아니기 때문이다. 나쁜 짓을 해서 연봉 1억 원을 받는다면, 착한 행동을 해서 연봉 5,000만 원을 받는 것이 더 낫지 않을까? 그것이 죽기 직전에 웃을 수 있지 않을까? 죽을 때는 모두 놓고 가며, 오직 살아온 삶으로 삶을 평가할 것이기 때문이다. 삶은 결국에는 다른 사람과 사회에 얼마나 도움을 주었느냐로 평가가 내려질 것이다. 자기 자신만을 위해서 사는 삶은 기본이고, 그것을 넘어서 얼마나 다른 사람과 사회에 얼마나 도움을 주었느냐가 중요한 것이다. 결국 이 점을 안다면, 올바름이란 얼마나 중요한지 다시 깨달을 수 있을 것이다. 바르게 살아야 한다. 노력하면 다 되게 되어 있는 것이 삶이고, 성공이다. 잘못된 길을 가면 조금 빨리 갈 수는 있겠지만, 나중에 감옥에 감으로써 모든 것이 망가질 수도 있는 것이 진실이다. 그것은 대부분의 사람들에게 이미 드러났고, 오늘날도 끊임없이 나타나고 있다.

세상은 잘못된 것도 많지만, 우리가 바르게 살아가면 된다. 또, 우리 모두가 바르게 살아갈 때, 우리 사회는 바뀔 것이다. 우리는 그 믿음을 가지고 최선을 다해 살아가면 된다. 그럴 때 양심과 행복 나아가 영원한 성공까지 할 수 있을 것이다.

PART 28

집안의 불화로
삶의 의욕을 잃었을 때

가정불화보다 골치 아픈 일은 없다. 이것은 삶의
모든 것을 망가뜨린다. 가정불화 나아가 친척불화까지 사람의 마
음을 썩게 만든다. 이것은 누구에게도 하소연할 수 없다. 하소연
하면 자기만 못난 사람이 되기 때문이다. 얼마나 못났으면 집안도
다스리지 못하느냐는 말을 듣게 될 것이기 때문이다. 집안불화는
해결이 쉬운 일도 아니고, 돈이 있다고 해결될 문제도 아니다.

우리나라 재벌들을 보자. 형제간에 분쟁이 없는 집이 잘 없다.
현대가도 분쟁이 있었다. 얼마 전까지도 신문광고를 통해서 상호
비방을 일삼았다. 삼성가도 별반 다르지 않다. 형과 동생의 법정
분쟁이 있었고, 한국 최고의 로펌 간에 대결이 펼쳐지기도 했다.
두산가는 재벌 총수를 했던 사람이 자살하는 일까지 발생했다.
롯데가도 동생과 형이 사이가 좋지 않다. 이 외에도 우리나라 재
벌가의 분쟁은 모두 열거하기 어려울 정도로 많다. 거의 대부분의

재벌가에서 분쟁이 있었다고 해도 과언이 아니다. 형제간끼리 남남처럼 지내는 집들이 많다는 말이다.

이 말은 무슨 말일까? 먼저 재벌들은 누구인가? 우리나라를 이끌어가는 사람들이다. 과거에는 왕이 국가를 이끌었지만, 지금은 기업가가 나라를 이끌어가기 때문이다. 연 매출 수천억에서 100조원 이상을 기록하는 기업을 이끌고 있는 기업가는 분명 우리나라의 최고 리더다. 그들은 엄청난 양의 돈이 있음에도 가정불화를 해소하지 못하고 있다. 돈이 있어도 그렇다. 그것은 탐욕 때문이다. 서로가 탐욕을 가지고 싸우기 때문이다. 그래서 해소가 안 된다. 그리고 자기가 다 잘났다고 생각하기 때문에 서로 고개를 숙이지 않기 때문이다. 한쪽만 고개를 숙이고 악수를 청해도 사이는 달라지지만, 그것을 좀처럼 하지 않는 것이다.

이것은 보통 집에서도 비슷한 모습을 보인다. 재벌들은 규모가 큰 재산을 두고 싸움을 한다. 그러나 보통 집은 1,000만원 혹은 몇 백만 원을 두고 싸움을 한다. 돈의 액수는 차이가 나지만, 본질은 같다. 결국 욕심 때문이다. 그러나 이것은 해결이 어렵다. 한쪽에서 터무니없는 주장을 하는 경우가 대부분이기 때문이다. 즉 싸움이란 한쪽만 정당하다고 해서 하지 않는 것이 아니다. 한쪽이 터무니없을 경우에는 싸움이 날 수밖에 없다. 그리고 그 터무니없는 싸움을 일으킨 장본인은 끝까지 사과를 하지 않는다. 결국 화해는 이루어질 수 없게 된다.

집안에 불화가 없는 경우도 많지만, 있는 경우도 많다. 그것은 대부분 돈과 연관된 모습을 보인다. 만약 돈이 아니라면, 자존심과 관련된 문제이다. 그러나 대부분은 돈 문제이다.

그렇다면 어떻게 이 문제를 해결해야 할까? 누구에게 하소연하기도 힘든데 말이다. 결국 화해가 안 되면, 안 되는 채로 놓아둘 수밖에 없다. 이것은 단순하게 돈이 많아서 그 친척을 도와준다고 해서 달라질 문제가 아니다. 예를 들어 내가 100조원 정도의 재산이 있어서 1년에 1억 원씩 도와준다고 하면, 오히려 재산이 그렇게나 많은데 그 정도밖에 도와주지 않느냐고 원망을 할 것이다. 그래서 도와주고도 욕을 먹게 된다. 그럼, 안 도와주면 어떻게 될까? 안 도와주면 안 도와준다고 뭐라고 한다. 그래서 자립해서 살라고 한마디 하면 자존심 상해하며 다음부터는 발길을 끊어버린다. 아예 남남이 되는 것이다. 원래부터 대화가 안 통한 사람들은 돈이 있다고 해서 달라지지 않는다. 그래서 그때는 아예 포기를 하는 편이 마음이 편하다. 친척관계는 특히 대가족의 경우에는, 할아버지 혹은 증조할아버지라는 윗대에서 화목함이 이미 결정되어버리는 경우가 많다. 윗대에서 서로 화목하고 예절을 잘 가르친 경우에는, 윗대의 어른이 돌아가시고 나서도 아래 자식들이 화합이 잘 된다. 그러나 그렇지 않으면 화합이 안 되는 경우가 많다. 가까운 친척의 경우에도 화합이 잘 되어서 평소에 자주 만나고 대화를 많이 나눈 집안은 사이가 좋다. 그러나 윗대에서 교통정리를 잘 못해둔 집안은 문제가 끊이지 않는다. 특히 웃어른이 돌아가시고 나면, 그 갈등은 첨예하게 벌어진다. 대부분 돈과 자존심 문제다.

그때는 깔끔하게 돈도 포기하고, 사람도 포기하면 모든 문제가 달라진다. 억지로 친하게 안 지내도 된다. 억지로 친하게 지내려고 하다가 오히려 병난다. 오는 사람 말리지 않고 가는 사람 잡지 않는다는 태도로 살면 된다. 그리고 돈도 받으려고 소송 걸면 오히려 피곤하다. 물론 아주 큰돈이라면 소송을 하는 것도 바람직하겠지만, 수천만 원 정도라면 주는 것이 편하다. 그 돈으로 부자가 되는 것도 아니고, 그 돈 받으려고 소송 걸며 싸우는 것이 더 스트레스를 받는다. 그렇게 스트레스를 받으면 내가 하는 일이 안 되어서 오히려 더 손해를 본다. 그래서 그때는 돈도 포기하고 사람도 포기해야 한다. 내가 받을 정당한 몫이라도 포기를 하는 것이 좋다. 그것이 법정소송을 하는 것보다 덜 피곤하기 때문이다. 집안문제는 이렇게 해결하면 된다.

그렇다면 가정불화는 어떻게 해야 할까? 가정불화는 결국 본인의 잘못이다. 매일 얼굴을 보며 사는데 가정을 불화로 이끌었다는 것은 문제가 있는 것이다. 물론 상대방이 잘못했을 수도 있다. 그러나 결국은 본인의 책임이다. 그것이 배우자의 입장이며, 도리이다. 그래서 결국은 본인의 책임으로 생각해야 한다.

가정불화가 있으면 대화가 상책이다. 무조건 대화를 해야 한다. 대화를 해서 풀든가, 끊든가 둘 중 하나로 확실하게 매듭을 지어야 한다. 99퍼센트까지는 풀도록 해야 한다. 하는 데까지 해서 문제를 해결하도록 해야 한다. 그래서 다시 하나 된 가정을 만들어야 한다. 특히 자식까지 있는 입장이라면 더더욱 그래야 한다. 자라날 자식이 너무 불행해지기 때문이다. 어린 시절 홀부모 밑에서 자라면 자식은 매일 눈물로 지샌다. 이불 속으로 들어가 누워서 운다. 뭔가 허전함을 경험하게 된다. 그것은 다른 한쪽 부모와 조부모들이 잘 해준다고 해도 달라지지 않는다. 그것은 자식에게 큰 죄를 짓는 일이다. 그래서 이혼은 하지 않도록 해야 한다. 그래서 문제를 해결하도록 해야 한다. 대화를 집중적으로 하면 문제는 풀린다. 필요하다면 회사에 휴직계를 내고, 일주일~이주일 동안 이야기를 해야 한다. 여행을 하면서 이야기를 하는 것도 좋다. 하루에 10시간 넘게 이야기를 나누는 것도 좋다. 그래서 어떻게든 문제를 해결해야 한다.

만약 문제가 해결되지 않으면 어떻게 해야 될까? 그럴 때는 이혼을 해야 한다. 어쩔 수 없다면 갈라서야 한다. 가정을 지키려는 일이 오히려 더 고통을 줄 때는 헤어지는 것이 좋다. 물론 이혼은 아직까지 우리 사회에서 자랑은 아니다. 그러나 이혼을 하는 것이 고통을 줄이는 길이라면 해야만 한다. 남에게 보여 지는 삶이 아니라 내가 내 삶을 잘 사는 것이 중요하기 때문이다. 당사자는 나 아닌가? 그렇기 때문에 내가 행복한 삶을 선택해야 한다. 아니라는 확신이 든다면, 헤어지는 것이 현명하다. 다만, 자식의 경우에는 잘 키워야 한다.

명심해야 한다. 나는 다른 사람으로 인해 인생이 결정되는 사람이 아니라는 점을! 나는 다른 사람이 나를 불쾌하게 하는 것을 이유로 흔들려서는 안 된다는 점을! 내 인생은 오직 내 뜻과 의지에 따라서 살아야 한다는 점을 말이다! 내 삶은 내가 사는 것이지, 그들의 뜻과 의지에 따라서 부평초처럼 흔들리는 것이 아니어야 한다.

집안문제든, 가정문제든 어떻게든 풀도록 노력해야 한다. 그래서 어지간하면 풀고, 하나가 되어야 한다. 그러나 풀리지 않는다면, 도저히 풀어보아야 별 수 없다면, 끊는 것도 좋다. 좋은 것처럼 보이는 것이 오히려 속은 곪아 터져서 죽을 지경이 되는 경우는 숱하게 많다. 그럴 때는 과감하게 버리는 것이 옳은 것이다. 그리고 개선의 여지가 있다면 적극적으로 노력을 해야 한다. 그것이 인간의 도리이고, 인간이 가야할 길이기 때문이다. 뜨거운 심장을 지닌 인간이 지향해야 할 길이기 때문이다. 그러나 어떤 선택이든 오랜 시간을 끌고, 너무 지나친 고심을 하게 만들면 안 된다. 그것은 분명 잘못된 것이다. 영양가 있는 것은 복잡하지 않다. 잘 되는 사업은 비즈니스 모델이 단순하고, 명교수는 쉽게 설명하며, 내게 도움이 되는 사람은 복잡한 생각할 거리들을 던져주지 않는다. 그러나 영양가 없는 것은 언제나 힘들게 다가온다.

만약 너무 긴 시간을 끌고, 많은 에너지를 빼앗기게 한다면, 화해보다는 끊음을 선택하는 것이 대단히 현명한 것이다. 그것이 내 삶을 온전하게 이끌고 갈 수 있게 만들기 때문이다. 인간다움도 내가 존재한 다음에 나올 수 있는 것이다. 삶의 근간을 흔들 만큼 많은 돈과 시간이 든다면, 그것은 분명 잘못된 것이다. 그 길은 가면 안 된다.

자신의 인생은 자신이 결정하는 것이다. 그리고 책임을 지면되는 것이다. 남의 눈을 의식할 필요는 없다. 본질에 맞게 움직이면된다. 화해가 되면 하면 되고, 안 되면 끊으면 된다. 다만 그 점은 명심해야 한다. 오는 사람 막지 말고 가는 사람 잡지 말라는 말! 끊더라도 온다면 다시 받는 미덕이 필요하다는 말이다. 이것은 집안사람들의 경우에 통용될 것이다. 사람은 언제나 따스함과 덕이 있어야 한다는 점에서 그래야 한다. 그러나 아닌 경우에는 아닌 것이다.

우리는 모두 자기 자신에게 맞는, 자신의 상황에 맞는 선택을 하면 된다. 그리고 그 선택에 대한 책임을 지면 된다. 우리는 우리가 행복할 수 있는 선택을 해야 한다. 그 누구의 눈치도 보지 말고, 다른 사람의 눈도 의식하지 말고 올바른 선택을 해야 한다. 그것이 궁극적으로 가장 올바른 선택이기 때문이다. 불화는 풀어야 한다. 화해하든가, 끊든가 둘 중 하나로 말이다.

PART 29

직장에서 일도 되지 않고
승진도 되지 않을 때

직장에서 일을 하다 보면 생각처럼 일이 손에 익지 않거나, 승진도 마음대로 되지 않을 때가 있다. 그럴 때는 초조해진다. 요즘은 세상을 사는 것 자체가 쉽지 않기 때문에 일까지 안 되면 그야말로 미칠 지경이 된다. 지금 수많은 사람들은 대부분 답답함을 느끼며 살아가고 있다. 왜냐하면 인생이 생각대로 풀리지 않기 때문이다. 지금 주위를 둘러보면 부모님께 한몫을 물려받은 사람들이나 여유롭지, 그렇지 않은 사람들은 대부분 힘든 삶을 살아간다. 월급 200만원을 못 받는 사람들이 상당히 많으며, 연간 저축 1,000만원을 못하는 사람들이 숱하게 많다. 사람들은 그런 말을 하기도 한다. "내 인생이 어떻게 되고 있는지 모르겠다. 이렇게 살아서 되는 건지 모르겠다." 지금은 동년배를 만나든, 선배를 만나든, 후배를 만나든 간에 다 힘들다는 이야기만 한다. 어떤 사람은 "너무 쓸 돈이 없으니 죽은 듯이 살아야겠다"는 말을 하기도 한다. 결국 여기에 희망을 주는 것은 일인데,

일까지 안 되면 미치기 일보직전이 된다.

　삶이 순탄하게 풀리는 사람은 아무도 없다. 거의 예외 없이 힘
들다. 특히 부모라는 비빌 언덕이 없는 사람은 더 그렇다. 현재
는 자수성가가 쉽지 않아진 한국의 상황이기 때문에, 더 그렇다.
그럼 어떻게 해야 할까? 지금 일이 안 된다면 판단을 잘 해야 한
다. 내가 이곳에서 승부를 할 수 있는지, 아닌지를 냉정하게 파악
해야 한다. 그리고 목숨을 걸고 미친 듯이 해야 한다. 온갖 수단
을 다 동원해야 한다. 취업이 안 된다면 4,000곳의 기업에 지원서
를 넣어야 한다. 다른 대안은 없다. 책을 10여권 이상 집필한 나
역시 얼마 전 그런 경험이 있었다. 나는 대체로 원고투고를 하면
다수의 출판사에서는 출간제의가 왔다. 그러나 이번에는 달랐다.
매절계약을 하자는 곳이 나타났고, E-Book을 출간하자는 곳이
나타났다. 종이책 출간을 제안하는 곳이 없었다. 소수의 출판사
에 투고한 탓도 있고, 출판 불황의 이유도 있었다. 그래서 4,000
곳의 출판사를 뒤져서 투고를 했다. 그랬더니 많은 출판사에서
연락이 왔다. 결국 다른 대안은 없다. 취업이 안 된다면 최소한
3,000곳의 기업을 뒤져서 입사지원서를 넣어야 한다. 4,000곳이면
더 좋다. 그러면 반드시 연락이 올 것이다. 4,000곳을 어떻게 뒤지
고 입사지원을 하냐고? 그런 정신으로 무엇을 하겠는가? 해야 한
다면 해야 한다. 다른 대안은 없질 않는가? 힘들다고 말하지 말
고, 대안을 어떻게 만들어내야 한다. 특히 성인이라면 자신의 인생
을 책임져야 한다. 언제까지 부모님께 기댈 수는 없지 않는가? 가

족에 대한 무거운 책임을 져버릴 수는 없지 않은가? 해야 한다면 해야 한다. 필요하다면 투 잡 나아가 쓰리 잡까지 뛰어야 한다.

사실 우리 국민은 지금 엄살을 떨고 있는 것인지도 모른다. 너무 어리광을 부리고 있는지도 모른다. 이웃나라 일본을 보자. 투잡 나아가 쓰리 잡까지 뛰는 사람들이 있다. 정확히 얼마나 되는지는 모르겠지만, 분명 그런 문화가 있다. 또, 대부분의 사람들은 좁은 집에서 산다. 도쿄에 가보면 알겠지만, 경차도 상당히 많다. 그러나 우리는 어떤가? 넓은 집에 살려고 하고, 좁은 집에 살려고 하지 않는다. 경차는 거의 없다. 2,000cc 차를 탈 수 있는 사람은 대한민국에 많지 않다. 그렇게 살아서는 안 된다. 그런데도 남이 타니까 나도 타는 식이고, 남의 눈을 의식하고 있고, 힘든 일을 하지 않으려고 하고, 조금만 노력하면 피곤하다는 식으로 말하고 있다. 물론 나도 안다. 우리들의 삶이 힘들다는 것을. 그러나 더 힘을 내야 한다. 핑계는 실패만을 초래할 뿐이다. 지금 처지가 열악하다면 현실파악하고 열심히 해야 한다.

직장에서의 일도 어쩌면 본인이 엄살을 떨고 있는 것일 수도 있다. 진짜 목숨을 걸고 하지 않은 것일 수도 있다. 못한다는 말을 하기 전에, 잘 안 된다는 말을 하기 전에, 진짜 목숨을 걸고 일해보기를 강력히 권하고 싶다. 현실적으로 지금 한국에서 서민이 당당한 중산층 즉 10억 대 정도의 중산층이 되기 위해선 1년에 3,000만원을 30년 간 꾸준히 저축해야 하는데, 이것은 결코 쉬운 일이 아니다. 일을 특별히 잘하지 않으면 불가능한 일이다. 어떤 식으로든 대안을 만들어야 하는 것이 본인의 몫이다. 물론 처음부터 빌딩을 물려받은 사람들에 비하면 출발이 미약하고, 초라할 것이다. 그리고 흥이 나지 않을 것이다. 그러나 아무리 세상을 탓하고, 그 사람을 부러워해보아도 본인의 처지는 달라지지 않는다. 자신의 인생은 오직 자신만이 바꾸어줄 수 있을 뿐이다. 그 누구도 본인을 도와주는 사람은 없다. 친척도 안 도와준다. 가난하면 친척도 등을 돌리지, 적극적으로 나서서 도와주는 경우란 소설과 드라마에서나 등장한다.

"안 되면 되게 하라." 나는 이 말을 강력하게 하고 싶다. 물론 힘들 것이다. 지금 죽고 싶을 것이다. 지금 짜증나서 짱돌을 들고 옆에 주차되어 있는 차의 창문을 박살내고 싶을 것이다. 안다. 잘 안다. 나도 그 심정을 느껴보았으니까. 그렇다면 그렇게 하라. 한밤중에 공터나 혹은 길에서 과음을 지르면서 분을 풀어라. 한 1시간이고 혼자서 마구 떠들어라. 그러면서 울분을 달래고 자신이 살아갈 길에 대해서 한번 실컷 떠들어보라. 물론 주택가 한 가운데에서 그러면 절대 안 된다. 자는 사람들에게 피해를 주는 건 절대 안 된다. 인적이 드문 곳에 가서 소리를 고래고래 지르면서 분을 풀어라. 그러면서 내 인생이 너무 억울하고 화가 나서 눈물이 난다면 실컷 울어라. 대성통곡해도 좋다. 펑펑 울어라. 내 인생이니까 내 마음대로 울고 싶으면 우는 것이다. 그렇게 울어라. 울면 풀린다. 단지 화가 엄청날 뿐이라면 자동차나 타인의 기물은 파손하지 말고 큰소리를 지르면서 내 속에 담긴 화를 뿜어내라. 그러면서 내가 어떻게 살아야 할지를 찾아보라. 그러면 결국 결론에 다다르게 될 것이다.

그 결론은 무엇일까? 바로 "나는 지금 엄살을 엄청나게 피우고 있다"는 것이다. 그것을 깨닫게 된다. 돈 없으면 아껴야 하고, 밥도 집에서 해먹어야 한다. 일에 필요한 돈 외에는 돈을 쓰지 말아야 하고, 일은 하루 16시간이상 해야 한다. 더도 덜도 말고 1년만 확실하게 해서 기반을 닦으면 달라진다. 직장에서 일하면 당장 연봉이 오르지 않을 수도 있겠지만 분명 CEO의 인정을 받게 될 것이다. 확실하게 일해야 한다. 승진이 안 되면 다 본인 탓이다. 일 못하는 것도 본인 탓이다. 다 자기 잘못이지 남의 잘못은 없다. 머리가 안 좋으면 더 많이 해야 한다. 그 수밖에 없다. 현실적으로 머리도 서울대 법대와 의대 입학생 중 상위 10퍼센트 정도만 뛰어나다고 봐야지, 나머지부터는 거의 차이가 없다는 사실도 알아야 한다. 지방대인 경북대와 동아대에서도 사법고시와 행정고시 수석이 나오고 있다. 자신감을 가지고 하면 된다. 더 많이 하면 된다. 결국은 1인자가 되어야 한다. 그러기 위해선 더 많이 해야 한다.

우리는 엄살 피우지 말아야 한다. 나는 그대가 힘든 것을 잘 안다. 나도 생활보호대상자라는 출발선에서 출발했고 가난해서 군대도 면제되었다. 나는 대학도 후원자의 도움으로 다닐 수 있었고 지금도 여전히 헝그리 파이터로서 도전에 임하고 있다. 나는 지방사립대인 동아대 출신이며 외모도 출중하지 않다. 집안의 뒷받침도 없고, 인맥도 없다. 나는 완전 무(無)에서 유(有)를 만들어가는 심정을 누구보다도 잘 안다. 나도 힘든 경험들을 많이 했으며, 지금도 여전히 ING형이다. 따라서 그대의 심정을 누구보다도 잘 안다. 누구보다도 장애물을 잘 안다. 나도 한밤 중 고민하느라 수많은 시간을 보냈고, 고민하느라 머리카락이 숱하게 빠졌으며, 고민하느라 새벽 3시~4시 길을 걸으며 보낸 적도 수개월이나 된다. 나는 그대가 힘든 것을 안다. 무척 힘들 것이다. 건들이면 울고 싶을 정도로 힘들 것이다. 그러나 그대는 지금 이 책을 보고 있다. 왜 인가? 그것은 한번 해보고 싶기 때문이 아닌가? 여기서 무너지기 싫기 때문이 아닌가? 죽고 싶은 것이 아니라 아주 잘 살고 싶기 때문이 아닌가?

우리 힘든 상황 속에서 핑계를 대지 말자. 힘든 것을 피하지 말자. 그렇게 살지 말자. 우리 모든 것을 이겨내자. 우리도 당당한 중산층으로 살아가자. 재벌까지는 아니더라도 열심히 노력하면 10억 대의 부자 정도야 우리도 될 수 있다. 우리도 할 수 있다. 물론 돈이 전부는 아니다. 그러나 돈이 없으면 인간 노릇을 못한다. 부모님께도, 가족에게도 그렇다. 이것이 겪어본 사람만이 안다. 아무 것도 해줄 수 없을 때 사람은 가슴이 찢어진다. 나도 한밤중에 글을 쓰다가 주무시는 어머니 얼굴을 보면 마음이 저려온다. 효도를 하고 싶은데 만만치 않기 때문이다. 그래서 더 열심히 해야겠다는 생각을 하게 된다. 우리는 다 이겨내야 한다. 여기서 쓰러지면 안 된다. 그러면 끝이다. 이 세상을 보라. 열심히 해도 될까 말까다. 온갖 장애물이 있으며, 잘 하면 잘 하는 대로 시기와 질투를 하고, 못하면 못하는 대로 무시와 괄시를 받는다.

그대, 투지를 발휘하라. 여기서 무너지지 마라. 여기서 무너지면 다 끝난다. 인생에서 가장 중요한 것은 그대는 무엇이라고 생각하는가? 나는 여러 가지가 있지만, 그 중에서 하나로, 빛을 볼 때까지 힘든 과정을 참고 견디는 능력이라고 생각한다. 대부분의 사람들은 빛을 보기 직전에 포기한다. 자기 바로 앞에 빛이 있음에도 불구하고 힘들고 괴롭기 때문에 포기한다. 그래서 평생을 비참하게 살아간다. 그런 삶은 아니다. 물론 안다. 바로 앞에 빛이 있지만 내 눈에는 절대로 보이지 않는다는 것을. 그러나 열심히 하면 어느덧 큰 성공을 거둘 수 있는 날이 반드시 올 것이다. 실력이란 지속적으로 쌓이면서 때가 되면 폭발적인 결과를 내기 때문이다. 실력도 어떤 기회가 있어야만 큰 빛을 낼 수 있다. 그러니 내가 지금은 실력이 있어도 빛을 못 받고 있을 수도 있다. 그러니, 포기는 금물이다. 더 열심히 해야 한다. 해야 한다.

길을 걷다 보면 울고 싶을 때도 있을 것이다. 가만히 있으면 죽고 싶을 때도 많을 것이다. 남들이 연봉 6,000만원을 받는데 힘들다고 엄살을 피우고 있고, 엄청난 미인을 데리고 길을 걷고 있으니 나는 초라하게 느껴지는 것이다. 누구는 고액의 사교육을 받고 있는데, 내 자식을 못 보낼 때의 그 가슴 아픔이란 만만치 않은 것이다. 안 그래도 힘든데, 남이 나를 무시할 때는 그대로 살인을 하고 내 인생도 끝내버리고 싶은 것이다. 그러나 긍정해야 한다. 나를 믿어야 한다. 현실은 냉정하다. 그것도 상당히 냉정하다. 도움이 안 되면 내게 1만 원짜리 밥을 사주는 사람도 없다. 그런 면에서 정신을 차리고 살아야 한다. 항상 남에게 도움을 줘야 한다. 내가 더 도움을 주지 않으면 남은 절대로 내게 지갑을 열지 않는다. 1만원을 받기 위해선 무조건 내가 15,000원 이상은 줘야 한다. 그 원칙으로 살아야 경제적으로 성공할 수 있다. 내가 내 현실을 알고 열심히 하는 것, 그것만이 유일한 대안이다.

어머니는 내 건강을 걱정하신다. 너무 무리해서 일하기 때문이다. 나를 보고 잘못하면 죽을 수도 있겠다는 말씀을 하신다. 그러나 가난한 사람은 죽더라도 열심히 하는 수밖에 없다. 눈빛부터 달라야 한다. 그런 대안 외에 도대체 무엇이 존재할 수 있겠는가? 나는 그것을 확신한다. 그래서 목숨 걸고 일한다. 그대도 지금 현실이 괴롭다면 핑계대지 말고 목숨을 걸어라. 하루 16시간씩 일해라. 목숨 걸어라. 그렇게 1년만 해도 인생은 변한다. 크게 변한다. 직장에서 보는 눈이 달라질 것이다. 우리는 정면승부만이 인생을 변화시킨다는 점을 깨달아야 한다.

PART 30

행복과 사랑은 오직 돈에
달려 있다는 생각이 들 때

행복과 사랑은 돈에 달려 있을까? 나는 돈이 큰 영향을 준다는 점을 부인해선 안 된다고 생각한다. 현실적으로 돈 없으면 결혼 못한다. 여자 측에서 안 하려고 한다. 결혼해서도 헤어질 확률이 높다. 그러면 아이도 있는 상태에서 이혼을 하게 되고 최악이 된다. 부모님께도 인간적으로 대할 수 없게 되면 회의감이란 만만치 않다. 특히 돈 문제 때문에 부모님과 언성을 높이게 되면 이성이 마비된다. '내가 이렇게 못난 자식이던가?' 하는 생각이 들기 때문이다. 그러면 사람이 살기 싫어진다. 내가 쓸모없는 벌레같이 느껴진다.

우리는 결론적으로 돈을 많이 벌어야 한다. 부자가 되어야 한다. 부자가 되도록 노력해야 한다. 특별한 능력이 없다면 몸으로라도 때워야 한다. 저녁에 호프집에 가서 서빙이라도 해야 한다. 투 잡, 쓰리 잡을 뛰어야 한다. 물론 자기가 하는 일을 바탕으로 하는 것이 좋다. 그러면 전문성도 강화되고, 더 나은 결과가 나올 가능성이 생기기 때문이다. 그러나 상황이 여의치 않으면 아무 것이나 열심히 해야 한다. 재지 말고, 따지지 말고, 오래 생각하지 말고 즉시 일해야 한다. 나는 가난했다. 그런 상황에서 졸업 이후에 사법시험을 준비했었는데, 돈이 없었다. 그래서 돈을 벌 필요성이 있었다. 그러나 장기적으로 볼 때 변호사의 미래는 불투명해보였다. 변호사 이후에 작가를 할 생각이 있었지만, 여러모로 여건이 여의치 않았다. 그래서 취업을 해야 했고, 경제사정상 즉시 해야 했다. 나는 원서 1장 쓰고 제주도의 중문관광단지에 있는 관광기업에 취업을 했다. 그곳에서 나는 월 130~150만 원 정도를 저축할 수 있었다. 연봉이 많아서일까? 아니다. 돈을 아예 안 썼기 때문에 가능한 일이었다. 가난하다면 자기에게 맞는 부의 공식을 도출할 수 있어야 한다. 그래서 최선을 다해야 한다. 노력해야 한다.

가난은 부끄러운 것은 아니지만, 가난함에도 노력하지 않는 삶은 부끄러워해야 함이 마땅하다. 부모님이 가난하거나, 집안의 우환으로 가난하게 된 것은 본인의 잘못이 아니다. 그러나 이제 성인이 되었다면 불평불만을 해서는 안 된다. 이제는 다 지나간 일이고, 지금이 중요한 것이다. 지금 결과를 만드는 것이 중요한 것이다. 그런 노력으로 자신의 삶을 새롭게 써나가야 한다. 명심하라. 그대는 지금 그대의 부모님이 가난했기 때문에 지금 힘든 삶을 살아갈 것이다. 그러나 그대가 가난하면 그대의 자식 역시도 가난하기 때문에 힘든 삶을 살아갈 것이다. 적어도 가난의 대물

림만은 끊어야 하지 않겠는가? 자식에게 유학도 보내주고, 해외여행도 보내주고, 남부럽지 않게 공부할 수 있는 환경만큼은 만들어주어야 하지 않겠는가? 가난을 물려준 부모님으로 인해 고생하고 있다면 내 자식에게는 다른 환경을 만들어주어야 한다.

우리는 왜 공부를 열심히 했는가? 암기 연습하느라 그랬는가? 다 잘 먹고 잘 살기 위해서 공부했다. 돈 많이 벌기 위해서 공부했다. 물론 돈 말고 다른 것도 많다. 인간미라든지, 사랑이라든지, 희생이라든지, 봉사라든지, 인간애라든지 등등 많다. 그러나 가난하면 다 끝이다. 너무 가난하게 살면 사람은 이성이 마비된다. 하고 싶은 것을 너무 못하면 사는 게 말이 아니다. 특히 자신만 있으면 되겠지만 옆에 사람이 있게 되면 이것은 보통 문제가 아니다. 남자는 무엇으로 사는가? 자존심으로 살아간다. 아내가 돈 때문에 바가지 팍팍 긁고, 부모님이 돈 때문에 한 소리하면 그대로 한강다리로 뛰어가고 싶은 것이 대부분의 남자이다. 남자는 아내에게 자존감이 무너지는 소리를 들으면 성관계도 할 생각을 잃는다. 절대적으로 의욕이 상실되기 때문이다. 제 아무리 똑똑해도 가난하면 인간적인 삶을 살아갈 수 없는 것은 현실이다.

행복과 사랑은 돈으로 결정되지 않는 부분도 많다. 실제로 내가 그렇게 믿으면 생기는 것이 행복과 사랑이기 때문이다. 그러나 우리는 현실도 존중해야 한다. 현실에 나약하게 지는 사람이 되어선 안 된다. 지금 이 시대는 어떤 시대인가? '서울대-대기업 코스'로는 중산층 진입이 불가능한 것이 현실이 된 시대이다. 결국 강력한 차별화가 중요해진 시대가 지금이다. 따라서 우리는 우리 자신에게로 회귀해야 한다. 그래서 일을 잘 해야 한다. 생각을 바꿔야 한다. 성공의 전통적인 공식을 모두 무시하고, 자기에게 맞는 법칙을 만들어내야 한다.

물론 지금도 서울대를 나오고, 하버드대 박사학위를 받고, 서울대 혹은 연고대에서 교수를 하면 좋다. 또 의사나 변호사도 스타 의사, 스타 변호사가 되면 좋다. 그러나 공부로는 거기까지다. 이렇게 되려면 적어도 0.1% 안에 들어야 한다. 1%가 아니다. 0.1%다. 교수 중에서도 스타 교수가 되어야 하고, 의사와 변호사 중에서도 스타가 되어야 한다. 이것은 대부분의 사람들은 어렵다. 특히 한국은 어떤 곳인가? 공부에 목숨 건 곳이다. 따라서 상위 10퍼센트 정도만 해도 전혀 힘을 쓰지 못한다. 상위 5퍼센트 정도가 되어도 별로 인정 못 받는다. 결국 다른 공식으로 판 자체를 완전히 바꾸어버려야 한다. 그래서 새로운 공식을 써내야 한다.

처음부터 일찌감치 장사를 하는 것도 좋다. 우리 집 근처에는 막창 집이 있는데, 그 집은 허름한 편이다. 그런데도 매일 손님이 터진다. 아마도 순 수익이 연간 3억 원은 되리라 생각된다. 또 근처의·대학 앞에 있는 중국집도 가보면 갈 때마다 손님들이 줄을 서 있다. 아마도 연간 3억 원 정도의 수입은 벌 것이라고 생각된다. 반드시 공부에만 길이 있는 건 아니다. 길은 식당에도 있다. 식당은 하나의 예일 뿐이다. 나는 글을 쓰고 있고, 스포츠를 하고 있는 사람도 있고, 연예인도 있다. 직업의 종류는 매우 많고, 사람마다 취미와 특기는 다르기 때문에 길은 다양하게 만들 수 있다. 또, 한 가지 직업으로 승부할 수도 있지만, 계속 유행을 타면서 업종을 바꿀 수도 있다. 다만 이것은 단기간 집중력을 발휘해 그 업종을 빠르게 학습할 수 있는 능력이 필요하다. 그래야 최고의 프로로 그 일을 하면서도 다른 업종으로 넘어갈 수 있다.

신세한탄해도 인생은 달라지지 않는다. 오히려 경제적으로 가장 희소한 자원인 시간을 낭비함으로써 인생을 더 수렁 속으로 몰아넣게 된다. 인생은 결국은 결단이다. 살기 싫으면 안 살면 된다. 아무도 안 말린다. 산 속으로 가서 깡소주 한 병 마시고 절벽에서 뛰어내리면 된다. 그렇게 깨끗하게 세상과 하직하는 것도 인생을 사는 한 방법이다. 대충대충 살고 벌레보다 못한 삶을 사느니 그렇게 세상을 떠나는 것이 더 현명할 수도 있다. 인생이라고 다 같은 인생인가? 절대 아니다. 최고의 명품 인생이 있는가 하면, 쓰레기보다 더 못한 벌레 인생도 있다. 대충 살 것이고 노력도 안 해서 평생 죽지 못해서 살아갈 삶이라면 지금 끝내라. 그게 더 낫다. 그러나 그것이 아니라면 다시 허리끈을 메라. 지금 내 삶이 위기라면 냉정해져야 한다. 어설프게 생각하거나, 편하게 생각하거나, 낭만적으로 생각하거나, 대충 생각하면 안 된다. 대충 살아서 성공할 수 있는 세상이 아니다. 지금 1년 동안 자영업을 여는 사람은 76만 명이고, 이 중 74만 명은 1년 내로 폐업한다. 살 것이라면 불사르면서 살고, 안 그럴 것이라면 죽는 것이 오히려 낫다. 냉정해져야 하고, 객관적이어야 한다. 그리고 자신의 현실을 인정해야 한다.

나는 감히 주장한다. 자신의 모든 것을 던져서 살아라고. 그대는 기회가 많을 것이라고 생각하는가. 아니다. 전혀 없다. 한번 가면 다시는 안 온다. 할 말 있으면 지금 다 해라. 팔아야 한다면 상대방에게 내 모든 것을 보여주어라. 그러다 실패할 수도 있을 것이고, 망신을 톡톡히 당할 수도 있겠지만, 적어도 돈 드는 일은 아니다. 그 정도의 일은 해야 한다. 팔려면 먼저 전화를 하고, 먼저 찾아가라. 물론 형편없는 것을 들고 가면 상대방은 절대 반응을 안 한다. 만반의 준비를 해야 함은 필수다. 그러나 알겠지만 최고의 제품을 만들기는 쉽지는 않다. 따라서 경쟁자와 비슷하거나 혹은 조금 더 우위에 있다면 그때는 적극성이다. 설득이다. 나서야 한다. 상대의 마음을 얻어야 한다. 폼 잡으려고 하지 말고 망가져도 좋으니 성과를 내야 한다. 그것이 매우 중요하다. 지금 서민은 앞뒤 보고 넥타이를 잡고 거울을 볼 때가 아니다. 바람에 가르면서 앞으로 뛰어가야 한다. 옷에 뭐가 묻더라도 대충 물수건으로 닦고 뛰면서 일해야 한다.

나는 행복과 사랑은 돈에 달려 있다고 생각하지는 않는다. 그러나 돈이 없으면 상당 부분 힘을 잃고 만다. 나는 나약한 자세로 사는 것을 원하지 않는다. 나는 현실의 노예가 아닌 현실의 지배자로 모든 사람들이 당당하게 살아가기를 원한다. 나는 마음

다스림이 필요하지만, 결국은 도전으로 결과를 만들어냄으로써 실질적인 힘을 가지고 세상을 이끌어가야 한다고 생각한다. 나는 그대가 힘을 갖추기를 원한다. 세상은 그대의 마음은 믿지 않기 때문이다.

행복과 사랑은 돈에 달려 있다는 말이 떠오른다면, 더 노력하라. 세상을 원망하지 마라. 한 숨 지을 시간에 한 시간이라도 더 일하라. 그래서 열심히 저축하라. 신속하게 5,000만 원을 저축을 하고, 정부가 예금을 보장하는 한도인 5,000만 원이 넘으면 다른 은행에 저축하라. 그래서 빠른 시간 내로 수억 원을 모아라. 못난 부모, 못난 자식이 되지 마라. 안 된다고 미리 말하지 마라. 해보고 나서 말하라. 만약 안 되면 노력의 강도를 더 높여서 다시 하라. 1년 동안 안 되었다면 3년을 해보라. 3년 해서 안 되면 5년을 하고, 또 안 되면 10년을 하라. 잘못 하고 있다면, 다시 인생과 일에 대한 근본적인 생각을 재정립하라. 그래서 다른 방식으로 접근하라.

인생의 길은 노력하는 자에게는 반드시 주어진다. 그대는 최선으로 현실을 지배해야 한다. 우는 소리를 하면서 인생을 낭비해선 안 된다. 나는 그대가 노력하길 바란다. 그래서 결과를 만들길 바란다. 그래서 현실도 지배하고, 그 힘을 토대로 마음 비움도 가질 수 있기를 바란다.

PART 31

전 재산을 잃는
사기를 당했을 때

✳   살다 보면 온갖 일이 생긴다. 그 중 하나가 전
재산을 사기로 잃는 일이다. 대부분의 사람들은 피 팔아서 돈 번
다. 일 하느라 온 몸이 아플 정도로 고생하면서 돈을 버는 사람
들이 대부분이다. 나도 종종 "내 돈은 피 팔아서 번 돈이다"라는
말을 많이 한다. 왜냐하면 나도 글을 쓰면 온 몸이 아파서 죽을
것 같고, 자고 일어나도 온 뼈마디가 아프기 때문이다. 피를 팔아
서 글을 쓴다는 것은 내 심정이 그랬기 때문에 나온 말인데, 대부
분의 사람들은 실제로 피를 팔아서 돈을 번다. 그런데 그 전 재
산을 잃는다면 마음이 어떨지……

　과거 제 2금융에서 고액의 아자를 준다고 하며 많은 사람들을
끌어 모은 적이 있었다. 그들은 어이없이 높은 이자를 사람들에게
지불했고, 사람들은 많이 모였다. 그러나 그런 높은 이자를 지속
적으로 줄 수 있는 사업체는 없었고, 결국은 사기로 드러났다. 제

2금융 핵심 간부들은 큰돈을 챙겨서 야반도주를 했었던 것이다. 그 일로 거의 전 재산을 잃은 사람들이 나왔고, 심지어 남의 돈까지 끌어들여서 넣은 사람들이 많았다. 그 후 전 재산을 잃은 사람들은 자살을 하기도 했고, 약 10년이 지난 지금도 소주로 세월을 보내는가 하면, 지금까지 재기를 못한 사람도 많았다. 실제로 전 재산을 사기로 잃는다면 너무 난감하다. 특히 40대쯤이라면 만만한 상황이 절대 아니다. 실제로 돈이 없어서 전기와 수도까지 끊길 상황이 된다면, 누구에게도 도움을 요청할 상황이 못 된다면 너무 막막한 나머지 죽음을 생각할 수도 있다.

그러나 어떻게든 살아야 한다. 어떻게든 헤쳐 나가야 하는 것이다. 당장 일자리를 구해야 할 상황이라면 하루 만에 일자리를 구해야 한다. 아무리 길어도 이틀 내에는 구해야 한다. 그래서 일을 하면서 훗날을 기다려보아야 한다. 이때 사기를 당한 것을 원통해하며 이를 박박 갈거나 잠을 자지 못하면, 오히려 더 큰 손해다. 정말 힘든 일이지만 마음을 비워야 한다. 이것은 힘든 일이기 때문에 연습을 해야 한다. 좋기는 교회나 절에 계속 나가는 것도 좋다. 그러면서 예배도 하고, 목사님이나 스님과 이야기도 나누고, 기도도 많이 하면 좋다. 마음을 비우면 오히려 나중에 "돈을 잃은 그때보다 편안한 때는 없었다"는 말을 하게 될 수도 있다.

실제로 나의 모친은 입시학원을 하며 모은 돈을 제 2금융에 넣어서 대부분 잃게 되었다. 거의 전 재산을 잃었다. 그때 나는 초등학생이었는데 어머니는 참으로 힘들어하셨다. 전기와 수도까지 끊어질 상황이 되었고, 가진 돈은 전세로 살고 있는 집이 전부였으며, 통장에는 돈이 하나도 없어서 생활은 물론 세금도 못 낼 상황이었다. 당시 어머니는 이런저런 일을 많이 하셨는데 한 동안은 주위 사람들의 말로는 눈이 멍하셨다고 하셨다. 엄청난 충격을 받은 것이었다. 그때는 전 재산을 잃은 사람들이 자살을 많이 하던 때였다. 그러다 어머니는 교회에 열심히 다녔고 그러면서 마음의 평안을 찾으셨다. 어머니는 그때를 두고 내게 이렇게 말씀하셨다. "오히려 돈이 많을 때보다 전 재산을 잃은 그때가 내 인생에서 가장 행복했다. 그 편안함을 알기 때문에 내가 교회를 가는 것이다. 오히려 요즘은 잘 되고 있는 데도 욕심을 가지니 마음이 더 불편하다." 어머니는 내게 그런 말씀도 하셨다. "내가 어차피 돈을 많이 쓰던 사람도 아니고 그 돈 없다고 내 생활패턴이 달라지는 것도 아니다. 그러니 처음부터 다시 시작하면 되는 것이다. 그러니 아무 문제가 없는 것이다." 어머니는 결국 부지런히 생활을 하셨고, 10년이 지난 지금 10억 원대의 당당한 중산층 수준은 아니지만, 자신감을 가지고 살 정도는 되신다. 또한, 전 재산을 잃는 어려움을 극복한 경험이 있기 때문에 위기와 생활에 있어 남다른 모습을 보이신다.

살다 보면 온갖 일이 다 생긴다. 나도 몇일 전에 내가 사는 대구에 한 출판사 대표님이 내려오셔서 만났는데, 지갑을 잃어버렸다. 새 지갑이라서 하루도 쓰지 않고 그날 처음으로 썼는데, 현금과 신용카드, 주민등록증까지 잃어버린 것이었다. 조금 속이 쓰렸다. 그러나 금방 "액땜 했다"고 생각했다. 더 좋은 일이 들어올 것이라고 생각했다. 그러면서 몇 가지 깨달음을 가질 수 있었는데, 그것은 다음과 같다. 첫째, 아낀다고 안 쓴 새 지갑을 하루만 쓰고 잃을 수 있는 것처럼 모든 것이 그럴 수 있다는 것이다. 즉 돈도 그렇고, 여행도 그렇고, 휴식도 그런 것이다. 아낀다고 하다가 하나도 누려보지도 못하고 잃을 수 있다는 것이다. 그래서 평소에 누리는 것이 중요하다는 것을 깨달았다. 둘째, 살다 보면 온갖 일이 일어날 수 있다는 것이다. 그 날은 지갑을 잃어버렸지만, 어쩌다 재수가 없으면 팔이 부러질 수도 있고, 교통사고를 당할 수도 있는 것이다. 만약 오른 팔이 크게 다쳐버리면 글쓰기는 여간 불편한 일이 아니게 된다. 특히 눈을 다치면 치명적이다. 사람이 아무리 조심하더라도 돌발변수는 일어날 수 있으며, 그것을 모두 받아들일 수 있어야 한다는 생각을 했다. 돈도, 명예도, 건강도 심지어 목숨까지도 그럴 수 있다고 생각했다. 그래서 만약 말기암에 걸리더라도 초연할 수 있어야겠다고 생각했다. 실제로 살다보면 온갖 일이 일어날 수 있다. 재산을 잃는 것도 그 중 일부다. 셋째, 열심히 살다 가면 약간의 손실은 금방 회복될 수 있다는 것이다. 나는 그날 약 10만 원 정도를 잃어버렸는데, 여기에 속 쓰려하면서 이 생각만 하면 시간이 지나간다. 그러면 일이 안 된다. 대신 열심히 일을 하면 이 정도는 금방 회복된다. 나의 일관된 페이스로 꾸준히 가면, 돌발변수에 의해서 약간 쳐질 수도 있겠지만, 결국은 본궤도로 다시 올라오게 된다는 것이다.

인생에는 온갖 일이 일어날 수 있다. 그러나 내 인생이다. 그래서 그 일이 무슨 일이든 받아들여야 한다. 그리고 그것을 토대로 다시 시작해야 한다. 그것이 재산을 잃는 일이라면 그에 맞서야 한다. 만약 교통사고를 당해서 장애인이 되더라도 극복해가야 한다. 살다보면 온갖 일이 일어날 수 있는데, 나라고 예외는 아닌 것이다. 우리는 그 점을 알고 적극적으로 살아가야 한다. 지금 만약 사기로 큰 재산을 잃은 사람은, 많이 힘들겠지만, 다시 시작해야 한다. 그리고 마흔 나아가 쉰 정도의 나이더라도 해볼 여지는 충분히 있다. 나이가 70대 초반까지라면 그래도 적극적으로 해볼 수 있다. 70대 초반까지는 아직 한창이기 때문이다. 나의 할아버지는 30년 이상 공무원 생활을 하시다 퇴직을 하시고, 여든이 넘어서까지 비닐하우스에서 딸기농사를 지으셨다. 할아버지는 여든이 넘어서 내게 그런 말씀을 하셨다. "내가 10년만 젊었어도 사업을 할 텐데!" 할아버지의 말씀은 옳다고 생각한다. 70대 초반까지는 아직 한창이다.

전 재산을 잃고 다시 재산을 회복하지 못할 수도 있다. 노력해도 한계가 따를 수 있다. 그러나 생명을 포기하는 일만큼은 절대 금물이다. 열심히 노력하면 부자는 아니더라도 부끄럽지 않게 살 수 있기 때문이다. 또한, 열심히 일함으로써 자존감을 회복할 수 있기 때문이다. 어떤 일을 하든 진정으로 열심히 일하는 사람, 장인적 혼을 불어넣어 일하는 사람은 그 일이 아무리 하찮은 일이라도 당당하게 일한다. 절대로 주눅 들지 않는다. 자기 자신에 대한 강력한 믿음, 자기의 일에 대한 자부심이 있기 때문이다. 그래서 언제 어디서나 당당하다. 미국 대통령 오바마를 만나더라도 당당하게 인사한다. 돈이 없더라도 열심히 일하면 당당하게 살 수 있다. 자기 자신에 대한 자부심과 믿음을 가지게 되기 때문이다. 그래서 전 재산을 잃고 만약 회복하지 못하더라도 열심히 살아가는 자는 얼굴에 화색이 넘친다. 열심히 살고 있기 때문이다. 자신을 믿고 건실하게 살고 있기 때문이다. 이런 사람은 희망과 만족, 감사를 알고 있으며, 최선을 다해서 일함으로써 결국은 행복까지 나아간다.

진정한 행복은 자기 자신을 믿고 열심히 일하는 토대 위에서 나오기도 한다. 어떤 결과를 맺어서 나오기도 하지만, 최선을 다해서 일하는 과정 속에서도 나온다. 희망을 품을 수 있기 때문이고, 열심히 하는 그 자체에 보람과 희열을 느끼기 때문이다.

전 재산을 잃거나 아주 힘든 일을 겪었을 때는 슬퍼하고 있으면 안 된다. 슬퍼하면 사람이 그 슬픔에 감정이 휩쓸려 들어가기 때문에 정신을 잃게 된다. 힘들면 힘들수록 더 냉정하게 현실을 파악해야 한다. 그래서 정확한 현실적 토대 위에서 나아가야 한다. 현실은 내 마음대로 움직이는 것이 아니다. 이미 그렇게 움직이게 되어 있다. 나는 이미 움직이게 되어 있는 그 현실을 정확히 보고 그곳에 빨랫줄처럼 일직선으로 정교하게 내 인생을 날려야 한다. 힘들면 울어야 한다. 눈물 나는 데 참으면 병난다. 펑펑 울어야 한다. 그런 뒤에는 운동을 해서 땀을 흘리고, 샤워를 한 뒤 책상에 앉아서 차분하게 생각을 정리해보아야 한다. 그래서 어떻게 해야 할지를 파악해야 한다. 냉정하고 현실적으로 말이다. 당장 일을 해야 한다면, 직장의 기준치도 조금 낮추어서 당장 입사해야 한다. 시간은 돈이기 때문이다. 현실을 내 생각대로 왜곡하지 말고 있는 그대로 인정하고 편하게 현실을 내 편으로 만들면서 나가야 한다.

힘들면 스트레스를 풀어야 한다. 아늑한 공간에서 일이 된다면 카페에서 일하면 된다. 힘들어서 일이 잘 안 된다면 잠시 휴식을 하는 것이 필요하다. 그러면서 전진하면 된다. 다만 전진해야 하고, 전진을 멈추면 안 된다. 그러면 된다. 모든 것을 잃고도 다시 시작할 수 있다. 실제로 쉬운 일은 아니지만 입을 꽉 깨물고 하면 된다. 못할 건 없다. 그것을 하지 않으면 안 될 때 하지 않는다면 선택할 수 있는 대안은 자살뿐이다. 하기 싫으면 죽든가, 죽기 싫으면 해야 하는 것이다. 삶이 코너에 몰려 있다면 더 힘을 내자. 냉정하게 현실을 파악하고 나가자. 일을 되게 만들자. 우리는 우리의 인생의 모든 것을 극복하는 철인이 되어 살자. 그래서 돈, 명예, 건강 나아가 생명까지 잃는 일이 있더라도 당당하고 초연하게 나아가자. 그래서 잠시 사는 이 세상에서 내 모든 것을 뜨겁게 사랑하면서 살아가자. 그러면 결국 잘 될 것이다.

PART 32

내 인생을 내가 통제하고
못하고 있다고 느껴질 때

✳   내 인생은 내 것이다. 다른 사람의 것이 아니다. 그래서 내 인생은 내 마음대로 살아야 한다. 그런데 세상을 살다 보면 내 인생을 내가 통제하고 있지 못하다는 생각이 들 때가 있다. 도대체 나는 왜 이럴까라는 생각이 들 때가 있다. 내 인생이 내 마음에 차지 않는 것이다. 그래서 내 삶에 대해서 원망이 들고, 열등감을 가지게 되며, 세상 앞에 초라해하는 것이다.

우리는 학교를 다녀보았다. 초등학교, 중학교, 고등학교, 그리고 약 80퍼센트의 사람들은 대학까지 다녀보았다. 그러면서 우리는 입으로 '공부가 힘들어죽겠다'는 말을 달고 살았다. 커피 한 사발을 마시고 시험공부를 할 때는 긴장감이 이만저만이 아니었다. 괜히 친구가 더 공부를 많이 한 것 같고, 성적이 마음대로 안 나오면 좌절하기도 했었다. 또, 아침마다 일찍 일어나서 학교에 가는 것이 귀찮을 때도 많았다. 매일 아침 밥 먹는 것도 전쟁이었고,

틀에 박힌 생활이 힘들기도 힘들었다. 그러나 지금 사회에 나와서 생각이 드는 건, 학교생활은 정말 편했다는 것이다. 사회생활과는 비교할 수가 없다는 것이다. 공부하는 것보다, 돈 버는 것은 훨씬 더 힘들다는 것이다. 오히려 학교생활은 낭만적이었다는 것이다.

사회생활은 스트레스가 이만저만이 아니다. 결혼은 시간이 지나면 저절로 되는 것인 줄 알았다. 대학만 나오면 돈은 쉽게 벌 수 있을 줄 알았고, 서울대 나오면, 전문직이 되면 부자가 될 줄 알았다. 중소기업에 들어가도 열심히 하면 부자가 될 줄 알았다. 그러나 아니었다. 중요한 것은 일은 열심히만 한다고 되는 것이 아니라는 점이다. 시장에서 통할 수 있는 결과를 만들어내지 못하면 열심히 일해도 시간만 때운 것이 되기 때문이다. 그래서 머리를 써야 하고, 다양한 시도를 해보아야 하는데, 이것은 결코 쉬운 일이 아니다. 그래서 스트레스를 받고, 살이 찌고, 과로로 몸이 피곤해지는 것이다.

나이가 들면 결혼을 해야 하는데, 실제로 저축이 만만한 상황이 아니다. 서울생활 혹은 지방생활 모두 일장일단이 분명히 존재한다. 서울에서는 연봉이 높아도 생활비가 높아서 저축이 쉽지 않다. 특히 부모님이 서울에 안 계시면 주택과 식사비로 상당한 비용이 지출된다. 지방은 지방대로 애로가 있는데, 일단 연봉자체가 적다. 그래서 안 만만하다. 한국에서 결혼은 조건이 상당히 중요하다. 경제적인 조건부터 집안과 외모까지 모두 중요하다. 실제로는 성격이 중요한데, 위의 조건들이 되지 않으면 성격을 드러낼 기회조차 주어지지 않는다. 분명, 이것은 바뀌어야 하고, 바뀔 것이지만 즉 사람의 성품과 건실하게 삶을 살아가는 태도로 평가하는 모습으로 바뀔 것이지만, 현재는 다수의 사람들이 조건부터 따지기 때문에 결혼도 힘들다.

내 삶이 꼬여있다는 생각이 들 때는 모든 것을 내려놓고 냉정하게 평가해보아야 한다. 어떻게 해야 하는지에 대해서 매우 현실적으로 접근해야 한다. 세상은 절대로 내 마음대로 되지 않는다. 상대방에게 무엇을 달라고 해도 1,000원도 공짜로 안 준다. 그래서 내 마음대로 하지 말고 상대방이 원하는 것을 주어야 하고, 경쟁자의 상황도 객관적으로 평가해야 한다. 경쟁자보다 뒤쳐진다면 경쟁력을 확실하게 갖추어야 한다. 정면승부가 어렵다면 다른 방식으로 경쟁자를 상대해야 한다. 어떻게든 한국 전체 1등을 하면 되는 것으로 방법은 중요하지 않다. 나만의 방식으로 승부하면 되는 것이다. 객관적으로 나를 판단하고 다양한 시도를 해보아야 한다. 그래서 이 세상에서 유일무이한 나의 길을 만들어내야 한다.
내 인생을 내가 통제하고 있지 못하다는 생각이 들 때는 하나씩 문제를 제거하면 된다. 가장 큰 문제라고 생각되는 것에 집중해서 하나씩 해결하면 된다. 그리고 무엇을 하고자 한다면 그것에 완전히 올인해야 한다. 다른 모든 것은 거의 포기한다고 해도 좋을 정도로 밀어 붙여야 한다. 예를 들어 일을 열심히 할 때는 다른 잡다한 일은 아무 것도 안 해야 한다. 방청소도 최소한으로 하고, 옷도 단순하게 입어야 한다. 복잡한 생각할 거리를 만들지 말아야 하고, 다 무시하고 일해야 한다. 그리고 한 번 일하면 하루 최소한 12~13시간 정도는 일하도록 해야 하고, 많으면 16~19시간 정도 일하도록 해야 한다. 폭발적으로 밀어붙여야 한다. 그런 식으로 계속 일해야 한다. 매우 단순하게 살아야 한다. 그래서 일을 기반 위에 올려놓고, 반드시 결실을 보아야 한다. 내가 가진 에너지의 99퍼센트를 하나에 쏟아 부어야 한다. 그래야 결실을 볼 수 있다. 가정을 가지고 있는 사람이라도 양해를 구하고, 하루 16시간씩 일해야 한다. 아내가 혼자 지내기 심심하다고 말할 수도 있겠지만, 그것은 따뜻한 이불 속에 있으니 찬바람이 쌩쌩 부는 현실을 몰라서 하는 철딱서니 없는 소리다. 그럴 때는 설득하고 일해야 한다. 괜히 어설프게 일과 가정의 균형이라는 소리를 하며 놀아선 안 된다. 삶의 균형은 밑바닥에 있는 사람이 취해선 안 된다. 우선 일을 통해서 기반을 잡아야 하는 사람은 일을 지독하게 해야만 한다. 사람은 자기가 처한 상황을 정확히 파악해야 한다. 우선은 결정적인 고비를 넘어야 한다.

내가 내 인생을 통제하지 못하는 이유는 독하지 않기 때문이다. 폭발성이 없기 때문이다. 한번 하면 끝장 보겠다는 태도로 하지 않기 때문이고, 하루하루를 뜨겁게 보내지 않기 때문이다. 내 인생은 내 것이다. 내가 나 자신을 통제하면서 살아야 한다. 물론 나는 놀고 싶다. 편하게 살고 싶다. 분명 그런 마음일 것이다. 누구나 그런 마음이기 때문이다. 여건만 된다면 당분간 일을 안 하면서 지내고 싶을 것이다. 먹고 사는 걱정 안하고 살고 싶을 것이다. 여행만 하면서 지내고 싶을 것이다. 큰 아파트에 외제차를 타고 싶을 것이다. 미인과 결혼하고 싶을 것이다. 인테리어가 끝내주는 뉴욕 한복판에 있는 사무실 같은 곳에서 일하고 싶을 것이다. 우리는 모두 그런 마음을 가지고 있다. 그러나 우리는 현실을 인정해야 한다.

우리는 일종의 일하는 같은 패턴을 만들도록 해야 한다. 그래서 규칙성 속에서 폭발력이 발휘도록 해야 한다. 그 패턴이 비록 불규칙하더라도 불규칙 속에서 규칙성을 만들어내야 한다. 그래서 늘 같은 페이스로 꾸준하게 일해야 한다. 기복 없이 전진해야 한다. 잠자는 시간, 식사, 일하는 장소, 일하는 시간, 일하는 특유의 습관 등을 같은 패턴으로 정한 뒤에, 규칙적인 생활을 해야 한다. 그래서 미친 듯이 일하는 것을 편안한 생활로 만들어야 한다. 그러면 틀림없이 강한 사람이 된다. 우리는 1년만 미친 듯이 일하고 말아선 안 된다. 상당한 강도의 노력을 30년 정도 꾸준하게 밀어붙여야 한다. 1년 죽도록 노력하고 2~3년 노력 안 하면 확 쳐지고 만다. 그래서 꾸준하게 노력할 수 있는 일종이 규칙성을 만들어내는 것이 중요하고, 이 패턴 속에서 꾸준하게 실행해야 한다. 그리고 미친 듯이 노력하는 것을 내가 편안하게 받아들일 수 있어야 한다. 그러니까 악 쓰면서 노력하는 것이 아니라 대단한 수준의 노력이 내 생활로 편안하게 다가와야 한다. 말 그대로 나의 일상이 되어야 하는 것이다. 그러면 성공한다. 내 인생을 내가 통제하고 나아가 지배하며 살 수 있다. 나아가 세상까지 지배할 수 있다. 물론 이때 지배란 다스리는 것이 아니라, 긍정적인 방향으로 이끈다는 의미를 가지고 있다.

혹자는 일에 대한 효율성을 이야기를 한다. 그러나 효율성은 뒷문제다. 일단은 정말로 열심히 해야 한다. 무식하게라도 좋으니까 일단 해야 한다. 그러면 효율적인 방법이 따라온다. 진정한 효율은 매일 최선을 다하는 속에서 자연스럽게 건져 올릴 수 있다. 창의성도 결국은 일을 열심히 하면 자연스럽게 나타난다. 이것은 일단은 뜨겁게 하는 것이 출발이다. 그래서 무식해도 좋으니까 그냥 열심히 해야 한다. 그러면 자기가 더 잘 할 수 있는 길을 찾게 되고, 결정적 한방을 터뜨릴 수 있는 정교한 방법을 찾아내게 된다. 양이 압도적으로 쌓이면 질이 형성되는 경우가 많은데, 이것은 인생도 그렇다. 열심히 하면 수준이 올라간다.

내 인생은 내가 만들어나가는 것이다. 내가 책임져야 하는 것이다. 그것은 열심히 할 때 나온다. 인생에 대한 고민은 누구나 있고, 자신의 인생에 마음에 드는 사람도 드물다. 아무런 단점이 없을 것 같은 미인도 열등감이 많음을 심심치 않게 발견하게 된다. 대개 최고의 1인자는 열등감이 많은 것도 덤으로 발견하게 된다. 그리고 그 열등감이 그를 최고로 이끈 최고의 자산이었음을 새삼 발견하게 된다. 내 인생을 내 마음대로 이끄는 힘, 그것은 열심에 있다. 지금 내 인생이 마음대로 풀리지 않는다면, 좀 더 열심히 하는 것으로 대응하자. 그러면 길은 반드시 나타날 것이다. 길이란 뜨겁게 찾는 자에게는 반드시 주어지는 것이기 때문이다.

PART 33

너무 혹독하게 일을 해서
몸과 마음이
너무 지쳐있을 때

✳   사람은 삶에 지칠 때가 있다. 이것은 상황이 너
무 열악할 때도 나타나지만, 잘해보려고 너무 열심히 일할 때
도 나타난다. 사람들은 대개 체력적으로 한계상황에 달하게 되
면, 우울감을 경험한다. 몸이 너무 피곤하면 기분이 괜히 좋지 않
은 것이다. 그리고 살기가 싫어지는 것이다. 그런 와중에 자기 옆
에 아무도 없는 외로움과 열심히 했으나 이루어놓은 것이 하나도
없다는 자괴감마저 겹치면 그야말로 죽음밖에 대안이 없는 것처럼
느껴진다. 그 막막함이란…….

우리는 왜 일을 하는가? 우리와 같은 서민들의 삶에서 일이란
일단은 먹고 사는 일이 되어야 한다. 돈을 벌지 못해서 생활을 못
하게 되면 일은 의미가 없는 것이다. 일에 대해 아무리 거창한 말
을 하고, 아무리 큰 의미를 부여하더라도 우리와 같은 서민들은
생활비가 필요하다. 그래서 먹고 사는 일의 해결이 먼저 되고 나

서, 그 다음이 필요하다. 그런데, 문제는 먹고 살기도 만만치 않다는 것이다. 저축이 쉽지 않은 것이다. 요즘은 생활비도 만만치 않다. 그냥 가만히 있으면서 쓰는 돈도 숨이 막힐 지경이다. 장바구니 물가는 이미 서민들이 감당하기 만만치 않은 수준이 되었다. 주택 구입의 경우, 젊은이들은 평생을 일해도 쉽지 않은 상황이 되었다. 주변을 보면 30대 초반에 아버지의 도움으로 외제차를 타고 다니는 사람들이 보이지만, 많은 청년들은 자동차가 없고, 자동차를 끌고 다니면 부모님이 대부분 돈 모으기가 쉽지 않다. 물론 자동차를 안타는 대신 다른 소비가 크면 저축을 못한다.

열심히 일하는 것은 언제나 바람직하다. 그러나 몸이 너무 피곤할 정도로, 몸에 무리가 올 정도로, 몸 때문에 우울감이 올 정도라면 페이스를 조절할 필요가 있다. 혹은 휴식을 취할 필요가 있다. 물론 주 5일 근무를 하는 사람이 힘들다는 말을 하면 안 된다. 또, 주 6일 근무도 그나마 괜찮은 것이다. 그래도 일요일에 잠을 푹 자면 되기 때문이다. 문제는 한 달에 하루 정도 쉬는 사람이다. 한창 일하는 사람 중에는 이 정도로 일하는 사람도 의외로 많다. 그것도 하루 14시간 이상 일한다. 물론 짬짬이 쉬기도 하지만, 대체로 이 페이스대로 일한다. 그러나 이렇게 일만 하면 때로는 건강에 이상이 올 수도 있고, 무리가 따를 수도 있다. 그럴 때는 최소한 2주에 하루 정도는 쉬도록 해야 한다. 또, 일을 하는 중간 중간 산책을 하거나 다양한 운동을 할 필요가 있다. 그래야 건강을 잃지 않을 수 있다.

약 15년 전만 해도 주 5일 근무는 없었다. 그때는 대부분 주 6일 근무를 했다. 물론 토요일은 일찍 퇴근을 하기도 했다. 그러나 주 6일 근무였고, 또 많은 직장에서는 토요일도 오후 6시까지 혹은 야근까지 하며 일했다. 그러나 문제가 없었다. 요즘에는 주 6일 근무하면 피곤을 느끼는 사람들이 많다. 주 5일 근무가 문화가 되어버린 것이다. 또, 어떤 일이든 일 자체가 힘들기 때문에 주 6일 근무하면 휴일에는 하루 종일 잠만 자는 경우도 많다. 나도 주 6일 근무하는 직장에서 근무할 때는 피곤해서 휴일에는 하루 종일 잠만 잤다. 어느 정도로 잤느냐 하면, 저녁 10시나 11시경에 잠자리에 들어서 그 다음날 오후 4시나 5시에 일어났다. 왜냐하면 실제로 몸이 피곤했기 때문이다. 그렇게 일어나서 저녁을 먹고 산책하고 나면 밤이 되었다. 그리고 집으로 들어와서 자고 그 다음날 출근했다. 출근도 아침 7시 늦어도 8시까지 했고, 저녁에는 8시나 8시 반까지 근무했다. 물론 저녁 11시까지 거의 매일 근무하는 직장에도 있어보았다. 높은 강도로 주 6일 근무하면 피곤하다. 이럴 때는 휴일에 충분히 수면을 취해야 한다. 그리고 평소에도 야근을 적당하게 하도록 해야 한다. 예를 들어 하루 14~16시간 정도 일한다고 했을 때, 격일 간격으로 하든가하는 식으로 조정을 해야 한다. 아니라면, 틈틈이 수면을 취해야 한다. 그러나 한국직장에서 근무시간에 잠을 잔다는 것은 대체로 용납되지 않는 다. 그런 면에서 부담이 따른다. 만약 직장이 너무 힘들다면, 그래서 체력적으로 감당이 되지 않는다면, 다른 직장도 알아보아야 한다. 잘못하다가 병이 올 수 있기 때문이다. 실제로 지나치게 무리해서 일한 결과 생리가 끊긴 여성도 있고, 남성의 경우도 성기능에 장애가 온 사람도 있다. 그런 것은 개인적으로 밝히지 않아서 그렇지, 실제로 직장인들 중에 있다.

만약 너무 힘들어서 정말로 쉬고 싶다면, 직장에 동의를 구하고 쉬는 것이 바람직하다. 만약 직장에서 동의를 안 하지만 정말로 쉬고 싶다면, 직장을 그만두는 것도 고려해보아야 한다. 다른 직장에 갈 수 있는 실력이 있다는 전제 하에 말이다. 만약 다른 직장에 갈 수 없다면 어떻게 해야 할까? 그때는 스스로가 체력을 잘 조절해야 한다. 정도껏 일하도록 주의를 기울어야 한다. 물론 일의 결과물은 있어야 하므로 집중은 해야 한다. 그러나 항상 체력적인 부분에 주의를 기울어야 한다. 채소와 과일을 많이 먹고, 잠을 푹 자도록 하며, 규칙적인 생활에 신경을 쓰도록 한다. 무슨 일이 있어도 하루 7시간은 잠을 자도록 한다. 식사를 제 시간에 적당량을 챙겨먹도록 한다. 즉 건강에 각별한 주의를 기울이는 것이다.

혼자서 장사를 하는 사람이라면 부담이 덜하다. 물론 일을 하지 않아도 임대료와 직원 월급이 나가므로 부담이 되는 면도 있지만, 그런 것을 감수하고서라도 쉬어야겠다면, 쉬어야 한다. 내 인생이기 때문이다. 내 행복이 우선이기 때문이다. 돈을 버는 것도 행복하기 위해서이기 때문이다. 그런 면에서, 정말 지쳤다면, 잠시 쉬는 것도 바람직하다.

한국에서 힘없는 서민이 살아가는 것은 쉬운 일이 아니다. 직장의 일이 만만하지 않다. 월급도 많지 않다. 서울생활이든 지방생활이든 생활을 꾸려가는 것 자체가 벅찬 일이다. 거기다가 직장에서 해고라도 되면 다음 직장을 구하는 일이 만만치 않다. 직장에서 불합리한 일이 많은데도 큰 소리를 못 친다. 특히 사기업의 경우 오너의 입김이 절대적으로 작용하며, 중소기업의 경우 CEO가 제왕적 위치이기 때문에 어려움이 많다. 그가 누구든 인간이란 흠이 있고, 자신의 탐욕 안에만 갇힌 CEO도 적지 않으며, 실력보다 아부하는 사람들이 요직을 차지하고 있는 경우도 많기 때문이다. 직언(直言)을 해도 듣지 않으며, 자기가 시킨 대로 일하기를 바라는 일종의 생각 없이 일하는 기계처럼 일하길 원하는 CEO도 너무 많다. 이것은 중견기업이라고 다르지 않다. 여기에서 직장인은 눈치가 늘 수밖에 없다. 눈치가 없으면 생존조차 할 수 없기 때문이다. CEO의 화를 북돋우면 그날 바로 짐을 싸야 한다. 회사의 효율성, 회사의 바른 문화를 고민해서 CEO에게 이야기를 해도 통하지 않는다. 시키면 시킨 대로 하지 않으면 그날 해고되기 때문에, '이게 아닌데도'라는 생각이 들어도 바른 행동을 못한다. 그저 시키면 시킨 대로 할 수밖에 없다. 그렇게 하지 않으면 해고가 되고, 해고가 되면 딱히 먹고 살 수 있는 길이 없기 때문이다. 그리고 야근수당을 주지 않아도 어쩔 수가 없다. 야근수당을 달라고 하면 그 달치만 받고 곧바로 해고되기 때문이다. 그래서 야근수당을 안 받고 계속 일하려고 하는 것이다. 그런 불합리한 현실이 많다. 한국정부는 대오각성 해야 하는데, 아직 멀었다.

일이 경우도 야근을 강요하며, 정시에 퇴근을 못하도록 막는 회사도 많다. CEO를 설득하려고 하지만, 대부분은 탐욕 주머니로 눈을 가리고 소귀에 경 읽기에 그치는 경우가 태반이다. 누가 CEO를 똑똑하다고 했는가? 실제로 그들은 똑똑하기보다는 극도로 이기적이고, 졸렬하며, 남을 배려하지 않고, 오직 이익만 생각하는 경우가 많은데 말이다. 그러나 한국 직장인들은 마땅한 대안이 없다. 지금은 이대로 일할 수밖에 없다는 말이다. 어떻게 해볼 여지가 없기 때문이다. 결국 정치권이 나서야 하는데, 정치권은 밥그릇 싸움만 할 뿐 국민들을 위한 행동은 생색내기에 그치는 경우가 많다. 지금 한국의 직장인은 어려움을 하소연할 데도 없다.

결국은 능력이다. 능력이 있으면 더러우면 나오면 된다. 그러나 능력이 없으면 불합리한 대우도 참을 수밖에 없다. 따라서 우선 실력을 키워야 한다. 그런 다음 발언권을 키워야 한다. 안 되면 창업을 할 정도가 돼야 한다. 그래야 자유로울 수 있다. 휴식도 최소한의 존중을 받을 수 있다. 물론 창업은 고객들의 눈에 더 많이 노출된 셈이다. 직장에 있을 때는 CEO가 그래도 커버를 해주었지만, 창업을 하면 내가 모두 커버해야 한다. 그런 면에서 부담이 따르는데, 그만한 실력만이 대안이 된다.

힘들 때 쉬는 것도 어쩌면 능력이 있어야 가능한지도 모른다. 능력도 없으면서 무작정 회사를 그만두고 쉴 수는 없기 때문이다.

또, 능력이 없으면 회사에 대한 발언권도 약해질 수밖에 없기 때문이다. 개인 장사를 하더라도 그만한 능력이 있어야 1주일 정도 쉬어도 문제가 없다.

현재 무작정 쉴 수 없다면 자신의 체력은 자신이 지킨다는 생각으로 스마트하게 일해야 한다. 대충 일하라는 의미가 아니라, 일은 집중해서 하되 자신의 체력을 지킬 수 있는 노력을 해야 한다는 말이다. 최소한 수면시간 7시간과 제때 식사는 꼭 지켜야 한다. 힘들 때는 중간에 3~5분 정도 잠시 쉬도록 해야 한다. 그러면서 에너지를 충전해야 한다. 그러면서 궁극적으로는 실력을 갖추어야 한다. 실력이 있어야만 결국은 휴식도 자유롭게 누릴 수 있기 때문이다. 본질적으로 자유란 노력과 객관적인 실력에서 나온다. 물론 자발적 가난에서도 자유가 나온다. 지금 삶이 지나치게 힘들다면, 당분간은 가난을 겪는다고 생각하고 일을 그만두는 것도 필요하다. 때로는 무작정 쉬는 것이 내 인생을 살리는 선택이 될 수도 있기 때문이다. 그래서 아무런 대책이 없어도 한 달 정도는 쉴 수도 있는 것이다. 그 다음은 몸으로라도 일하면 어떻게든 생활은 할 수 있기 때문이다. 이것은 자발적 가난이다. 결국은 개인의 선택이다. 나는 이 두 가지 모두 개인의 선택의 문제이며, 이 둘 모두 자신의 인생을 위한 길이라고 생각한다.

PART 34

마음속으로 꿈꾸던
여행을 너무 하고 싶을 때

✽   인생은 누구를 위해서 사는 것인가? 눈에 보이지 않는 신(神)을 위해서 사는 것인가? 약자를 위해서 사는 것인가? 강자를 위해서 사는 것인가? 아니다. 다 틀렸다. 나 자신을 위해서 산다. 그것이 정답이다. 나 자신의 만족이 되지 않은 상태에서 다른 사람을 위한다는 것은 다 거짓말이다. 자기가 괴로우면서 다른 사람의 행복을 이야기한다는 것은 있을 수 없는 일이다. 먼저 자기가 행복해야 한다. 자기가 편안해야 한다. 그래야 모두를 행복하게 할 수 있다. 물론 항상 좋은 일이 있을 수는 없다. 안 좋은 일도 있고, 힘든 일도 있다. 그러나 종합적으로 볼 때 행복해야 한다. 내가 행복해야 한다. 행복에 대해 스스로에게 솔직하고 정직해야 한다.

우리의 인생에서 '~해야 한다'는 것은 없다. 이데올로기를 파괴해야 한다. 한국에서 그럴듯한 직업을 갖고, 양복을 입고 일해야 한다는 상식을 박살내야 한다. 생활을 할 수 있다면 내가 좋아하는 일을 할 수 있는 것이며, 남들이 이해하지 못하더라도 내가 행복하면 하는 것, 그것이 중심이 되어야 한다. 우리의 인생은 세월에 끌려가는 노예와 같은 삶이 아니다. 밥벌이를 위해서 세월에 저당 잡힌 삶도 아니다. 우리는 우리 자신의 인생을 자유롭게 이끌고 갈 수 있고, 충분히 가능하다. 예를 들어 여행을 하고 싶다고? 돈이 없다고? 하면 된다. 북미대륙의 캐나다와 미국을 마음껏 여행하면서 돈까지 벌 수 있는 직업이 있다. 바로 트럭드라이버다. 트럭 안에는 침대도 있고, 냉장고도 있고, 가스레인지도 있다. 노트북을 사용할 수도 있다. 전기가 들어오기 때문이다. 과일을 사놓고 냉장고에 넣고 다니면서 먹을 수도 있다. 물론 이것도 일이기 때문에 애로점은 많다. 그러나 여행을 하고 싶다면, 잠시 할 수는 있는 것이다. 인생이란 본질적으로 내가 하고 싶은 대로 하는 것이기 때문이다. 나는 뒷일을 책임지면 된다.

여행이 너무 하고 싶어서 죽고 싶다면, 그렇게 여행 못하는 현실이 너무 한탄스럽다면, 가까운 일본이나 홍콩, 중국, 동남아시아의 경우 얼마든지 갈 수 있다. 한 200만 원 정도면 친구 한 명과 다녀올 수 있다. 혼자 다녀올 경우, 100만 원이면 된다. 이 돈이면 적은 돈은 아니지만 그래도 평생 못 갈 돈은 아니다. 살다 보면 그것도 훨씬 큰돈을 사기로 날리기도 한다. 이 돈은 자신을 위해서 사용할 수 있고, 그냥 떠나면 되는 것이다. 그리고 유럽여행도 하고 싶다면 300만 원 정도를 모아서 가면 되는 것이다. 그리고 여행을 많이 하고 싶다면 영어를 공부해서 여행가이드에 종사해도 되는 것이다. 물론 이 일은 좋아서 하는 일이므로 큰 수입을 기대하면 안 된다. 그런 점은 감수하고 해야 한다. 그러나 좋아한다면 하면 되는 것이다.

이것은 여행에 국한해서 생각하면 안 된다. 다른 것도 마찬가지다. 해보고 싶으면 한번 해보는 것이다. 무엇이든 말이다. 미인과 연애를 하고 싶다면 시도해보는 것이다. 못해도 본전 아닌가? 물론 차이면 창피하기는 하지만, 시도는 누구나 할 수 있는 것 아닌가? 정말 하고 싶은 것이 있다면 해보아야 한다. 그렇게 해볼 때 정녕 인생이 살아있음을 느끼게 된다. 책을 너무 읽고 싶다면 책을 읽으면 된다. 도서관에 가도 되고, 책을 사보아도 된다. 돈이 없는데 신간을 보고 싶으면 대형서점에 가서 그곳에 앉아서 책을 보고 오면 된다. 하루 종일 죽치고 있으면 한 10권 정도는 읽을 수 있다. 빠르게 읽으면 20~30권까지도 읽을 수 있다. 하고 싶으면 하는 것이다. 돈이 없다고, 가난하다고 못하는 건 없다. 다른 방식으로 할 수 있기 때문이다.

사람은 가슴이 살아 있는 삶을 살아야 한다. 그래서 무엇보다도 살아 있음을 느껴야 한다. 내가 진짜 한번뿐인 삶을 잘 살고 있다는 생각이 들어야 한다. 그래서 하고 싶다면 해보아야 한다. 그래도 안 죽는다. 그래도 내가 손상을 입는 것은 아니다. 하면 된다. 일도 마찬가지다. 대충 일하지 말고 정말 멋진 프로로 성공을 꿈꾼다면 그만큼 노력하면 된다. 그러면 누구나 수준이 향상되게 된다. 사람은 대부분 평범하기 때문이다. 우리 시대의 특별한 프로라고 불리는 사람들도 노력하면 대부분은 그 수준에 도달할 수 있게 된다. 그래서 성공을 하고 싶다면 해보면 된다. 정말 후회 없다는 말을 할 정도로 해보면 된다. 그러면 분명 결실을 맺게 될 것이다. 그것이 크든 작든 그렇게 될 것이다. 왜냐하면 하면 대부분은 되기 때문이다.

그러나 너무 가난해서 모든 것이 부담이 될 수도 있을 것이다. 여행을 너무 하고 싶은데, 그것도 부담이 될 수 있을 것이다. 그럴 때는 어떻게 해야 할까? 그럴 때는 1년만 미쳐라고 권하고 싶다. 더도 덜도 필요 없고, 딱 1년만 미치는 것이다. 1년만 일에 미치고, 1년만 절약에 미치는 것이다. 그 동안 스트레스는 운동이나 영화 감상, 산책 등으로 해결하는 것이다. 그러면서 1년 동안 확실하게 일하는 것이다. 그러면 분명 크게 달라질 것이다. 혹자는 1년으로 무엇이 달라지느냐고 회의감을 가질 수도 있을 것이다. 그러나 아니다. 1년이면 고시도 1차 시험에 합격할 수 있고, 2년이면 최종합격도 가능하다. 1년이면 입시에도 높은 성적을 얻을 수 있다. 무엇이든 1년을 죽도록 노력하면, 반드시 성과가 나타난다. 연봉도 1,000만 원에서 1억 원까지 향상될 수도 있다. 충분히 가능한 일이다. 요즘 1억 원은 한번 해볼 만한 연봉이다. 노력하면 충분히 누구나 도달할 수 있는 연봉이 1억 원이다. 물론 직장의 월급쟁이로는 쉽지 않을 수 있겠지만, 그럼에도 다양한 노력을 하면 충분히 가능하다. 그 방식은 스스로가 찾아야 할 것이지만, 승진이나 혹은 투 잡 혹은 쓰리 잡으로도 가능하다. 그리고 창업 준비를 한 다음, 창업을 통해서도 가능하다. 요즘 창업성공이 힘들다고 하지만, 여전히 성공하는 사람들은 있으며, 그것도 결국에는 자기 하기 나름이다.

연봉 5,000만원~1억 원 정도의 벽을 빠른 시간 내에 돌파하면서, 그것을 2~3년 정도 꾸준하게 유지하면 자신감을 가질 수 있게 된다. 그러면 여유가 생긴다. 만약 그것이 여의치 않는다면 예를 들어 연봉 1,800만 원 정도의 직장에 다닌다면, 기숙사와 아침부터 저녁식사까지 제공되는 직장으로 이직하되, 야근을 하면서 법정 야근수당을 모두 채워서 받도록 한다. 그러면 월급은 대체로 185~190만 원 선이 된다. 여기에서 4대 보험비의 50퍼센트와 기숙사비(대체로 반액만 제공되므로)를 제하고 나면 140~160만원이 남을 것이다. 그러면 여기에서 용돈으로 월 10만 원 정도를 쓰고, 나머지는 모두 모으면 된다. 그러면 1년에 1,500만원은 모을 수 있다. 그렇게 저축을 하면, 서울의 웬만한 대기업 직장인들이 모으는 돈만큼 모을 수 있게 된다. 즉 희망을 가질 수 있게 되는 것이다. 나는 실제로 직장생활을 할 때 위와 같은 방식으로 저축을 했었다. 소비를 극도로 자제하고 월급의 거의 대부분을 저축했다. 한마디로 말하면 매월 초에 지갑에 돈 10만원을 넣고 그 달 말까지 사용했던 것이다. 다만 그때는 식사가 하루 3끼 모두 제공되었으므로 그렇게 했었다. 쉬는 날에도 돈을 아끼기 위해서 회사에 가서 식사를 하려고 하기도 했다. 나는 요즘도 식·음료비를 제외하고 거의 돈을 쓰지 않는다. 그러면 희망이 생긴다. 적은 연봉 속에서도 희망이 나오는 것이다. 혹자는 이렇게 살면 살맛이 나지 않는다고 말할 수도 있을 것이다. 그러나 저축을 하지 않으면 희망이 나오지 않는다. 적게 벌면 그에 맞게 행동해야 한다. 많이 벌면 자기 자신에게 투자를 함으로써 향후 몸값이 올라갈 수 있도록 해야 한다. 그것은 투자로 나중에 더 큰 이익으로 돌아온다. 그렇기 때문에 충분한 연봉을 받고 있을 때는 다양한 자기계발에 투자해야 한다.

인생은 정직하다. 열심히 살면 뭐라도 된다. 지금 기반을 잡는 것이 필요한 사람은 기반 잡는 일에 올인해야 한다. 정신을 차리고 살아야 한다. 치열하게 저축하는 과정을 즐겨야 한다. 그러나 여행이 필요하다거나, 혹은 다른 무언가를 절실하게 하고 싶으면 해도 좋다. 내 인생이기 때문이다. 그러나 다시 본래의 궤도로 돌아와서 열심히 일해야 한다. 그것이 필요하다. 그러나 가난하게 살더라도 자신이 좋아하는 일을 하는 것이 좋다면 그 길을 가면 된다. 아무도 안 말린다. 물론 부모님은 반대할 수도 있지만, 결국은 내 인생이다. 내가 좋으면 가면 된다. 그리고 책임을 지면된다.

결국 인생은 선택인 것 같다. 독하게 해서 기반을 잡고 누리든가(물론 그 과정에서도 돈을 들이지 않고 소소하게 즐길 거리들이 많으며, 충분히 가능하다), 아니면 비록 가난하더라도 자신이 좋아하는 일이나 취미를 하면서 살든가. 물론 돈이 많이 벌고 자기가 좋아하는 일도 하면 최상이다. 그러나 이런 경지로 나아가는 것은 쉽지만은 않다. 결국 인생은 선택이다. 그리고 여기에 대한 책임을 지는 것이다. 그대는 어떤 선택을 할 것인가? 어떤 선택이든 하면 된다. 그리고 책임을 지면된다. 어떤 선택이든 본인이 행복하면 그것으로 된 것이다.

PART 35

직장에서 대인관계로
너무 스트레스를 받을 때

✽   직장에서 대인관계 때문에 스트레스를 받는 사람은 한 둘이 아니다. 직장생활은 실제로는 능력전이라기보다는 인간관계전이라는 것이 바람직한 표현일 것이다. 직장에서 인간관계는 대체로 대화가 통하지 않는 동료 때문에 문제가 발생한다. 실제로 직장을 그만두는 사람 중에 연봉이나 복리후생보다 인간관계 때문에 그만두는 사람이 훨씬 더 많다. 국내 굴지기업인 S생명 과장님이 있었다. 그는 샤워를 하면서 한 번씩 소리를 지르곤 했다. 고성을 지르면서 누군가에게 욕을 했다. 문제는 그것이 너무 자주 이루어진다는 것이었다. 그렇게 샤워를 하면서 소리를 지르는 이유는 직속 부장이 괴롭히기 때문이었다. 자신에게 "이것도 못하냐?"는 식으로 사람들이 많은 곳에서 공개적으로 소리를 치는가 하면, 온갖 인격적인 무시를 한다는 것이었다. 그래서 너무 스트레스를 받는다는 것이었다. 그래서 직장을 그만두고 고향으로 내려가서 식당을 할 생각이었다. 그러나 요즘 식당성공이 어려

워서 결국 그만두지는 못했다. 또, 국내 굴지기업인 S전자 출신이 있었다. 그는 S전자에 근무할 때 고졸이었으나 영어를 잘 해서 독일에서 근무한 적도 있었다. 독일에 있을 때는 격려차원에서 삼성전자 이건희 회장과 악수를 하기도 했었다. 그러나 IMF가 터지자 한국으로 돌아왔고, 이후 대학에서 공부를 더 하기 위해서 회사를 그만두고 수능공부를 한 다음 대학에 진학했다. 그는 한 때 세계적인 휴대폰 업체였던 모토로라에 근무하기도 했고, 이후에는 수도권의 중견기업에 입사를 했다. 연봉도 대기업 수준이었고, 괜찮았다. 그러나 회사를 그만두었는데, 그것도 역시 인간관계 때문이었다.

회사는 사람의 집합소다. 그리고 매일 얼굴을 맞댄다. 상사와 동료와 그렇다. 그리고 성별도 나뉜다. 나이대도 다 다르다. 출신지역도 다르다. 전공도 다르다. 모두 생활을 위해, 자아실현을 위해 한 직장에 모인 것인데, 다 다른 특성을 지니고 있다. 그렇다면 어떻게 해야 편안하게 직장생활을 할 수 있을까?

직장은 사람들이 돈을 벌기 위해서 모인 곳이다. 이곳은 자신의 꿈 혹은 야망을 이루기 위한 곳으로 모두 승진 혹은 고액연봉을 꿈꾸고 있다. 창업을 염두에 두고 취업한 사람도 있지만, 대부분은 직장생활을 오래 할 요량으로 입사를 했고, 대부분은 직장에서 인정받고자 한다. 결국 직장생활은 필연적으로 경쟁을 불러올 수밖에 없다. 이른바 돈과 자리를 둔 경쟁이다. 먼저 그 점을 인정해야 한다. 내가 높은 곳으로 오르고 싶듯이 타인도 그렇다는 것을 인정해야 한다. 그렇다면 인간적인 혹은 비인간적인 경쟁이 벌어질 수 있다는 점을 인정해야 한다. 그래서 때로는 더러운 마찰이 발생할 수도 있다는 것을 알아야 한다. 그리고 직장동료는 경쟁자이면서 동반자라는 묘한 관계인데, 그 절묘한 관계를 중용적으로 조화를 이룰 수 있도록 해야 한다. 내 이익만 내세우면 안 된다. 그것은 상대방의 마음도 그렇다.

사람은 어떤 존재인가? 무언가를 주면 좋아하는 존재다. 내가 먼저 주어야 한다. 내가 헌신해야 한다. 내가 나서야 한다. 공(功)을 함께 하고 있는 동료와 팀에게 돌릴 수 있어야 한다. 그런 자세가 필요하다. 그리고 누구보다도 노력을 많이 해야 한다. 그런 자세가 끊임없이 이어져야 한다. 그리고 내 회사라고 생각하고 사랑하는 마음으로 회사를 다녀야 한다. 그래서 직장동료를 모두 내 벗이라고 생각해야 한다. 물론 말처럼 쉽지는 않다. 이상한 사람도 있는 곳이 직장이기 때문이다. 만약 대화가 통하지 않는다면 어떻게든 풀도록 해야 한다. 만약 풀리지 않는다면 통하지 않는다는 점을 인정하고 그 사람을 대하면 된다. 모두를 친구로 만들 수는 없을 수도 있기 때문이다. 일이 되게 하고, 사람들을 위하는 기본자세를 견지해나가면 된다. 그러면 그 사람이 이해해줄 수도 있고, 이해를 못할 수도 있겠지만, 회사는 결국은 내 편이 될 것이다.

직장은 결국 승진할 의자가 정해져 있으며, 그 점에서 무엇보다 성과가 중요하다. 인간관계에 치중하느라 일을 못하면 그것보다 무능한 것은 없다. 가족 같은 중소기업에서도 결국은 성과로 모든 것이 결정된다. 과거에 고도 성장기에는 직장생활에 윤활유와 같은 사람이 필요했지만, 요즘은 그런 역할만 하는 사람은 필요 없어졌다. 오히려 까칠하더라도 일을 잘 하는 사람이 필요해졌다. 즉 스티브잡스처럼 성격은 안 좋더라도 확실한 결과를 만드는 사람이 필요해진 것이다. 실제로 직장에서도 필요한 인재는 일 잘 하는 사람이지, 인간성만 좋은 사람이 아니다. 물론 윤리의식은 필수다. 그것은 기본이기 때문이다.

직장에서 무엇보다도 일에 중점을 두면서 자기계발을 해야 한다. 그러면서 동료는 배려하는 자세로 대해야 한다. 동료도 이곳에서 성공을 꿈꾸는 동료로 인정해야 한다. 조직은 각 구성원이 시기하고 질투하고 파괴적 경쟁을 일삼을 때 망할 수 있다. 파벌이 생기고, 암투가 생기며, 인간관계로 에너지를 낭비할 때 그 결과는 참혹해질 수밖에 없다. 일에만 몰두해도 힘든 현실이기 때문이다. 그렇기 때문에 그 점을 알고 동료와는 생산적 경쟁이 될 수 있도록 하고, 관계에 에너지가 뺏기지 않도록 해야 한다. 이것은 CEO의 역할과 결단이 중요하다. 기업의 문화를 수수방관하지 않고 바르게 갈 수 있도록 조정하는 키는 최고 의사결정권자인 CEO가 쥐고 있기 때문이다. 그러나 직원의 입장에서도 노력이 필요하다.

직장에서 인간관계는 먼저 겸손해야 한다. 나를 내세우면 안 된다. 나의 공을 내세우면 안 된다. 내가 무조건 좋은 것을 차지하려고 해서도 안 된다. 타인과 조직을 먼저 생각해야 한다. 그리고 타인을 존중해야 한다. 그 다음, 상대방을 깊이 배려해야 한다. 무엇을 하든 배려가 필요하다. 일을 할 때, 회의할 때, 식사할 때, 회식할 때 등 관계할 때 상대를 배려하면서 대해야 한다. 물론 인간 이하의 행동을 할 경우에는 지적도 반드시 필요하다. 그 다음, 언제나 인격적으로 타인을 대하도록 해야 한다. 결국은 사랑과 용서의 자세가 필요한 것이 인간관계다. 그것이 마지막 귀결점이다. 그래서 잘못이 있더라도 이해하고 받아들이는 것이 필요하고, 안 좋은 일이 있으면 대화로 푸는 것이 필요하다. 그런 인격이 기본 전제로 필요하다. 만약 대화로도 풀어지지 않는다면, 일로만 대하면 된다. 어쩔 수 없이 가까워질 수 없다면, 어쩔 수 없는 일이다. 실제로 회사란 일을 하는 곳이고, 돈을 벌기 위해서 가는 곳이다. 사람관계는 그 다음의 문제다. 관계 때문에 고민을 하는 것은 본질은 아니란 말이다. 그 누구도 모든 사람과 친하게 지낼 수는 없다. 대화로 풀릴 수도 있지만 풀리지 않는 사람도 있다. 그런 점은 자연스럽게 인정하면 된다. 그리고 필요 최소한으로 대하면 된다. 그러면서 기본에 충실하면서 나아가면 된다. 일을 열심히 하고, 겸손과 배려와 인격을 갖추어서 사람을 대하면 되는 것이다.

적을 만들지 않는 대화를 하는 것은 필요하다. 상대를 배려하는 태도가 습관이 되어야 한다. 사방팔방을 살피는 태도를 지녀야 한다. 섬세해야 한다. 그러면 대부분 적은 생기지 않는다. 언제나 선비와 같은 태도로 살면 되는 것이다. 그리고 할 일에 충실하고, 실력을 키우는 데 모든 노력을 다 바쳐야 한다. 만약 관계의 스트레스가 있더라도, 대화로 풀리지 않더라도 흔들림 없이 내 페이스대로 일을 해야 한다. 또, 그럼에도 불구하고 나는 인격적으로 대해야 한다. 그럼으로써 내 마음의 평온이 흐트러지지 않도록 해야 한다. 그래서 편안한 상태로 일을 해야 한다. 집중해서 일해야 한다. 내 페이스대로 일해야 한다. 그래서 최고의 실력을 키워야 한다. 그 실력이 결국 내 미래를 결정짓기 때문이다. 회사에서 아무리 많은 사람들하고 친하게 지내도 일을 못하면 결국 정리해고 1순위로 떠오르게 된다. 회사의 기쁨조 역할만 하는 사람은 회사에 필요가 없기 때문이다. 결국은 일로 돈을 버는 직원이 필요한 것이 회사다.

어쩌면 회사에 친한 사람이 많지 않은 것은 정상일 수도 있다. 회사는 종교집단이나 동호회가 아니기 때문이다. 돈을 벌기 위한 곳이기 때문이다. 다른 것에 흔들리지 말고 나는 내 페이스대로 열심히 일해야 한다. 그러면서 실력을 갖추어 나가야 한다. 그리고 사람들은 최대한 깊이 배려해야 한다. 비록 그 사람에게 문제가 있더라도 나는 인격적으로 나가야 한다. 그렇게 내 페이스를 지켜가면서 일하면 된다. 그러면 결국 나는 성장하게 된다.

이 세상 사람은 내 마음 같지가 않을 수도 있다. 내가 아무리 잘 해도 내게 잘 하지 못할 수도 있다. 나는 나의 할아버지께 그런 말을 들은 적이 있다. "아무개에게 도움을 주었다. 그 전에는 인사를 잘 했는데 이제 필요가 없으니 먼저 인사를 해도 받지를 않는다. 그렇게 인사를 한 것이 거의 20년 가까이 된다. 그러나 아무개는 인사를 받지 않는다. 이 세상에는 그런 사람도 있다는 것을 알아야 한다." 나는 처음 이 말을 들었을 때, 삭막한 이야기라 한귀로 듣고 한귀로 흘러버렸다. 그러나 지금은 이해가 된다. 세상에는 그런 사람도 있고, 저런 사람도 있기 때문이다. 도저히 상식적으로 납득이 가지 않는 사람도 있기 때문이다. 회사에는 많은 사람들이 있으므로, 많은 경우가 발생할 수 있다. 부부도 평생 맞추어가는 것은 쉽지 않다. 내 생각과 다르기 때문이다. 그래서 상대를 인정하고 존중하는 것이 필요하다. 회사에서도 그런 것이 필요하다. 다르면 다른 대로 인정하는 것이다. 통하지 않으면 않은 대로 인정하는 것이다. 나는 나의 페이스대로 일하는 것이다. 적이 없는 사람은 없다. 심지어 사랑의 상징으로 불리는 예수마저 적이 있었다. 적이 없다는 것은 어쩌면 내가 아무런 능력이 없다는 것일 수도 있다. 시기와 질투를 불러일으킬 능력이 전혀 없다는 반증일 수도 있다. 말이 통하지 않는다는 것도 반대로 살펴보면 내가 내 주장을 갖고 있다는 것이 된다.

우리는 우리의 페이스대로 가면 된다. 기본적인 인간미를 양심에 비추어서 견지하면서 가면 된다. 또, 무엇보다도 열심히 일을 해야 한다. 회사는 우선은 돈을 버는 집단이기 때문이다. 돈을 벌

지 못하면 공중분해가 되는 곳으로 회사는 종교집단, 친목단체가
아니기 때문이다. 우리는 일이라는 본질에 충실하면서 직장동료를
인격적으로 대하는 원칙을 견지하면 될 것이다. 그리고 경우에 따
라서 대화가 되지 않을 때는 그것을 인정하고 일을 하면 될 것이
다. 이 세상의 모든 사람들은 내 사람이 되지 않을 수도 있고, 그
것도 삶의 한 진실이기 때문이다.

PART 36

노력하면 성공할 수 있다는
믿음이 사라졌을 때

✳   노력하면 성공할 수 있다는 믿음이 사라진 사회
가 대한민국이다. 그래서 많은 사람들이 단순한 일을 편하게 할
수 있는 직장을 원한다. 그러면서 월급은 상대적으로 많고, 주 5
일 근무에, 정시퇴근이 정확히 지켜지는 직장을 원한다. 한국 사회
가 이렇게 된 데에는 실제로 성공이 어려워졌고, 무엇보다도 생존
자체가 무척 힘들어졌기 때문이다.

요즘 폐지 줍는 할머니, 할아버지들이 보인다. 그러나 그것은
아무리 열심히 해도 생활비도 벌기 힘들다. 폐지를 줍는 것으로
한 달에 5~10만 원 정도를 버는 할머니, 할아버지들도 많다. 자
영업을 해서 한 달에 300만 원 정도를 버는 곳도 드물다. 자기
투자금이 있고, 리스크가 있으며, 퇴직금이 없다는 전제 하에 300
만 원 벌이를 못한다면 문제가 있는 것이다. 그러나 대부분 이런
현실에 놓여 있다. 월 100만 원대를 버는 곳이 수두룩한 현실이

다. 아니, 안 망하면 다행이라고 할 수 있고, 최소 인건비를 건지면 그나마 다행인 것이다. 하루 12시간 이상 일하고, 토요일과 일요일도 없다는 전제 하에 말이다. 만만치 않은 것이다.

그렇다면 우리는 전부 요령껏 살고, 눈치 보면서 나쁜 짓도 하고 살고, 아부를 하고, 법망을 교묘히 피하면서 살고, 건전한 성공을 할 수 있다는 희망을 버리고 살아야 할까? 그래서 무조건 편한 직장에 들어가야 하고, 대충 일해야 하며, 그저 먹고 사는 것에 만족해야 할까? 그러나 그런 삶은 아니다. 희망이 없는 것이다. 자신을 기만하는 삶이기 때문이다. 인간은 그런 상황 속에서 삶에 대한 만족을 느끼지 못한다. 인생은 건전한 노력을 할 때 희망이 나오고, 비록 큰 결과를 얻지 못하더라도 노력할 때 인간은 희열을 느낀다. 물론 노력을 죽도록 했는데도 결과가 너무 보잘 것 없다면 인간은 절망한다. 그때 인간이 느끼는 기분이란 말로 씁쓸함 그 자체다. 대가가 너무 약하면 일할 의욕이 나지 않게 된다. 그래도 최소한 밥벌이는 할 수 있어야 그 일을 할 수 있다. 그것이 사람이다. 그러나 어느 정도의 밥벌이가 된다면 인간은 노력 그 자체에서 희열을 느낀다. 대가를 떠나서 그 일을 하는 자체에서 즐거움을 느끼는 것이다. 그래서 모든 것을 떠나서 즐거움을 느끼며 사는 것이다.

우리 모두는 궁극적으로 사업가가 되어야 한다. 장사를 하지 않는 직장인이더라도 사업적 마인드가 없으면 안 된다. 직장인이란 무엇인가? 직장인은 무엇을 하는 사람인가? 회사의 병사 혹은 장군으로 활약하면서 회사를 경쟁에서 이기도록 이끄는 사람이 직장인이다. 즉 비즈니스의 한 복판에 있는 사람이 바로 직장인이다. 그런데도 비즈니스 마인드가 없다면 어떻게 되겠는가? 직장인이든 사업가든 결국은 고객에게 팔아야 한다. 팔지 못하면, 그래서 돈을 벌지 못하면 모든 것이 무용지물이 된다.

나는 앞으로 우리가 큰 성공이라는 목표 대신, 10억 대의 당당한 중산층이 되는 것을 목표로 잡는 것이 현실적이라고 생각한다. 이 정도라면 1년에 3,000만원을 30년 간 꾸준하게 저축하는 것을 의미한다. 외벌이든 맞벌이든 결국 이 정도의 저축을 한다고 생각하며 사는 것이다. 물론 이 금액은 5,000만원이 될 수도 있을 것이고, 많으면 8,000~1억 원이 될 수도 있을 것이다. 이 정도를 저축하면서 가는 것을 목표로 잡고, 살아야 한다고 생각한다. 금전적으로 보면 그렇고, 일하는 자체에 무엇보다 주목해야 한다고 생각한다. 그것이 경제적인 결과를 만들어내는 동시에, 인생의 의미를 만들어내기 때문이다. 인간은 일이 즐거워야 한다. 일하는 그 자체가 즐거워야 한다. 좋아하는 일을 하는 것은 축복이자 감사함이며, 재미와 즐거움을 동시에 누릴 수 있는 일이다. 그런데 돈까지 번다면, 이것은 엄청난 일이다. 우리는 이 방향을 추구해야 하며, 이것은 본인이 좋아하는 일을 하면서도 가능하지만, 그냥 주어지는 일을 하면서 그것을 잘하게 됨으로써 좋아하는 일로 변화시키는 것으로써도 가능하다. 우리는 현실적으로 일을 어느 정도 윤곽을 드러내면서 하면 연간 5,000만 원~1억 원 정도는 충분히 벌 수 있다. 그곳이 대기업이든, 중소기업이든, 자영업이든 얼마든지 가능한 일이다. 이 정도의 수입은 특별한 천재가 아니더라도 오직 노력으로써 가능하다. 우리는 희망을 가져야 한다.

우리는 인생 그 자체를 열심히 노력하면서 사는 데에 의미를 두어야 한다. 그러면서 열심히 사는 자체에서 보람과 희열을 느껴야 한다. 그래서 노력에서 삶의 진면목을 찾아야 한다. 인생에서 성공은 중요하다. 그러나 성공보다 중요한 것이 있다. 그것은 열심히 사는 것이다. 열심히 살면 설사 큰 성공은 못할 지라도 삶을 건실하게 이끌게 갈 수 있다. 또, 본인이 행복해지고 당당해지게 된다. 열심히 사는 사람은 자기에 대한 자부심이 있기 때문이다. 또, 열심히 일하는 과정에서 몰입의 즐거움을 누리기 때문이다. 우리 시대의 성공이란 노력하면 갑자기 성공하는 것은 아닐 것이다. 그 대신 본인의 페이스대로 꾸준히 밀고 나가다 보면 어느 덧 찾아오는 것이 아닐까? 그것은 짧으면 3년, 길어도 15년 정도가 아닐까? 즉 3년에서 15년 정도 꾸준히 자신의 페이스대로 열심히 하면 연봉도 충분히 오르고, 결실도 얻을 수 있는 것이 아닐까? 또, 열심히 살아감으로써 보람과 희열을 느낄 수 있는 것이 아닐까? 그래서 나는 우리 시대의 대안은 자기의 페이스대로 열심히 사는 것, 그 자체에서 찾아야 한다고 생각한다. 그러면서 지금 당장 무언가를 얻기보다는 꾸준히 노력하는 것을 일종의 투자라고 생각하고 그냥 우직하게 가는 것이다. 그러면서 때를 기다리는 것이다. 그러면 어느 순간 기회가 오지 않을까? 결과를 얻을 수 있지 않을까? 나는 그런 생각을 해본다.

노력하면 그것도 15년 간 꾸준히 노력하면 무엇을 하든 결실을 얻을 수 있다. 그러나 아예 삶에 대한 희망을 포기하고 노력하지 않고 살면 15년이 지나도, 아니 30년이 지나도 삶은 달라지지 않는다. 그러나 자신의 일을 15년 이상 나아가 30년 이상 꾸준히 실천한 사람은 끝내는 성공에 이르게 될 것이다. 왜냐하면 오히려 성공이 어려워진 시대일수록 미리부터 포기한 사람은 많은 반면, 인내와 끈기를 발휘하며 멍청할 정도로 우직하게 자신의 길을 걷는 사람은 적을 것이기 때문이다. 대부분의 사람들은 편하지만 미래가 없는 길로 갈 것이다. 그러니 자신을 믿고 가는 것이 어떨까? 그렇게 15년 이상, 30년 이상 가는 것이 어떨까?

나는 이미 오랜 시간 동안 노력했는데도 성과가 없다고 말할 수도 있겠다. 그렇다면 조금 더 해보는 건 어떨까? 힘들어서 포기하기 직전까지 가보는 건 어떨까? 지금 힘든 것은 좀 더 하면 결국 이루어질 것이다. 나는 그런 것을 많이 느꼈다. 모든 것이 한 고비, 한 고비임을 말이다. 한 고비를 넘겨도 그 다음 고비를 넘겨야 하며, 그 다음 고비는 의외로 죽을 고통을 느껴야만 넘길 수 있다는 것을 말이다. 혹자는 나는 책을 여러 권 냈으니 그 다음 책은 쉽게 낼 수 있을 줄로 안다. 그러나 출판사는 경제적으로 손해를 볼 책은 출간하지 않는다. 그렇기 때문에 기획과 내용 모두 훌륭해야 한다. 특히 요즘은 출판 불황으로 출간종수가 많이 줄었다. 이런 상황 속에서 나는 한 고비, 한 고비를 힘들게 넘겨왔고, 집필에 있어서도 다양한 시도를 하는 모험을 주저하지 않고 있다. 그런 시도와 도전은 힘들다. 고비를 넘기는 것은 힘들다. 그러나 이런 고비를 넘겨가야 하며, 책 한권을 쓸 때마다 무거운 마음으로, 두려운 마음으로 집필해야만 한다. 그래야만 한 권의 책을 낼 수 있다.

오랜 시간 동안 노력해도 안 될 수도 있다. 그러면 노력을 더 해야 한다. 그 길밖에 없다. 그러면 분명 길은 나타날 것이다. 노력하면 성공할 수 있다는 믿음을 버리면 그 길로 끝이다. 더 이상의 발전은 없다. 노력을 안 할 것이기 때문이다. 그러나 노력하면 성공할 수 있다는 믿음을 가지고 있으면, 앞으로 끊임없이 전진하고, 전진하는 한 희망은 점점 더 커지게 된다. 그러니 희망을 버리지 말고 가능성을 키워야 한다.

우리의 인생은 성공하기 위해 태어난 것은 아니다. 우리의 인생은 노력하기 위해서 태어났다. 일을 이루기 위해서 태어났다. 무언가 이 세상에 도움을 주기 위해서 태어났다. 우리는 그 목적에 맞게 살아야 한다. 우리는 재미있는 프로그램이나 보면서 시간을 때우기 위해서 태어난 것이 아니다. 우리는 편한 안정직에 평생을 메여 지내라고 태어난 것이 아니다. 우리는 불안과 두려움을 모두 이겨내고 도전과 모험을 실행하면서 가능성을 실현하기 위해 태어났다. 힘든 일이 많겠지만, 그럴 때마다 이겨내야 하는 것이 우리의 몫이다. 우리는 할 수 있다는 명제를 받아들이고 다시금 허리끈을 메야 한다. 그래서 다시 출발해야 한다. 노력하면 당당한 중산층이 될 수 있다. 진지한 노력 속에서 인간은 비로소 인격을 지닌 한 인간으로 완성된다. 우리는 노력하면 인생의 과정과 결과 모두를 얻을 수 있음을 믿어야 한다.

PART 37

나는 아무 것도 할 줄
아는 것이 없다고 느껴질 때

✳   세상에 나오면 할 줄 아는 게 아무 것도 없다고 느껴질 때가 많다. 특히 직업과 관련해서 그렇다. 직업은 너무 중요하다. 직업이란 무엇인가? 교육적인 측면에서 보면 이렇다. 우리가 지금까지 초등학교 6년, 중학교 3년, 고등학교 3년, 대학 4년을 포함해 16년 동안 공부한 결과로 얻게 되는 것이 직업이다. 여기에 입시를 위한 각종 사교육과, 취업을 위한 영어과 자격증 공부까지 포함하면 가히 엄청난 준비를 해온 셈이다. 그것이 총망라된 것이 직업이다. 그리고 직업을 가지면 대부분은 오랜 시간 동안 가져간다는 점 때문에 매우 중요한 것이다. 한 사람의 인생을 거의 결정짓는다. 그러나 우리들의 현실을 둘러보면 어떤가? 대학을 졸업하고도 할 줄 아는 게 없다고 느낄 정도다. 이것은 실용과 거리가 먼 교육, 이론중심의 교육, 학점 따기 위주의 교육, 간판 따기로 전락한 대학이 오늘날의 한국직업의 현실을 만들었기 때문이다.

대학을 졸업해도 우리는 할 줄 아는 것이 없다. 직장에 들어가도 그런 점을 많이 느낀다. 결국 우리는 새로 배워야 한다. 취업을 해서 배워야 하고, 창업을 해서 배워야 한다. 직접 경험을 하면서 배워야 하고, 고등학교 교과서나 대학 교과서 말고 서점에서 팔고 있는 책을 통해 배워야 한다. 그래서 진짜 지식을 기르고, 실무능력을 배가시켜야 한다. 그래서 할 줄 아는 것이 있도록 해야 한다. 그래서 그것을 팔아야 한다. 결국은 우리는 파는 사람이다. 팔 수 있는 것을 만들어야 하는 사람이다. 제품이나 서비스를 만들 때는 사용할 사람에게로 빨랫줄을 날리듯 일직선으로 "제품(서비스)과 고객과의 연결성"을 중시해야 한다. 고객이 이 제품(서비스)을 느낌으로 어떻게 받아들일지, 또 어떤 식으로 이야기를 할지 섬세하게 느끼면서 만들어야 한다. 그렇게 하지 않으면 팔리지 않는다. 섬세하게 고객의 모든 액션을 검토해야 한다.

우리는 인정해야 한다. 모든 것을 새로 배워야 한다는 것을. 그리고 무엇보다도 파는 것에 주목해야 한다. 하다못해 영업도 잘하면 부자가 된다. 보험 상품, 책, 의약품, 화장품 등을 들고 다니면서 잘 파는 사람은 돈을 번다. 핵심은 파는 것이다. 마케팅도 파는 것이다. 제품을 만드는 사람도 고객을 염두에 두고 팔릴 제품에 모든 초점을 맞춰야 한다. 우리는 훌륭한 제품, 좋은 제품을 만드는 것이 아니라 "고객의 요구가 있는 제품 혹은 고객이 원하고 있는 제품"을 만들어야 한다. 팔리지 않으면 투자된 원금도 회수하지 못하고 길바닥으로 내앉게 되기 때문이다. 팔리면 함께한 구성원들과 그 가족들이 잘 살 수 있기 때문이다. 그래서 팔림, 그것은 거의 전부라고 해도 과언이 아니다.

사회에 나와서 할 줄 아는 것이 없어서 막막하게 느껴진다면, 충분한 고민을 한 다음 할 일을 신속하게 결정해야 한다. 내가 진짜로 좋아한다면 일단 해보는 것도 필요하다. 내가 좋아하는 것을 직접 해보면서 내게 맞는지, 현실성은 어떤지를 검토하는 것이다. 한 3년 정도 죽도록 해보는 것이 필요하다. 그러면 윤곽이 드러난다. 또, 일반 직장에 취업하는 방법도 있다. 그렇게 하면서 회사에서 주어지는 일을 최선을 다하면서 하면서 승진하는 방법도 있다. 그렇게 하면서 그 일속에서 즐거움과 보람을 찾고 생활까지 하는 것이다. 또, 시험을 치는 방법도 있다. 다만 시험을 준비하기 직전에 그 일을 미리 정확히 알아보는 것이 필요하다. 공무원을 할 사람이라면 해당 공무원을 만나서 그 일이 어떤지 알아보아야 한다. 또, 고위 공무원을 할 사람이라면 5급 이상 공무원을 만나서 일이 어떤지 알아보아야 한다. 적어도 3~5명 정도는 만나보아야 한다. 실제 내가 생각한 일과 직접 하는 일은 다를 수 있다. 시험을 잘 치는 것과 공부를 계속 하는 것은 다를 수 있다. 시험을 잘 쳐서 서울대에 갔지만, 박사학위를 받는 공부는 체질적으로 안 맞을 수도 있다.

내게 맞는지에 대한 사전검토가 반드시 필요하다. 왜냐하면 일은 돈을 벌기 위해서도 하지만, 궁극적으로는 나에게 맞아야 하기 때문이다. 직장생활도 오래 하려면 그것이 본인에게 맞아야 한다. 나의 할아버지는 공무원 생활을 30년 이상 하셨다. 나는 할아버지께 그런 말을 버릇없이 하였다. "할아버지 공무원 하셨으니까 편하셨겠습니다." 할아버지는 내게 그런 말씀을 하셨다. "공무원이 편하다는 생각은 꿈에도 하지마라. 어떤 직장이든 그곳에서 30년 간 하면 온갖 고비들이 나타난다. 그 고비를 다 넘겨야만 그 직장에서 근무할 수 있는 것이다. 그것은 목숨을 걸어야 가능하다. 실제로 공무원 생활을 30년 간 한 사람은 목숨을 걸고 한 사람들이 대부분이다. 그것은 다른 일도 마찬가지다. 어떤 일도 직접 해보면 어려운 고비들이 한 둘이 아니다. 말 못할 어려움도 많다." 나는 그때는 공감하지 못했지만, 시간이 지나면서 점점 더 공감하게 된다. 어떤 일이든 만만하고 쉬운 일은 없기 때문이다. 직접 해보면 난관은 나타나게 마련이고, 그 난관은 직접 당해보면 장난이 아닌 일이 많기 때문이다.

그 일을 결정하면 목숨을 걸고 해야 한다. 대충 하면 안 된다. 대충 편하게 일하면서 살려고 하면 안 된다. 열심히 일해 보아야 부자들을 더 부자로 만들어줄 뿐이라고 생각하면 안 된다. 그것은 본인의 삶을 망치는 일이다. 대기업에서 일하더라도 자신의 꿈을 이룰 수 있다. 승진만이 꿈인가? 아니다. 대기업에 일을 하면서 다른 일을 할 수도 있다. 가령 책을 쓸 수도 있고, 어떤 문화모임을 만들 수도 있다. 다양한 것을 기획할 수도 있다. 일종의 취미를 전문적인 수준으로 격상시킬 수도 있다. 그러면서 한 획을 그을 수도 있다. 또, 승진하지 않더라도 열심히 일하면 거기에서 많이 배운다. 그러면서 성장하게 된다. 나중에 어떤 일을 하든 모두 발판이 된다. 또, 진정한 내 능력을 검증할 기회도 된다. 진짜 능력이 있는 사람은 회사에 들어가서도 회사를 성장시킨다. 그런 경험이 있는 사람이 자기 회사를 차렸을 때 성장시킬 가능성이 더 높다. 물론 그런 경험이 없이도 독자적인 사업을 성공시킨 사람들은 많다. 그러나 능력이 있다면 비즈니스 현장에 있는 직장에서 그 능력은 일부는 드러나게 마련이다. 그러니 지금 있는 자리에서 열심히 해야 한다. 그러면서 자신의 능력을 검증하고, 할 줄 아는 것을 만들며, 다양한 능력을 배가시켜야 한다. 그래서 인정을 받고, 나아가 다양한 가능성을 만들어야 한다.

샐러리맨 신화는 쉬운 것이 아니다. 그러나 여전히 샐러리맨 신화는 나오고 있다. 지방대를 졸업하고도 부산은행, 대구은행장을 하는 사람이 있다. 이들은 각각 동아대와 영남대를 졸업했다. 청주대 출신의 삼성전자 부회장도 있다. 팬텍 CEO는 호서대 출신이다. 찾아보면 지방대 신화도 많고, 샐러리맨부터 시작해서 대성한 사람들도 많다. 최고 경영자가 되지 않더라도 임원이 된 사람도 많고, 자기만의 무언가를 만든 사람들도 찾아보면 많다. 그들은 남들이 주목하지 않았을 때부터 열심히 해왔기 때문에 오늘이 있는 것이다. 최고 경영자 혹은 임원들은 대개 20년 정도의 시간이 필요했는데, 그들은 대기업에 혹은 중소기업에 입사했을 때는 아무도 주목하지 않았다. 그러나 오랜 시간 동안 묵묵히 자신의 길을 걸어갔기 때문에 10년이 지난 후부터는 두각을 드러내기 시작했고, 20년이 지난 지금은 확고한 현재를 만들 수 있었다. 그 중심에는 무엇이 있는가? 남들이 뭐라고 하든 말든 신경 쓰지 않고, 자신의 길을 우직하게 걸어갔다는 공통점이 있다. 그리고 누가 보든 안 보든 최선을 다해서 결과를 만들어갔다는 특징이 있다. 수많은 경쟁자를 따돌리고 그들이 우뚝 설 수 있었던 이유는 바로 진한 노력과 결과를 만들면서 가는 습관에 있었다.

만약 지금 당장 취업이 안 된다면 아무 일이나 해야 한다. 그러면서 거기에서 목숨을 걸어야 한다. 모든 난관을 뛰어넘어야 한다. 때로는 일을 못한다고 온갖 소리를 다 들을 수도 있을 것이다. 그러면 내가 이러고 살아야 하나는 생각이 들 수도 있을 것이다. 그러나 끝내는 그들을 나의 편으로 만들어야 한다. 그것이 능력이다. 처음에는 모두가 인정하지 않고, 모두가 적(敵)이지만, 끝내는 내 편이 되게 만드는 것, 그것이 능력이다. 정확히 말하면 그것은 능력이라기보다는 자신의 삶을 사랑하는 습관에서 결정되는 것이다. 자신에게 주어진 일을 예사로 대하지 않고 최선을 다해서 확실하게 처리했기 때문에 인정을 받을 수 있었기 때문이다.

원망은 이제 그만해야 한다. 그것으로는 무엇도 달라지지 않는다. 이미 지나간 일은 바꿀 수도 없다. 지금부터가 중요하다. 할 줄 아는 것이 없으면 열심히 노력하면 된다. 무엇이든 3년이면 윤곽이 드러난다. 그리고 5년이 지나면 수준급으로 올라가게 된다. 능력이 부족하다고? 아무리 길게 잡아도 10년이면 충분하다. 물론 대충하면 안 된다. 진하게 노력해야 한다. 그러면 할 줄 아는 게 생기게 되고, 평생 먹고 살 수 있는 기술을 만들게 된다. 물론, 상황은 변하고 경쟁자도 발전하기 때문에 나도 진화해야 한다. 나도 다양한 시도를 해야 하고, 계속 공부해야 한다. 그렇게 해야 도태되지 않는다. 그렇다. 노력하면 된다. 그것으로 모든 것이 극복된다. 지금 힘들다면, 지금 일이 안 된다면, 할 줄 아는 것이 없다면 배우면 된다. 하면 된다. 그러면서 처음부터 올라서면 된다. 그렇게 3년만 보내면 인생은 달라진다. 우리는 그것을 믿고 노력하자. 그러면 될 것이다. 실제로 아무 것도 몰라도 배우면 3년이면 충분하기 때문이다.

PART 38

삶에 대한 근본적인
자신감을 잃었을 때

✳   삶을 살다보면 자신감을 잃을 때가 있다. 특히 열심히 노력했음에도 결과를 얻지 못하면 그 기분이 심해진다. '나는 무엇인가'라는 생각을 하게 되고, 무기력해진다. 또, '나는 그냥 평범하게 살다가 죽어야 하는가? 아무리 노력해도 성공할 수 없는가?' 라는 생각을 품게 된다. 그러면서 살기가 싫어지게 되고, 우울감을 경험하게 된다.

실제로 우리는 자신감을 가질 수 없는 환경에서 살고 있다. 학교 다닐 때는 전교에서 5~10등 안에 들지 못하면 공부를 못하는 것으로 간주되었다. 또, 명문대를 다니지 못하면 열등감을 경험할 수밖에 없었다. 그래도 대학에 다닐 때는 동문끼리 다니니 모르지만, 졸업하고 나오면 만만치 않은 현실을 깨닫게 된다. 직장에 들어가게 되면 특별한 성과가 없는 사람은 학벌로 평가를 받기 때문에 열등감을 가지게 되기 쉽다. 대부분의 사람들은 그렇다.

실제 한국 사람들은 이렇게 생각한다. "객관적으로 엄청난 업적이 없는 한 학벌로 능력을 평가할 수밖에 없다. 아니면 고시합격으로 능력을 평가할 수밖에 없다." 이것은 일면 타당한 면이 있다. 그러나 불합리한 면도 많다. 그러나 어찌되었건 간에 이것이 한국의 현실이다. 그래서 대다수의 사람들은 명문대 출신이 아니면 자신은 성공할 수 없다고 생각하고 사회생활을 시작하거나 혹은 사회생활을 하면서 겪는 차별 때문에 그렇게 생각한다.

결국 우리들은 노력으로 객관적인 업적을 만들어내야 한다. 한마디로 말하면 탁월함을 증명해야 한다. 그 몫은 우리들에게 달려 있다. 어떤 식으로든 증명해내야 하는 것이다. 좋기는 하버드대 유학도 좋고, 어떤 객관적인 상(賞)을 수상하면 빠를 수도 있다. 그러나 대부분의 사람들은 여기에 해당되지 않는다. 공부를 하고 싶다고 해도 경제적 여건이 닿지 않기 때문이다. 그래서 실무 능력으로 승부해야 한다. 업적으로 증명해야 한다. 업적을 통해 자신감을 회복하는 순서로 나가야 한다. 내가 아무리 내가 대단하다고 소리쳐보아야 아무도 알아주지 않기 때문이다. 앞으로는 간판보다는 진짜 실력이 중시되는 사회가 점진적으로 형성될 것이므로, 현업에서 제대로 된 승부를 하도록 노력해야 한다. 남들이 무시를 하더라도 굴하지 말고 독하게 몰두해야 한다. 실제 대부분의 사람들은 학벌이 없으면 성공할 수 없다고 생각해 미리 포기하고, 명문대 출신은 자신은 학벌 프리미엄이 있다고 생각하며 상대적으로 노력을 덜 한다. 그렇기 때문에 내가 지금부터 피나게 노력하면 모든 걸 뒤집을 수 있다.

자신감은 결국 노력을 통해서만 만들 수 있다. 노력이 없으면 만들어지지 않는다. 물론 나를 있는 그대로 믿으면 생기기도 한다. 그러나 본질적으로 자신감을 가지기 위해서는 그만한 노력을 해야 한다. 그래서 결과를 얻어야 한다. 결과를 얻기 위해선 끊임없이 객관성과 소통해야 한다. 고객의 눈높이를 정확히 맞춰야 한다. 그런 노력이 필수적이다.

어차피 자본주의 사회다. 이 사회는 그렇다. 이 세상은 그렇다. 이 세상은 현재 서울대 출신에게 유리하며, 하버드 출신에게는 더 유리하다. 그리고 마지막에는 돈 있는 자에게 모두 고개를 숙인다. 그가 하버드를 나오든 스탠퍼드를 나오든 UC 버클리를 나오든 관계없다. 오직 돈 있는 자의 직원으로 일하게 된다. 사법시험 수석도 마찬가지다. 학벌도 엄밀히 말하면 자본주의 사회에서 일종에 돈을 벌기 위한 도구로 보는 것도 바람직하다. 그런 면에서 그런 거추장스러운 계급장은 다 떼고 진짜 실력으로 승부하면 더 앞서나갈 수 있다. 결국은 어디에서 일하건 정신을 차려야 한다. 그리고 소위 말해서 '장사머리'가 있어야 한다. 어디에서 어떻게 돈을 벌고, 주변 상권은 어떠하며, 고객들은 왜 유입이 되고, 돈의 움직임을 정확히 읽을 수 있는 눈과 머리가 필요하다. 그것은 훈련이 필요한데, 좋기는 길을 걷다가 영업을 하고 있는 가게를 볼 때마다 연습하는 것이다. 즉 이 가게는 어느 정도 매출이 나와야 하고, 어느 정도 매출이 나올 것인지를 스스로 논리적으로 말해보는 트레이닝을 하는 것이다. 나도 그런 훈련을 하고 있다. 그래서 나름대로 이곳은 어느 정도 장사가 되고, 유지가 되려면 하루몇 명이 와야 하고, 상권의 움직임을 볼 때 어느 정도 사람이 오고, 각종 비용은 어느 정도 드는지를 파악하려고 한다. 그런 뒤에 그 사장님과 이야기를 나눈다. 그러면 거의 정확히 맞다. 또, 예를 들어 음식점이라면 동종 음식을 파는 곳에서 음식을 먹어보면서 맛을 포함해 다양한 요소를 분석한다. 그래서 어디가 가장 잘되고, 어디가 가장 안 되는지 순위를 매긴다. 그런 뒤에 어떤 식으로 요소를 재조정을 하면 좋을지를 생각해본다. 그런 훈련을 평소에 하고 있다. 사우나에 가더라도 이 정도 임대료에, 이 정도 수도세에, 이 정도 직원에, 이 정도 세금에, 이 정도 상권에, 이 정도 손님이라면 어느 정도 수입이 날지를 예상한다. 그리고 경쟁특화를 위해선 어떤 행동을 해야 하는지를 생각한다. 일종의 컨설팅 트레이닝이다. 그런 뒤에 사장님과 이야기를 나눈다. 그런 연습을 계속하고 있다. 그러니까 한 눈에 돈의 흐름을 파악할 수 있는 실전감각을 키우고 있는 셈이다. 그러면서 그 일을 하면서 벌어지는 각종 일들을 사장님 혹은 직원의 입을 통해서 들어본다. 손님들의 유형이라든지 혹은 돌발변수 등을 포함해 다양한 이야기를 들어본다. 그러면서 사업상의 리스크가 어떤 것인지를 알아본다.

이런 훈련을 계속하면 어떤 곳에는 어떤 장사가 되는지, 어떤 곳에는 어떤 장사가 안 되는지가 눈에 보이기 시작한다. 그리고 어떤 사업을 보든 어떤 방식으로 해야 성공할 수 있을지를 찾아낼 수 있게 된다. 이것은 경영학 교과서 혹은 경제학 교과서는 전혀 언급되어 있지만, 실제 길거리에서 스스로가 생각하는 트레이닝을 지속함으로써 가능하게 된다.

이제는 누구든 장사 마인드를 지녀야 한다. 자본주의 세상은 다른 말로 하면 "돈이 주인인 세상"이다. "돈이 없으면 노예가 되는 세상"이다. 그런 세상이 자본주의다. 돈을 받았으면 그 일을 해야 하며, 그 시간도 엄밀히 말해 내 시간이 아니다. 돈으로 시간을 산 것이기 때문이다. 그래서 돈을 받으면 그 시간만큼은 내 인생이 아니라 그 사람을 위한 인생을 살아야 한다. 물론 일반 직장인의 위치에서는 그것을 고민해야 한다. 피터 드러커가 말한 것처럼 '어떻게 하면 직장의 요구를 들어주면서 나의 바람도 동시에 이룰까?' 이런 고민을 해야 하고, 실행해야 발전한다. 무작정 사장이 시키면 시킨 대로만 하면 발전이 없다.

우리는 장사 마인드를 지니면서 일해야 한다. 그래서 성과를 내야 한다. 탁월한 성과를 내야 한다. 직장에 가장 많은 돈을 벌어준 사람이 임원 나아가 최고 경영자가 된다. 창업을 해도 돈을 많이 벌면 대기업으로 도약할 수 있다. 그래서 항상 장사를 고민해야 한다. 장사를 하되, 안정적으로 하되, 기회가 오면 크게 도약할 수 있는 기회도 선점해야 한다. 한 번에 20~30억 원 정도를 벌 수 있는 기회도 서민의 입장에서 노려야 한다. 물론 이것은 때가 되어야 할 것이다. 그래서 평소에는 안정적으로 가야 할 것이다. 그러나 때가 되면 단번에 도약해야 한다. 그런 기회를 잡고 못 잡고의 차이가 인생에서는 매우 중요한 터닝 포인트로 작용한다.

우리는 성인의 입장에서 우선은 '돈 버는 능력'에 주목해야 한다. 물론, 인격의 성숙, 인간다운 삶은 중요하다. 바른 길을 걷고, 자기 양심에 떳떳하고 당당한 삶을 사는 것이 필수적이다. 그런 바탕이 없으면 돈도 다 허물어져버리고 말기 때문이다. 그래서 우리는 기본 토대를 인정하고 닦으면서, 돈 버는 능력을 극대화시켜야 한다. 그래서 자신감을 가져야 한다. 일을 하더라도 창의적으로 해야 하고, 탁월한 성과를 낼 수 있는 다양한 실험을 해야 한다. 일반 직장인의 입장에서도 "우리가 어떻게 할 수 있느냐"고 회의적으로 말하지 말고, 스스로 답을 찾아내야 한다. 어떤 식으로든 찾아내야 한다. 부자가 되는 길은 쉬운 것이 아니다. 그것은 과거에도 그랬고, 지금도 그렇다. 과거가 성장시대라고 하지만, 그때는 아무 것도 없었다. 그때 정주영이나 이병철처럼 크게 성공하는 것은 결코 쉬운 일이 아니다. 지금은 오히려 불황이라고 하지만 그래서 성공을 못한다고 하지만, 그럼에도 불구하고 기회는 널려 있다. 돈에 관계없이 누구나 도서관에서 최신의 지식을 섭렵할 수 있고, 나아가 인터넷을 통해서 정보를 습득할 수 있기 때문이다. 이제는 자신의 머리를 활용하기에 따라 길을 충분히 만들 수 있다. 예를 들어 사업구상을 하고 차비 100만 원 정도를 잡고 사람을 만나서 거액의 돈을 빌려서 창업을 할 수도 있기 때문이다. 반드시 하려고 한다면 할 수도 있는 것이다. 또, 탁월한 아이디어가 있다면 투자자들은 반드시 움직이게 마련이다. 그런 가능성은 지금도 널려 있다. 부자가 되는 것은 그것을 찾고 못 찾고의 문제이며, 그것은 '남들이 보지 못한 기회를 보는 것'으로 아무 노력도 없이 찾을 수 있는 것이 아니다. 끊임없이 생각하고 노력할 때에만 겨우 보이는 것이다.

우리는 삶에 대한 근본적인 자신감을 잃었을 때는 다시금 마음을 다잡아야 한다. 그래서 돈 버는 것에 주목해야 한다. 다양한 시도를 해야 하고, 노력을 해야 한다. 물론 힘들 때도 많을 것이다. 그러나 좌절해선 안 된다. 노력하면 반드시 길을 만들 수 있기 때문이다. 큰 부자가 안 되더라도 10억 원대의 당당한 부자는 누구나 될 수 있기 때문이다.

우리는 희망을 가져야 한다. 할 수 있는 믿음을 회복해야 한다. 아무리 힘들더라도 자살을 결심해선 안 된다. 절대적으로 해내야 하며, 할 수 있다는 생각으로 살아야 한다. 실제로 노력을 하면 모든 것은 희망으로 바뀔 수 있기 때문이다. 지금 당장 노력해보라. 그러면 당장 오늘이 즐거울 것이다. 보람이 생길 것이다. 그리고 1개월만 독하게 노력해도 어떤 결과가 보일 것이다. 더도 덜도 말고 정확히 1년만 미치면 인생이 변한다. 하루 16시간 동안 1년 동안 노력하고도 인생이 변하지 않는다는 건 있을 수 없는 일이다. 어떤 식으로든 변한다. 우리는 그 믿음을 가지고 최선을 다해야 한다. 그래서 가능성을 만들고 희망을 일구어가야 한다.

우리는 단 한번뿐인 삶을 살고 있다. 두 번의 삶은 없다. 시간이 금방 지나간다. 곧 늙고 말며, 조만간 저 산속의 흙이 될 것이다. 그러니 지금 한탄하거나 후회할 시간도 없다. 지금 당장을 최선을 다하면서 보내야 한다. 그래서 지금 이 순간을 내 것으로 만들고, 행복을 누려야 한다. 내 삶을 사랑하면서 살아야 한다.

우리가 걱정하는 일, 힘든 일, 자신감을 잃는 일 그런 일은 결국 노력하면 해결될 것이다. 우리는 현실의 승리자가 되어야 한다. 약한 소리를 하는 대신 대안을 만들면서 나가야 한다. 우리는 당당한 중산층이 되어야 한다. 우리는 해내야 한다. 한번 해보자. 하면 될 것이다. 만약 안 된다고 하더라도 적어도 열심히 한다면 후회는 남지 않을 것이다. 최선을 다한 자신이 자랑스러울 것이다. 크게 성공하지는 못하더라도 부끄럽지 않은 삶을 살 수 있을 것이다. 그러니 그것으로 된 것 아니겠는가? 열심히 살면 모든 것을 누릴 수 있게 된다. 과정을 누릴 수 있고, 부모님에게도 가족에게도 잘해줄 수 있다.

우리는 자존감을 가진 삶을 살아야 한다. 그것은 오직 진지한 노력으로 가능성을 맺을 수 있을 것이다. 우리는 노력하자. 우리는 할 수 있을 것이다. 생이 끝나는 그날까지 파이팅이다!

삶은 내 의지에 따라서
모든 것이 변화될 수 있다

삶을 사는 일은 힘듭니다. 보통 힘든 일이 아닙니다. 저도 지금 온 몸의 극심한 피로감을 이겨내고 글을 쓰고 있습니다. 힘들 때마다 10분 정도 잠시 방바닥에 누웠다가 다시 자리에 앉아서 집필을 하고 있습니다. 물론 온 몸이 아프고 눈이 아픕니다. 힘든 일입니다.

우리가 죽고 싶다고 생각하는 건 현실을 도피하고 싶다는 것입니다. 힘든 일에서 도망치고 싶다는 것입니다. 한마디로 힘든 일을 안 하고 싶은 것입니다. 그래서 도망을 치려고 하는 것입니다. 그러나 세상과 인생을 둘러보세요. 얼마나 아름답고 멋진 일이 많습니까? 얼마나 좋은 사람들이 많습니까? 그 일과 그 사람들을 두고 간다니 억울하지 않으십니까? 그 모든 것을 즐기고 누리지 못한다니, 이 얼마나 안타까운 일입니까? 있을 수 없는 일입니다.

우리는 힘든 일을 극복하면서 살아가면 됩니다. 몸이 피곤하다고요? 피곤해도 하면 되잖아요. 모두 이겨내면 되잖아요. 조금 참고 하면 되잖아요. 조금만 참으면 인생이 낙원으로 변하는데, 그것을 왜 참으시나요? 참으면 인생은 살아볼만하게 변합니다. 그러나 못 참으면 인생은 결국 죽어야 하는 것으로 돌변하게 되죠. 어떤 삶을 살아야 할까요?

우리는 삶이 고통스럽다는 것을 인정하고, 고통의 극점으로 나아가야 합니다. 그래서 모든 삶의 고통을 극복해야 합니다. 그래서 삶을 살아볼만한 것으로, 아름다운 것으로 변화시켜야 합니다. 우리들의 인생을 명품 인생으로 격상시켜야 합니다. 그것은 바로 습관에서 결정됩니다. 바로 열심히 일하는 습관, 힘들어도 포기하지 않고 전진하는 습관, 몸이 피로해도 해야 할 일은 끝내고 쉬는 습관, 끝을 볼 때까지 하는 습관에서 결정됩니다. 우리는 이습관을 길러야 합니다. 그래서 매일 같은 페이스로 꾸준히 전진해야 합니다. 그러면 어느덧 내 인생도 변화될 것입니다. 틀림없이 그렇게 될 것입니다. 왜냐하면 노력에 정직한 것이 인생이니까요.

우리는 힘을 내야 합니다. 죽고 싶을 때는 더 적극적으로 나서야 합니다. 지금 힘든 상황이라면 더 냉정하고 현실적으로 생각하고 투지를 발휘해야 합니다. 힘들다고 손수건을 들고 눈물을 흘리는 행동은 하지 말아야 합니다. 화가 나면 밤에 화를 낸 다음 그 다음날부터 목숨 걸고 열심히 일해야 합니다. 인생은 결국 업적을 달성해낼 때 빛을 볼 수 있기 때문입니다.

우리는 지금 힘든 상황 속에서 마음에 여유를 가지고 살아야 합니다. 행복은 소유에서 결정되는 건 아닙니다. 지금 가난하더라도 내 마음에 따라서 가능합니다. 작고 소소한 것들을 즐기면 행복은 만들어지는 것입니다. 또 성공에 대해서 조바심을 내지 말아야 합니다. 지금 당장 빛을 보지 못한다는 것을 편안하게 인정하고, 수십 년 간 꾸준히 노력해야 합니다. 그렇게 노력하면 결국은 빛을 볼 수 있을 것이기 때문입니다. 그러면 행복과 성공 모두를 얻을 수 있지 않을까요? 죽을 필요는 전혀 없는 것이 아닐까요?

희망을 회복하시기를 바랍니다. 가난해도 내 의지에 따라 모두 가능한 것이 삶이기 때문입니다. 우리는 이 믿음을 회복해야 합니다. 또, 현재의 고난도 사랑할 수 있어야 합니다. 편안하게 받아들일 수 있어야 합니다. 그러면 모든 것을 할 수 있는 힘이 나오니까요.

우리는 모든 것을 할 수 있을 것입니다. 마음을 비우면 조바심이 생기지 않고 편안해지는 동시에, 모든 것에서 작고 소소한 행복을 누릴 수 있기 때문입니다. 그런 마음을 가지고 최선을 다해서 자신의 페이스대로 전진하면 결국 성공을 할 수 있기 때문입니다.

우리는 할 수 있습니다. 모든 것을! 이제는 희망을 가지고 최선을 다해 실천할 때입니다! 일상에서 편안한 마음으로 살되, 최선을 다해서 실천하는 노력으로 여러분의 인생이 극적으로 변화되기를 뜨겁게 응원하겠습니다. 늘 힘을 내세요! 모든 것은 가능하니까요!!

요즘 난 죽고 싶다

인   쇄 | 2014년 6월 1일
초판발행일 | 2014년 6월 5일

지 은 이 | 이상민
펴 낸 이 | 배수현
디 자 인 | 박수정
제   작 | 송재호
홍   보 | 전기복
출   고 | 장보경
유   통 | 최은빈

펴 낸 곳 | 가나북스 www.gnbooks.co.kr
출 판 등 록 | 제393-2009-000012호
전   화 | 031) 408-8811(代)
팩   스 | 031) 501-8811

ISBN 978-89-94664-67-5(03190)